课题信息：2016年河北省社科基金课题"建立产业园区集群承接东……（项目编号：HB16GI086）
课题信息：2017年秦皇岛市科技局软科学课题"关于在秦皇岛……产业园区集群的研究"（项目编号：201701B055），2018年……课题"生态环境支撑区角色视域中的京津冀复合生态系统协同治理模式研究"（项目编号：18456104D）

承接京津异地养老的产业园区集群可持续发展研究

刘 明 孟卫东 尹 凡 著

吉林大学出版社

图书在版编目(CIP)数据

承接京津异地养老的产业园区集群可持续发展研究 / 刘明，孟卫东，尹凡著.—长春：吉林大学出版社，2018.12
 ISBN 978-7-5692-3696-5

Ⅰ.①承… Ⅱ.①刘… ②孟… ③尹… Ⅲ.①养老－服务业－产业发展－研究－华北地区 Ⅳ.①F726.9

中国版本图书馆 CIP 数据核字 (2018) 第 257463 号

书　　名：承接京津异地养老的产业园区集群可持续发展研究
CHENGJIE JING-JIN YIDI YANGLAO DE CHANYE YUANQU JIQUN KECHIXU FAZHAN YANJIU

作　者：刘　明　孟卫东　尹　凡　著
策划编辑：邵宇彤
责任编辑：李潇潇
责任校对：韩　松
装帧设计：优盛文化
出版发行：吉林大学出版社
社　　址：长春市人民大街 4059 号
邮政编码：130021
发行电话：0431-89580028/29/21
网　　址：http://www.jlup.com.cn
电子邮箱：jdcbs@jlu.edu.cn
印　　刷：三河市华晨印务有限公司
开　　本：710mm×1000mm　　1/16
印　　张：14.75
字　　数：284 千字
版　　次：2019 年 3 月第 1 版
印　　次：2019 年 3 月第 1 次
书　　号：ISBN 978-7-5692-3696-5
定　　价：59.00 元

版权所有　　翻印必究

前　言

　　人口老龄化是世界性问题，对人类社会产生着深刻而又持久的影响。我国是世界上人口老龄化程度比较高的国家之一，老年人口数量最多，老龄化速度最快，应对人口老龄化任务最重。满足数量庞大的老年群众多方面需求、妥善解决人口老龄化带来的社会问题，事关国家发展全局，事关百姓福祉。党的十九大报告中提出，构建养老、孝老、敬老政策体系和社会环境，推进医养结合，加快老龄事业和产业发展，这为新时代中国特色养老事业指明了方向。人口流动性的增加也带来老年人的社会移动的增加，不同时代有不同的社会特征，适应时代要求创新思路，异地养老早已不再是新鲜事物。随着人们寿命的增长和生活水平的提升，我们不仅能看到银发老人活跃在各种社会场所，而且能看到更多的老年人选择更加现代的养老方式。

　　随着传统的养老模式难以适应社会经济的发展和家庭结构的变化，建立新型养老社区模式、建设养老产业园区成为当前老龄化背景下，养老产业发展的必然趋势。北京、天津背负着巨大的人口压力，同时带来的老龄化也相较于其他城市更为严重。环京津是一个亟待开发的潜力地带，不仅可以缓解北京、天津的老龄化人口压力，在提升周边地区空间利用率的同时也带去了一定的经济动力，逐渐形成一种潜在的联动发展，京津冀经济一体化的发展也会更加均衡。

　　本书从城市压力的重要影响因素——人口老龄化入手，关注如今养老产业的现状与困境，聚焦未来养老市场的发展趋势并提出养老产业园区的建设是发展的历史选择，它也将承担着社会与经济的使命。由于目前还未有著述探讨养老产业园区的建设，所以本书内容不妥之处在所难免，切望各位同仁批评指正。

目 录

第一章 绪 论 / 001

　　第一节　人口老龄化综述 / 001
　　第二节　我国人口老龄化的现状与特点 / 007
　　第三节　国际养老模式借鉴 / 020

第二章 建立京津异地养老产业园区集群的可行性分析 / 032

　　第一节　老年人的社会适应问题 / 032
　　第二节　老龄群体环京津异地养老的可行性与必然性 / 039
　　第三节　京津异地养老群体的需求及建设 / 050

第三章 我国养老市场的发展趋势与异地养老产业的兴起 / 057

　　第一节　我国养老体系的演进概述 / 057
　　第二节　新时代社会养老体系建构 / 059
　　第三节　我国养老市场的发展现状 / 069
　　第四节　我国养老市场发展趋势 / 078
　　第五节　养老新模式——养老产业园区 / 087

第四章 建立环京津养老产业园区集群的价值研究 / 092

　　第一节　养老产业园区的价值探究 / 092
　　第二节　养老产业园区的使命 / 098
　　第三节　服务业逐渐主导经济发展 / 101
　　第四节　养老产业园规划 / 115

第五章　承接京津养老产业园区集群的路径研究 / 122

第一节　环京津养老服务产业发展的基本原则 / 122
第二节　环京津养老服务产业发展的主要目标 / 124
第三节　促进环京津高端养老服务产业发展的路径 / 125
第四节　构建老年消费市场体系 / 129

第六章　秦皇岛养老产业园区建设构想 / 132

第一节　我国老年人的居住环境需求 / 132
第二节　秦皇岛市产业结构的调整和生产要素的集聚 / 142
第三节　秦皇岛地区交通及基础设施 / 167
第四节　秦皇岛的城市空间发展 / 170

第七章　养老产业园区集群的可持续发展研究 / 178

第一节　产业园区的集群规划 / 178
第二节　养老产业园区开发的策划 / 193

附　录 / 204

参考文献 / 225

结　语 / 227

第一章 绪 论

第一节 人口老龄化综述

当我们开启了 21 世纪的篇章时,我们也步入了老龄化时代,而全球老龄化速度也在逐步加快。所以说,老龄化问题已经成为世界性问题,成了世界各国必须要共同面对的巨大挑战,与此同时,还需要有效应对人口老龄化速度加快给国家政治、经济、社会等诸多领域带来的不良影响。与此同时,世界正面临大的改革,那就是城市化进程与人口老龄化速度的加快。随着现代科技的快速进步,国内外市场的竞争激烈程度逐步增强,与此同时,也让国家与民族遭遇着城市化与老龄化的巨大挑战与发展压力。在老龄化社会,老年人数量呈现出逐年升高的趋势,而老年人投入再就业和社会诸多领域的情况也在逐步增多,开始得到人们的广泛关注;独居、失能以及要得到长期性护理支持的老年人数量逐步增加,再加上家庭结构的改变,让老年人群体在婚姻状况、代际沟通等多个领域突显出非常显著的问题;老龄化社会的快速发展,要求在城乡规划发展的过程中考虑到老龄化问题,要求结合老年人需求设计人性化住宅,同时还需要对老年群体的居住与生活环境进行改善,保证老年人生活的状态。所以,人口老龄化为老年人生活的诸多领域提出了较高要求以及极大的挑战。

面对老龄化社会的严峻发展态势,老龄工作实践突显出诸多需要改善的工作环节。整个社会还需要对老龄问题进行深入全面的认识与把握,明确老龄问题的复杂性以及在解决方面存在的巨大难度,同时还需要积极构建与国情相符的社保与福利体系,健全老年法律法规体系以及工作机制,扎实老龄事业建设的制度根基。另外,目前老年产业正处在初步发展的基础阶段,在老年服务、居住等诸多领域存在着严重矛盾,不能够满足老年群体日益增长的需求,也由此产生了较为显著的社会性问题。

毋庸置疑，中国在人口老龄化趋势方面已经到了非常严峻的阶段，具体体现在难度、速度以及规模这几个重要领域。就老年群体的规模而言，截至2009年底，中国大于60岁的老年人群体数量已达1.67亿人，是国家总人口的12.5%，占全世界老年人群体数量的20%左右，可以说数量是非常惊人的。就老龄化的发展速度而言，从2000—2009年，大于60岁的老年群体数量增加超过3 700万人，增加的老年人口数量大致与中东国家总人口数量相同。预计到2050年，中国会迎来老龄化的高峰期，届时中国将是人口老龄化水平非常严重的一个国家。就老龄问题的解决难度而言，通过对2009年大于80岁的老年人数量进行研究，发现其数目竟然达1 899万人，在老年群体总数量当中，占到10%以上。其中，不具备生活自理能力、患有老年痴呆、独居老人等在持续不断地增长，而当前他们居住的生活环境与他们的晚年养老要存在很多不相符的情况，要求整个社会能够立足老年群体的养老需求，建立系统完善的养老设施、公寓、住宅等，积极发展养老服务项目，优化养老护理服务，满足他们娱乐、生活以及物质、文化等多个方面存在的需要。

中国本身就是一个人口大国，老年人口数量已经超过1亿人，这本身就是一种非常惊人的状况，再加上中国的经济发展速度和水平还亟待提升，假如老年群体数量过多，而经济发展速度跟不上的话，那么中国要想推动城市化建设就会遭遇极大的困难。受到社会经济发展不均衡等情况的影响，中国各省之间在人口老龄化水平方面有着明显的差别，主要体现在地区和城乡差别方面。东部沿海的很多城市经济发展水平较高，同时发展速度和质量均处于较高水平，因此较早就进入到了老龄化，老龄化增速快同时抚养比重高。2009年，上海市老年抚养比重达到17.97%，排在第二位的是四川省，也达到了17.28%。经济条件相对落后的中西部地区人口老龄化水平比较低，新疆和西藏分别是9.23%、9.56%。当前已成老年型人口的省份在地区分布方面有着一定的规律性，主要集中在中国东部以及部分中部地区，而西部欠发达的地区还没有形成老年型人口地区。

在欧美经济发展水平较高的国家，用了50多年的时间才真正完成了高出生率、高死亡率，向低死亡率与生育率趋势的改变。相对来说，中国在转变速度方面极快，用了十几年时间，现如今中国已成为全世界老龄化速度最快的国家。纵观整个转变的过程，有很多特征与欧美国家和很多发展中国家是不同的。我国的经济还没有达到发达的阶段，在当前的经济状况之下，进入老龄化社会，会加大人口问题处理的难度，同时也会面对更多复杂的情况。

一、研究背景

在 20 世纪下半叶，世界经济的全球化趋势在不断地增强，与此同时，城市化、信息化和人口老龄化等方面的趋势都在不断增强。在时间的不断推移当中，当前人们切实意识到人口老龄化进程的加快会冲击和挑战社会经济，甚至会对经济发展的各个方面产生巨大的影响，如投资、生产、消费、分配、城市规划、居住、工程建设等多个方面，而这些方面事实上都是与社会经济结构与发展相关的根本性领域和根本性问题。与此同时，还出现了诸多矛盾，而这些矛盾涉及的领域有养老事业投入、收入代际转移、城乡一体化建设等。而我国的人口老龄化也是在这样的大背景之下展开的，我们也要在人口老龄化社会条件之下在诸多领域进行发展建设。

从 20 世纪下半叶开始，中国进行了社会与经济变革，主要体现在：第一，经济体制改革。我国由计划经济转变到市场经济，注重发挥市场在资源配置当中的优势作用，也要求发挥好市场这只无形大手的价值。第二，经济增长方式改革。在这一领域，从强调数量扩张转变到了强调经济发展方面的效益与质量。第三，社会转型。社会转型主要体现在社会发展进程当中，强调要坚持和落实以人为本的原则，以推动人的全面发展为宗旨，与此同时，社会向着现代化、市场化以及城市化的方向迈进。第四，人口转变。人口转变的显著特征就是年龄结构的变化，主要体现在人口老龄化。在发展老龄化社会的过程中，必须要特别注意保证人口年龄结构的发展变化与国家的社会、经济等发展状况相协调。人类居住环境也需要逐步适应人口老龄化的结构，以便为老年人群体的生活提供更加优质的环境和空间。居住环境与人口老龄化的适应问题属于新问题以及新挑战。国家开始提高对人口老龄化问题的重视程度，并将其纳入到国家战略问题体系当中，对其展开了深层次的分析与研究，同时也开展了一系列规划工作。在人口老龄化速度不断加快的形势之下，老年人在人口当中占据的比重逐步增加，老年社会问题也变得非常明显。比如，老年人养老模式、居住条件、住宅设计、代际关系、文化娱乐等都是老年人社会问题的集中体现。所以，为老年人的居住生活提供优质的社会环境，健全与老龄化社会发展相适应的体制，强化老年群体和整个社会的关联，促进代际关系和谐，让老年人的身心健康水平得到提升和改善，极具社会意义。

通过对以往城市公共设施、市政建设、住宅小区设计建设的实际情况进行分析，发现这些设施在规划设计，一直到投入使用都是把中青年人和健全人的需求作为主要考虑的事项，忽视了其他群体的需要。一个城市是功能丰富的综合体，承担着文化、交通、信息、政治、贸易等多个领域的功能。在过去很长一段时间当中，我们在城市功能、价值、人口发展等方面的认知非常浅薄，尤其是没有意识到年龄结构改变对整个城市建设和居住环境的影响，没有树立长远以及战略性的指导思想，更没有把城市建设以及改善居住环境当成一个整体。所以，在设计居住环境时，有很多在中青年以及健全人看来非常合理的设施，却给老年人群体的生活居住带来了很多的不便，甚至给他们的生活增加了诸多障碍，特别是对年龄较大以及不具备生活自理能力的老年人更是如此。就老年群体而言，环境上的障碍是一个综合性的内容，同时涵盖物质心理以及精神的潜在障碍。所以，在未来需要积极倡导的是在城市建设过程当中，要让城市变成一个不存在任何不便利以及障碍，能够让城市当中所有群体共同生活的场所。

21世纪的第一个50年，是国家经济建设的战略发展时期，也是我国在老龄化以及城市化方面到达高峰阶段的时期，更是老龄化战略发展的机遇期。要想切实处理好老龄化问题，最大化地推动国家经济发展与建设，就需要抓住时机，迎接挑战。在这一关键阶段，劳动力也呈现出中老年化的趋势，而年轻劳动力的数量出现了缺陷，同时劳动年龄人口要承担的负担和压力逐步增加，这些状况都会影响到国家经济建设与发展。所以，中国必须抓住时机，利用在这一阶段还存在低抚养比的黄金阶段，立足社会经济发展的特点与实际情况，深入推进老龄化的研究工作，搞好经济建设，增强社会经济发展速度与质量，以便在老龄化到达高峰时期之前打下物质根基。

中国特别注重发展和建设国家的养老事业，在党的十八大以及十八届三中、四中、五中全会和国家的规划纲要当中都明确提出要提高对老龄化问题的重视。为了应对和解决这一问题，提出建设社会养老的服务体系，大力推动养老服务产业的健康持续发展。于是各地和相关部门开展了积极行动，增加了在这些领域的资源投入。与此同时，我国在政策机制、体制建设等诸多领域还有着很多缺陷，距离让老年群体安享晚年的目标还有着极大的距离。2017年，国务院出台了新的养老政策，在新政策当中明确列举出了20项具体的实施任务。其中包含为从事养老服务的企业提供政策方面的优惠；积极推动老年宜居社区建设，提供丰富的老年教育资源，让经济条件较差的老年人也能够进入到老年大学学习；年龄在80周岁之上的老年人，能够自愿跟随子女进行户口迁移等。

党的十九大也为新时代中国特色养老事业指明了方向，报告中明确提出，"要构建养老、孝老、敬老的政策体系和社会环境，推进医养结合，加快老龄事业和产业发展"。同时强调要在以下五个方面持续发力：提高全社会对于老龄化的认识水平，构建全社会的合力，主动积极地投入到老龄化社会的应对工作当中，为实际工作的开展提供思想指导；积极建立健全老龄政策以及制度，奠定制度根基；

积极推动老龄产业和与养老服务相关的产业，加大对其扶持力度；积极发挥老年群体余热，使其能够彰显个人价值，并为社会做出新的贡献；完善老龄工作机制以及体制。

如今知识经济快速发展，与此同时，人们也进入到了老龄化以及城市化发展的时代环境。在老龄化社会当中，必须要充分发挥科技进步的优势作用，加强对现代科技的应用，从而推动社会经济等诸多领域的发展，积极提出应对老龄化的策略，将建设老年人宜居环境纳入到国家发展的长期规划当中，切实为老年群体提供更加优质的宜居环境。这项工作是系统性以及战略性的工作任务，与国家前途和社会进步、经济建设命运息息相关，是我们需要着力推动的一件大事。

二、研究意义

现如今中国的老龄化社会发展进程逐步加快，深入研究老龄化和社会经济发展关联的课题必要性也逐步增加。本书选取的课题——承接京津冀异地养老的产业园区集群可持续发展的研究，对于中国经济社会战略性发展来说意义重大。深入分析和有效认知老龄化产生的原因、发展进程趋势以及对社会经济产生的影响等诸多问题，对于正处在经济转型时期的中国来说是非常关键和必要的。要想让国家社会经济获得可持续发展的动力，就需要积极在21世纪健全和落实产业、分配、消费、社会保障等方面的政策，客观认识到人口老龄化社会这一重要的社会现象和社会发展特征，为提出更加全面的应对措施奠定坚实基础。

伴随着国家经济发展水平的提升，人们的生活质量以及水准都有了很大程度的提升，要想满足人们日益增长的物质与精神文化需求，让老年群体的生活质量得到有效改善，在开发设计老年住宅以及打造老年人宜居环境的过程当中就不能片面考虑生理需求，还需要对老年人的心理、社会需求等进行综合性的研究。在考虑老年群体综合需要的前提条件之下，做好老年社区与住宅的优化设计，更好地为老年人群体营造优质的居住生活环境，全面提升老年人的独立生活能力，进一步拓展老年群体的社交范围以及社交活动面。探究老年群体居住方式在老龄课题研究当中占有举足轻重的地位，同时也有助于推动老年群体和谐健康生活，进而为和谐社会的构建提供巨大的助力。与此同时，还能够推动老年学学科的发展与建设，提高学科体系的建设水平。

21世纪是中国经济腾飞的时代，将会在经济发展领域获得极大的进步，与此同时，在人口发展方面也会进入全新历史阶段。中国人口问题和经济社会领域的诸多问题都要利用系统性和长期性的理论与实践研究来找到突破口，进而妥善解决诸多问题。当前中国的房地产产业正处在调整阶段，这一阶段面临的困惑和矛盾是非常显著的，所以，我们要站在宏观角度客观分析人口老龄化进程以及发展趋势，对房地产业的行业环境进行重新分析，抓住老年宜居养老社区和住房建设的重要机遇，积极推动具有中国特色且适合老年群体居住的安逸静谧、舒适安全、价格适宜的老年型住房建设和大规模的老年人宜居养老社区建设。为老年群体提供专业化和综合性的社区服务，拓展老年住宅房地产市场，妥善解决老年群体在住房难方面的问题，也逐步推动老年房地产业和递延产品的迅速进步，让房地产细分市场进入到蓬勃发展的新阶段。站在这一角度上进行分析，本书的研究具备理论以及现实价值。

三、老龄化趋势

从世界范围来看，人口老龄化是人口发展当中的必经阶段以及历史趋势。受这一客观规律的影响，世界各国或迟或早都会进入到老龄化阶段，成为老年型国家。

因为在长时间的和平环境当中发展，经济、文化、卫生等诸多领域的条件都有了很大程度的改善，因而也让世界老龄化发展趋势逐步增强。1950年，全世界范围内大于60岁的人有2亿人。而在21世纪初期，大于60岁的老年人数量已经达到6亿人。据联合国人口司给出的预测，2020年世界范围内大于60岁的人口数会大于10亿人，2025年会达到12亿人。

导致老年群体数量快速增长的重要原因在于国家的出生率和死亡率均处于较低水平。21世纪的第一个50年，人口老龄化将会成为全球现象。全世界总共有186个国家与地区，其中68个已经成为老年型国家，而在诸多的发达国家当中，老年人数量已经占到全国人口总数的20%。在全世界范围内，十个人当中就会有一人是老年人。

人口在年龄结构方面发生的巨大转变会严重影响到发展中国家，因为发展中国家的经济发展水平相对较低，而老龄化的发展速度却非常惊人。相关数据表明，到2025年，在12亿的老年人口当中，将会有71%的老年人是发展中国家的老年群体。这不得不引起人们的广泛重视，发展中国家的经济发展水平较低，又生活着极大数量的老年人，那么各方面的条件就得不到保障，如果不能及时采取应对措施的话，将会严重制约国家建设。

发展中国家在人口老龄化的进程当中，还伴随着很多贫困人口，这些问题的存在会让国家在经济建设方面受到限制，更会影响到老年人的福利。

1950—2000年，世界上80岁的老年人大约已经增加五倍，甚至还在以每年3.3%的速度增加着，远大于60岁老年人口增长速度的2.2%。到2000年，大于80岁的高龄老年人群体数量为6900万人，占老年人总数的11.4%。到2050年，大于80岁的高龄老年人人数会到达3.8亿人，也就是说在四个大于60岁的老年群体当中，会出现一个高龄老人，这样的趋势会伴随时间推移，变得更加显著。

在20世纪80年代，专门对世界人口问题进行研究的联合国人口司预估了世界范围内人口老龄化的趋势。在对老龄化趋势进行预测，并在这样的条件之下预测死亡率、生育率、平均期望寿命等数据的过程中，要对各个条件和数据进行持续不断的修正。不过他们也认识到，老年人人数预测值比比率估算值会更加准确，其主要原因是2000年和2025年的老年人已然出生。其人数受到影响因素较少，只是假设死亡率会有所偏差。在2000年和2025年，60岁及以上的老年人均为现代40岁和40岁以上的人。这一年龄阶段的人，渡过了婴儿与童年容易发生危险的期间，除非是有突发和意外事情的发生，假设死亡可能性较低，所以对于最终获得的人口预测数据影响很小。另外，人口流动以及人口迁移也会影响到人口老龄化，不过影响力较小。虽然在有些时候获得的预测结果与实际结果有百分之几的相差率，但是从性质和趋势方面是不会有很大影响的。联合国在进行预测评估工作的过程中，选取的年份分别是2000年、2025年和2050年，这是因为很多国家的年龄结构基数变化预计在2000年之后才可以显现，这就是影响的间隔期。所以，利用动态化研究和分析方法对老龄结构进行研究是更为合理有效的。联合国人口司利用100年间的老年人口变化预测，得到了全球老龄化的趋势，同时也表明在21世纪之后人口老龄以及高龄化水平将会进一步增强。

在整个人口的发展历程当中，老龄化是必然会发展到的阶段，与此同时还是重要的历史趋势。因为这一客观规律的存在，通过对大量人类社会经验进行分析，可以发现发展中国家老龄化发生的主要原因是出生率降低。如果出生率下降到一个极限的话，老年人口死亡率会对老龄化产生极大的影响。

第二节　我国人口老龄化的现状与特点

一、我国人口老龄化的现状

当前中国正在积极推动经济建设，在经济发展方面也获得了非常显著的成就，再加上现代科技的迅猛发展以及医疗水平的提升，人们的生活质量和整体水准都有了很大提升。这导致的一个直接结果就是人类健康素质有了很大程度的提高，同时人们的寿命也延长了。再加上国家从20世纪80年代开始实施的计划生育政策，使得人口增长速度变缓，而人口对整个社会带来的压力也明显降低，但同时整个社会的生育水平也快速下降。在这些因素的共同作用以及影响之下，使得年轻人在国家总人口当中所占比例下降，而老年人在总人口当中所占比例上升。中国对2017年出生人口数和出生率进行研究和计算，发现二者呈现出共同下降的特点，其中出生人口较2016年下降了63万人。老龄化水平在逐步提高，60岁的老年人群在数量和比重方面都显著上升。2017年，60周岁以上人口和65周岁以上人口都比上年增加了0.6个百分点。根据国际上给出的标准，如今的中国已经步入老龄化社会。

按照我国第1—5次的人口普查以及预测的资料进行分析，可以把我国老龄化进程分为三个阶段。

第一阶段是1982—2000年，也可以称其为老龄化前期阶段。在这一阶段，生育力降低对总体年龄结构刚开始产生影响，所以老龄化速度缓慢，程度不深。

第二阶段是2000—2030年，可以将其称作是高速老龄化的阶段。在这一阶段，生育力降低，其总体年龄结构的影响已经充分显现，老龄化发展速度和进程不断加快。

第三阶段是2030—2050年，可以将其称作是高水平老龄化阶段。在这一阶段，老龄化速度有所变缓，而少儿人口以及劳动年龄人口所占比重也会下降，所以老年人口比重会长时间保持在高水平上。

二、我国人口老龄化的特点

发达国家老龄化的现象是非常突出的，而中国则是步入老龄化社会的发展中国家，虽然与发达国家在老龄化现象方面存在着很多相似之处，但受到历史文化、民俗、政策等多方面差异的影响，中国在老龄化的特征方面有着独特性，具体为：

（一）老年人口基数大

中国是全世界人口数量最多的国家，与此同时还拥有着世界最多的老年人口。中国老年人口在世界老年人口当中所占比重也在逐步升高。预计到2050年，中国老年人的数量会在4.3亿人之上，占到全世界的22.3%，甚至超出很多发达国家与地区的老年人口总和。

（二）人口老龄化的速度比较快

从1980到1999年，将近20年的时间当中，中国的人口年龄结构完成了成年型到老年型的转变。如此短暂的时间之内，就完成了这样的变化，在整个世界上都是非常罕见的。瑞典用了40年的时间，英国大约用了80年。从1950—2050年的100年时间当中，预计世界上老年人口会增加225%，中国能够达到240%，而新增老年人口当中，中国将会占到23%，这样的增长速度是前所未有的。

（三）老龄化地区差异大

中国拥有广大的国土，而不同的地区在经济、科技以及城市化建设等方面也有着非常显著的差异，同时在人口控制方面也有差别。这就形成了老龄化的地区差异，我国经济发展水平较高的北京、上海、天津、江苏、浙江等地都已经步入到老年型地区，其中上海领先全国约20年，而青海则滞后20年。在未来，城市老龄化速度会明显快于城镇，而城镇则会快于乡村。

（四）经济发展滞后于人口老龄化

一般而言，国家步入到老龄化社会的主要原因是工业化以及城市化水平发展到了一个较高的水平，但是我国却不是这样的情况。中国基础相对薄弱，出现老龄化的主要原因是生育率下降。我国在经济条件较差的环境之下，提前步入到老龄化社会，而面对这样的快速老龄化局面，并没有预先防范，也缺少物质、思想等诸多方面的准备，进而创造出了先老后富的不利发展局面。中国曾经存在一个长时间的高生育期，因而形成了较大的人口惯性，所以总体的人口规模是很大的。在今后的20年之中，中国必须要面临和解决的问题就是育小和养老。这就要求我国在推动现代社会建设以及城市化发展的过程当中，要注重制定以及实施科学规范的人口政策，全面提升人口素质水平，解决好人口老龄化带来的诸多人口问题。

（五）人口高龄化显著

当前我国的人口老龄化进程在不断加快，而老年人口增速明显快于总体人口的增速，大于80岁的高龄老年人口增速又快于老年人口增速，所以据预测，25年之后我国会步入到高龄社会。预计到2050年，我国的人口平均寿命会到达80岁左右，而这样的局面也奠定了长寿社会的基础。

据预测，到了2050年，全国的高龄老年人，也就是大约80岁的老年人群数目会到1.1亿，年均增速是4.4%，明显快于老年人与总人口的增长速度。如此高的增速是相当罕见的，是诸多发达国家的几倍。高龄老人的身体素质水平显著降低，常常伴随有多种疾病，需要得到特殊性的护理与关照，这也为老龄工作带来了较大的难度。

总而言之，我国在老龄化进程方面的速度在不断加快，和当前经济发展水平相比是超前的，而且人口老龄化在时间变化方面呈现出不规则性的特点，还有地区方面的差异。对此，我们必须保持清醒的头脑，切实意识到人口老龄化的特殊性以及严重性，并在这一方面展开深层次和全方位的研究，以免在银色浪潮的挑战之下出现严重的发展性问题，最大化地降低对国计民生造成的损失与影响。

人口老龄化是一种必然发展趋势，其产生与诸多因素相关，主要包括国家经济发展水平提高、人民的整体生活质量大幅改善、国家医疗水平显著提升、现代科技快速发展、生育率降低、寿命延长等。从一定意义上说，人口老龄化是社会进步的一个表现，但是人口老龄化还是严重社会问题，再加上我国的特殊国情，这样的挑战会更加严峻，假如没有对其提起高度重视，并积极采取针对性措施的话，其后果不堪设想。人口老龄化会产生一系列问题，该问题除了会涉及老年群体之外，还会牵涉国家政治、经济、文化等诸多领域。为了在人口老龄化不断加剧的情况之下提高应对能力，全世界都在探究有效的应对措施，也在为老年事业的健康有序发展进行着不懈的探索。

三、人口老龄化对经济发展的影响

人口老龄化进程的加快，表明国家经济领域的劳动者在年龄结构方面产生了极大的转变，也由此引发了多个后果：劳动年龄人口在数量和人口比例方面大幅降低，劳动力资源逐步减少，甚至很多地方显现出劳动力短缺的局面，无法有效满足社会生产工作的需要；劳动力的年龄结构呈现出老化的发展趋势，因而会导致很多家庭难以承受养老压力，不具备较强的养老能力。人口老龄化不仅成了老年人本身的问题，还超越人口学范围，在诸多领域影响着社会发展和经济建设，尤其是影响到劳动力数量、分配、生产率、消费等诸多事项。

在对人口老龄化进行分析和研究的过程中，不能够将其纳入到经济学研究范围，但是人口老龄化会间接影响经济活动当中的要素，进而对经济产生影响。在这里涉及的经济要素，在诸多的经济学论著当中已经有较为细致全面的说明，此处则站在人口老龄化层面对其进行简单说明。

（一）人口老龄化与国民收入

人口老龄化在不断发展的进程中，会让全国的人口年龄结构发生翻天覆地的变化，因为不同年龄结构的人，在消费、分配、生产等诸多领域存在差异化特征，因而年龄结构发生变化，一定会影响到经济发展水平，从而对国民收入和国民经济的发展带来影响。

（1）人口老龄化加大了社会保障需求，从而影响国民收入中积累和消费的比例。

当人们提及人口老龄化的时候，首先联想到的就是会加大社保需求，还会扩大消费基金以及降低积累与投资。还有很多人会担忧投资水平下降会使经济增速变慢。

首先，伴随着老龄化程度的加深，企业退休人员所占比重不断提高，因此在整个国民收入体系当中会分配大量资金进行养老金储备，那么用在积累以及投资领域的资金就会大幅减少。从20世纪80年代开始，我国退休人员就进入了快速增长的阶段，1979—1989年，这十年的时间已经从最初的596万人上升到了2 201万人，增长了2.7倍。用于这类职工保险福利方面的费用也从32.5亿元上升到了382.6亿元，其倍数达十倍之多。其次，老龄人口从社会生产的岗位当中逐步退出到日常的社会生活当中，而他们也从生产与消费结合体变成了单一消费者。最后，在人口老龄化水平不断提高的环境之下，为老年群体支出的医疗设施和相关保障费用会逐步上升，而老年人群的医疗费是普通成年人的3~5倍，会带来较大的医疗压力。

（2）人口老龄化降低了劳动适龄人口的比例，社会上的人力资源减少，年龄结构老化，从而影响国民收入的总量。

人口老龄化对经济的影响还体现在劳动力供给这方面。如果按照生命周期理论当中给出的结论和方法进行研究，随着人们年龄增长和生命的递进，在到达老年阶段之后，无论是体力还是智力水平都会显著下降，同时劳动能力也会明显降低。而在人口老龄化进程逐步加快和加深的过程中，劳动能力下降，会造成劳动参与率下降。因为适龄的劳动人口减少，并在结构方面呈现出老化的趋势，会让很多社会岗位显现出空缺问题，难以保证生产资料的优化配置与合理利用，造成资料浪费。与此同时，年龄结构老龄化的加剧，使得国家在产业升级方面必须加大对新技术的研究与应用力度，加大对新技术的需要，因而也会对劳动力的学习、适应与创新能力提出更高的要求。到了这个时候，劳动力在年龄结构方面的高龄化水平已经非常明显，而大于45岁的劳动力占总劳动力人数的比重会从25%上升到50%。高龄劳动力要想不断学习新技术与新技能，提高对新环境的适应能力，就必须付出极大的精力，即使这样效果也不能够达到非常理想的水平，会不及精力充足的年轻劳动力。对高龄劳动者进行教育培训时，需要投入极大的精力和较高的资金资源，这对于产业转型升级和社会创新发展来说是非常不利的，因而也会出现劳动力结构短缺的问题。劳动力数量少、整体活力不足，都会减少社会财富创造，让国民收入增长速度变缓，增长量下降。

（3）人口老龄化扩大了消费，消费的增长，为国民收入的增加带来了机遇。

在上面的论述当中，我们提及老龄人口从社会生产岗位退出之后会从原本的生产与消费结合体变成纯粹消费者。原本会在他们身上投入的储蓄会变成消费，老龄化程度逐步增加，那么消费比重就会不断扩大，并构成巨大的消费需要，而消费会促进市场的产生，有了市场又能够提高经济发展的活跃性。马克思在他的论著当中对生产和消费关系的说明就验证了这样的说法。在马克思看来，生产和消费之间存在着密不可分的关联，彼此是互相依存的，与此同时还会互相创造与转化。生产活动会制造出大量的产品，满足消费者的消费需求，而消费者在获得产品之后，又会出现新的需求，进而为生产活动提供动力支持。在这样的持续性活动当中，不管是生产还是消费，都会依存对方存在。一方面，在生产出产品之后，只有借助消费的方式，才能落实生产目标。另一方面，消费会为生产活动的展开提供巨大的动力支持。所以，结合二者之间密不可分的关联，单一关注生产而忽略消费的话，会让生产活动不再具备意义，并形成盲目生产的现象。这种现象不仅不会促进经济进步，还会给经济发展带来极大的阻碍。

在人口老龄化程度逐步加深的过程中，对于各项消费基金的需求量显著上升，相应的积累基金所占比重就会下降。如果只是从表面上进行分析的话，这样的情况是限制投资规模的。而事实上，消费基金的适当提升能够拉动生产投资，成为投资的动力。只有不断扩大消费上的需求，才能够让投资扩大拥有动力和存在的必要性。在东南亚金融危机和源于美国的金融危机的应对当中，很多国家与地区选用的应对措施是扩大内需，通过刺激消费需求来拉动经济发展，中国也是如此。大量的历史经验已经证明，如果让生产和消费脱离的话，一定会遭遇经济发展当中的巨大危机，所以，我们不能够单一地关注生产，也要提高对消费的重视。此时我国正处在人口老龄化的进程当中，能够借助这样的机会和社会条件，扩大消费基金，为广大老年人群体提供养老福利，增加内需，刺激消费，这样不仅能够让老年人的生活获得良好的保障，为社会和谐发展提供动力，同时还能够为经济建设和长效发展提供机遇，促进国民收入水平的提升。

（二）人口老龄化与劳动生产率

在人口老龄化不断加剧的进程中，适龄劳动人口规模正在大幅下降，与此同时，他们的年龄结构也呈现出老化的状态。而这样的状态会直接影响到劳动生产率，为劳动生产带来阻碍。

在老龄化的初期阶段，全社会劳动力在数量方面并不会出现下降的情况，但是年龄结构会逐步趋向老化，而中老年劳动力占据的比例会上升。中老年劳动力因为拥有丰富的工作经验积累，在生产技术与管理等诸多领域都有很大的成绩，但是也难免会墨守成规，难以有效接纳新技术与新知识。在现代科技快速发展的背景下，新的行业、职业和工种正在持续不断地出现，整个社会的分工会变得非常复杂，变动性更强，这些都为劳动力的创新和适应能力提出了较高要求，同时还需要他们具备新知识与新技术。显而易见的是，中老年劳动力也不具备较强的适应能力和创新能力，因此无法有效适应新环境与需要，进而对整个社会经济的长远发展带来不良影响。此外，中老年人伴随着年龄的增长，无论在生理条件，还是在个人体力水平方面都会明显降低，慢性病会逐步出现，为他们的工作生活带来极大的影响，进而降低实际工作的效率，为劳动生产率的提升带来制约。

对劳动生产率起到决定性作用的主要有以下几个因素：第一，劳动者平均熟练度；第二，科技发展水平；第三，生产组织与管理；第四，生产资料效能与规模；第五，自然条件。在这几项重要因素当中，前面提到的三个都是直接和人口老龄化有关的。先说劳动者平均熟练度这一因素，中老年劳动者的身体素质会显著下降，学习新技术和新方法的能力降低，同时对新工艺以及工作的适应能力也会明显下降，尤其是会低于年轻劳动者。第二个是科技发展水平这一要素，中老年劳动者具备丰富的管理经验，同时也拥有纯熟的生产技能，但是对于新技术和新方法的接受度相对较低，而年轻劳动力更容易接受新科技，并将其应用到实际工作当中。生产组织与管理要素，要适应劳动者年龄结构发生的巨大转变，生产当中劳动者的分工协作组合等也要产生相关的改变，只有把握了不同年龄段劳动力的优势和劣势，把握好了年龄结构在改变方面存在的规律，才会最大化地降低对劳动生产率的不良影响。

表1-1　1996—2015年我国劳动生产率情况

	劳动生产率（美元/人）	劳动生产增长率（%）
1996年	1 535	8.9
1997年	1 652	7.6
1998年	1 772	7.3
1999年	1 885	6.4
2000年	2 018	7.0
2001年	2 172	7.6
2002年	2 347	8.1
2003年	2 561	9.1
2004年	2 801	9.4
2005年	3 088	10.3
2006年	3 459	12.0
2007年	3 912	13.1
2008年	4 290	9.6
2009年	4 674	9.0
2010年	5 146	10.1
2011年	5 586	8.6
2012年	5 990	7.2
2013年	6 423	7.2
2014年	6 866	6.9
2015年	7 318	6.6

（数据来源：国际劳工组织）

表1-2　1996—2015年我国劳动生产率及增长率变动

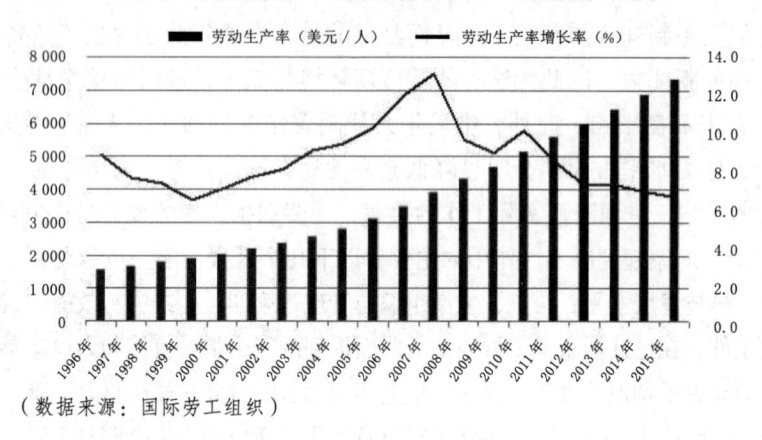

（数据来源：国际劳工组织）

通过对上面的分析进行总结，我们能够得到的一个结论就是人口老龄化对劳动生产率的影响是弊大于利的，因而会带来大量的负面影响，导致劳动生产率下降。在这其中有不少学者的观点是与之相反的，并在研究当中得到了上面的两个表格（见表1-1、表1-2），给出的结论是，世界范围内的国家与地区都在不断加深着老龄化进程，但这部分国家在劳动生产率方面仍然呈现出逐年上升的特点，所以人口老龄化有助于劳动生产率的提高。要对他们获得的结论和相关认识进行细致研究的话能够看到这些观点片面性强。虽然在得到这些观点时他们选用了很多的数据作为理论支撑，同时结合数据还能够看到在老龄化加深的进程中劳动生产率也相应提升。但是，因此得到老龄化会提高劳动生产率的结论是非常片面的。这是因为劳动生产率水平会受到诸多因素的影响，是大量要素共同作用的结果，除了自然条件之外，其他的因素会伴随社会进步而朝着好的方向发展，其中不管是哪一个要素进步，都会推动劳动生产率提升。特别是对发展中国家来说，由于整体科技水平较低、劳动力综合素质较低等原因，使得劳动生产率得不到提升，社会进步会显著提升劳动生产率。

人类社会拥有着高度文明，人类与其他物种区别最为明显的特征，就是不断传承与积累知识、能力、经验、科学技术等。在持续不断的积累发展进程中，劳动生产率也会获得显著提升。虽然人口老龄化程度的加深会给劳动生产率带来消极影响，但是也未必就一定会导致生产率下降，而只是减慢生产率提升的速度。就如同在铜器时代，人口老龄化会给劳动生产率带来较大的消极影响，但是要让生产率下降至石器时代甚至是以下则是永远不可能的。

（三）人口老龄化与产业结构

资本、技术以及劳动力是生产要素当中占据突出地位的要素，对产业结构的类型与发展会起到决定性作用，所以在研究老龄化对产业结构造成的影响时，可以从这三个要素进行分析。

1. 人口老龄化与劳动力供给

人口老龄化会造成劳动年龄人口比重降低，虽然就目前而言中国劳动力过剩问题是非常显著的，劳动年龄人口比重降低能够在一定意义上缓解劳动力过剩，但是社会生产总量以高速增长，时间一长，就会产生劳动力不足的问题。我国重视产业结构的调整，但是产业结构调整是一个循序渐进的过程，当前仍然是以劳动密集型产业作为结构当中的主体部分，该产业的发展和进步，会在极大程度上依赖劳动力的供给。这些年以来，我国经济发展水平迅猛的一个主要的原因就是劳动力充足，这种劳动力优势使我国在国际竞争当中也突显出了较为明显的优势，不过老龄化程度的加深会使这样的优势逐步削弱。

2. 人口老龄化与资本

从 20 世纪 80 年代一直到今天，我国经历了低抚养率和高储蓄率时期。凭借这一阶段的努力，积累了很多资本，同时也促进着产业结构的调整，开始从劳动密集型产业过渡到资本密集型产业。此外，不管是哪一个国家，主要资本来源都是个人以及政府。在国民收入体系当中，政府资本的源泉是积累资金，而老年人口激增和老龄化水平不断提升，会让政府积累资金明显降低，消费资金显著增多，尤其是在如今城乡不具备完善福利设施和社保制度不健全的背景下，政府需要留出大量资金解决以上问题，所以会导致积累资金减少，并降低社会资本的整体规模。与此同时，老年群体的储蓄率较低，收入水平少，再加上本身能够担当风险的能力相对较差，在不断增加老年人口的过程当中，会让个人资本能力下降。所以，在人口老龄化的发展进程当中，会降低资本规模，那么我国推动产业结构转型升级就会受到巨大影响。

3. 人口老龄化与科学技术

人口老龄化进程加快对科技的影响尚未得到准确定论，站在不同的层面进行分析，得到的结论也有着显著的差别，其观点主要有两种。

（1）人口老龄化对科学技术创新和进步具有积极作用

首先，从科技发达的国家历史发展进程角度进行分析，老龄化速度的加快没有对科技进步与发展带来影响。其次，纵观科学以及文化界的诸多人才当中，年过古稀的人才非常多，而且他们做出的贡献是不可磨灭以及大家有目共睹的。根据不完全统计得到的结果是，2002年，老科技工作者协会和地方的老科协团体建立的机构数量达到421个，他们在推动企业技术改革，促进产品更新换代，推动企业脱贫等诸多领域做出了积极贡献。由他们完成的项目更是数不胜数，获得的成果非常可观。我国众多的科学院院士虽然年龄很高，甚至已经到了高龄，但他们在科技和社会发展等诸多领域的成就是非常突出的，这实际上也是对这一结论的重要例证。

（2）人口老龄化对科学技术创新和进步有负面影响

首先，人类的生老病死遵循着自然规律，结合自然生长规律，人们在年龄增长的过程中体力能力会逐步下降，脑细胞的活力以及数量都在减少，所以老年群体已经不具备较强的学习能力，更无法有效满足知识更新的需求。如今我们生活在信息化时代，整个世界的信息数量很多，知识更新速度快，会让老年群体具备的知识难以适应时代和社会的要求，进而对科技创新与科技发展带来诸多的负面作用。其次，在人口老龄化的进程中，国家需要将国民收入当中的大量资金投到养老保险当中，因而会在一定程度上减少在科技领域、教育领域、技术创新领域等的资金投入，降低资金更新发展的速度。

（四）人口老龄化与社会保障

中国的人口基数大，每年新增劳动力数量约为1000万人，社会就业现状非常严峻，使很多在岗人员提前下岗，表现为45～50岁从事低层次工作的劳动力逐渐用不同形式从原来岗位退出，或企业与个人买断，或签订协议内退。这造成的一个直接结果就是，国家要给予社保的人数不断增多，需要社会提供社保的队伍不断扩大。此外，在我国广大的农村地区，因为计划生育国策的实施，一个青壮年通常会面对赡养几位老人的局面，而国家有责任与义务为这部分人给予一定的保障。但在过去的很长一段时间当中，国家并没有专门设置社保基金，社保制度实际上是从20世纪90年代初期逐步开始实施的，建立专门基金的时间晚且比较薄弱。2005年，世界银行给出的报告当中提出我国在社保方面的问题非常严峻，特别指出养老收支缺口超过9万亿元，而在体制改革之后，要求以8%缴款率做个人账户，收支缺口变成了6万亿元以上。现如今，中国人口老龄化发展速度非常惊人，老年人口所占比例和绝对量都在进一步增多，同时老年抚养系数快速提升，要求社会加大在养老保障、医疗、退休金等方面的支持，使得社保基金出现了入不敷出的严峻局面，也加大了财政方面的负担。这属于非常显著的社会问题，不管是国家还是全社会都必须要客观认识到这一问题。

（五）人口老龄化与人口政策

为了更加全面有效地应对人口老龄化给社会人口与抚养带来的影响，本文借鉴了抚养比的计算公式，其中人口总抚养比又可以称作抚养系数，指的是人口体系当中非劳动年龄人口和劳动年龄人口之比，得到的结果用百分比表示。

具体的公式为：

人口总抚养比 =（非劳动年龄人口数 − 劳动年龄人口数）× 100%

其中，非劳动年龄人口是低于14岁周和高于65周岁的人（含起止年龄）；劳动年龄人口是15～60周岁的人。

计算获得的抚养比值越高，表明老少被抚养的人口比重越高，对整个经济发展带来的不良影响越大；反之，计算获得的抚养比值越低，表明老少被抚养的人口所占比重越低，对整个经济发展带来的不良影响越小，越有助于推动经济进步。

表1-3　第一次至第五次人口普查人口年龄结构和人口总抚养比

	1953年	1954年	1982年	1990年	2000年	2010年	2020年	2030年	2050年
0~14岁	36.28	40.63	33.59	27.69	22.89	18.49	18.99	16.11	15.38
15~64岁	59.31	55.75	61.50	66.74	70.15	72.28	69.00	67.42	62.96
65岁及以上	4.41	3.56	4.91	5.57	6.96	8.59	12.04	16.23	23.07
从属比	68.61	79.26	62.60	49.84	42.55	37.47	44.97	47.97	61.07

资料来源：1953年、1964年、1982年、1990年、2000年来自《中国人口统计年鉴（2004）》，中国统计出版社，2004。转引自田雪原等《老龄化—从"人口盈利"到"人口亏损"》，中国经济出版社，2006年版，56页。2010年、2020年、2030年、2050年引自田雪原等《老龄化—从"人口盈利"到"人口亏损"》，中国经济出版社，2006年版，58页。从属比即为人口总抚养比。

在新中国成立的初期阶段，人口被称作是社会发展进步的战略性和重要性资源，人口数量的增加会推动国家的进步，所以政府制定并实施了激励生育的政策。而这一政策的实施，让20世纪五六十年代出现了婴儿生育高峰。到了70年代初期阶段，政府开始对这一现象进行反思，并开始把关注点放在控制人口总数上，提出计划生育政策。由于该政策的实施，在较短的时间，国家人口出生率下降速度非常明显，也使整个国家的年龄结构产生了极大的改变，为人口老龄化的出现打下了根基。

通过对表1-3的分析，我们发现在20世纪的50至60年代，老年人口在总人口的比重仅为3%～4%，那是因为低于14岁的人口数量占比很高，造成总抚养比到2050年到达了61.07%。纵观我国的这段发展历史，在经济领域能够明显发现这一阶段的中国经济发展水平较低，在众多因素当中，虽然有国内外政治因素对经济的影响，但也不能忽视人口总抚养比高在企业中起到的负面作用是非常显著的。所以从20世纪70年代开始，政府部门认识到问题非常严重，于是推动计划生育政策的实施，也让接下来的几十年间，新生儿数量大幅降低，解决了人口总抚养比较高的问题，在2010年这个比值到达了最低。结合上面表格当中的数据进行预测的话，假如持续沿用目前的计划生育政策的话，尤其是到了2050年后，激励生育政策出现的人口会变成老年人口，会因为老年人口快速增加导致总抚养比再度上升。可以说这是两个非常极端的状态，假如整个国家与民族始终在极端状态当中摇摆，会对国家之后的发展与进步带来冲击。所以，科学合理的人口政策与民族兴衰紧密相关，必须要权衡利弊，有效应对。

四、现实选择：人口老龄化与养老产业发展

我国步入老龄化社会存在着一个非常不利的条件，那就是国家是在经济发展水平较低的情况之下步入的老龄社会，与发达国家高经济发展水平下的老龄社会相比有着特殊性。再加上国家在养老保障制度建设方面存在着很多的不足，没有构建完善的养老服务体系，让养老问题成为严重的社会问题。

老年群体是社会群体当中的重要组成部分，同时也是和谐社会建设当中不可或缺的力量，关系到家庭幸福与社会的稳定发展，但是我们也要客观认识到养老问题是非常明显的。

（一）家庭养老功能不断弱化

长时间以来，家庭养老是中国最为基本与主要的养老方法。从20世纪90年代开始，因为社会家庭结构显现出小型化的特征，使得家庭养老功能逐步弱化。导致这一趋势产生的原因主要有：第一，国家的独生子女政策落实了很长一段时间，让整个社会家庭结构显现出421结构。也就是说，一对年轻夫妇需要同时赡养四位老人，因而极大地增加了家庭养老的负担与压力。第二，国家正在积极推动城市化建设，工业化发展水平的提升使中青年面临的生存和发展竞争日趋激烈，越来越多的人选择了跨地域求职的生存方式，使得越来越多的剩余劳动力涌向城市，导致了大量空巢家庭的出现。子女不在身边，老年人群体的疾病护理、生活关照等问题非常显著。第三，在家庭结构不断发展变化的过程中，年轻群体在赡

养老人方面具有很多不同的想法，更加偏向于用金钱孝敬父母，通常是在父母生病时短期照顾。家庭养老功能的弱化局面，使得社会养老服务变得更加迫切。

（二）社会养老服务需求的迅速膨胀

通过对相关的调查统计数据进行分析，得到的一个结论是，大于60岁的老年人在剩余的寿命当中，约有25%的时间处于机体功能受损的状态之下，因而需要得到良好的关照以及护理。如果依照这样的方法进行推算的话，那么全国大约有3 250万老年人要得到长时间的护理支持。另外，在社会发展以及人们生活质量提升的条件之下，很多老年人在养老理念方面发生了极大的改变，他们不再单一追求物质生活的富足，而是将关注点放在了提升生活以及生命质量方面，迫切想要拥有教育、文化、娱乐等多种多样的活动来满足他们的精神需要，彰显他们的生命价值，也让他们的余热可以充分发挥出来。所以，社会需要不断为老年群体提供医疗护理等多个方面的服务，全面增强老年群体的身心健康水平。

（三）社会养老服务发展明显滞后

很长一段时间以来，社会养老服务都是作为社会福利事业的重要组成要素而存在的，更是一种集中性的福利供给。而在老龄化程度逐步增强的进程中，养老问题变得非常显著，也促使国家对解决这一问题高度重视。以20世纪80年代为开端，我国开始养老福利制度建设，积极促进养老福利事业的社会化进程，强调全社会要进一步凝结力量，积极组织开办养老服务性机构；同时，开始逐步扩大养老服务对象，最后扩展到全部的老年群体。因为得到了国家的支持以及有效引导，中国的养老服务事业进展速度很快，不过养老事业社会化的改革工作起步较晚，和现实相比，有着较为显著的滞后性。截至2005年底的数据，养老服务机构为39 546家，床位数量达到149.7万张，收养老人数量为1 102 895位。从总床位数的角度上进行分析，这样的数字仅仅超过老年人口总数的1%，和当前国际社会上的5%~7%有着很大的差距。除此以外，绝大部分的养老机构在服务方面显现出单一化的特征，而且不具备大量高素质的服务人员，因而不能够有效满足老年人群不断提高的相关需要。

第三节　国际养老模式借鉴

一、以美国为代表的完全市场化的养老城

（一）美国的养老服务产业

美国是当今世界最具代表性的发达国家，当美国进入老龄化社会之时，经济已经达到了很高的发展水平，与此同时，社保等社会福利体系也达到了非常完善的阶段，因而能够有效推动养老服务业健康有序地发展。从20世纪70年代开始，美国政府逐步致力于养老服务产业建设，在这一过程当中遇到了诸多问题，不过在积极调整以及优化之后进行了改善，促进了养老服务机构数量和规模的增大，同时也拓展了养老服务内容，让老年群体的差异化与个性化养老需求得到了有效的满足。

美国在养老服务形式的选择方面主要有三种，分别是居家、社区和机构养老。绝大多数美国老年群体会将居家养老作为首要选择，而这样的养老方式具有较强的针对性，能够结合老年群体的差异，提供个性化养老服务。比如，针对身心健康的老年人，会在饮食方给予他们更多照顾；针对年龄较大或者是失能老年群体，会在饮食照顾基础之上增加家政、医疗护理等多方面的养老服务。当然还有一部分美国老年人会将机构养老作为养老选择，而美国的养老机构建设已经达到了较为完善的阶段，划分了不同的层次。针对需要得到全天候照料护理的老年群体，会选择专门提供技术护理照顾的养老机构；针对身体素质一般，只需得到一定照顾的老年群体，则会选择中级照顾护理型的机构；针对身体素质好和身体健康的老年群体，主要选择的是能够在吃住方面提供服务的机构，如图1-1所示。

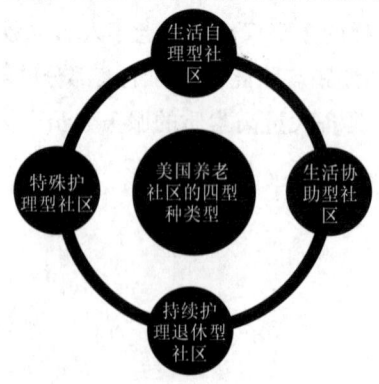

图1-1　美国养老社区类型

为了让体弱多病的老年群体获得长时间的照顾和护理服务，美国政府专门提出了 PACE 计划，凭借商业路径完成运营。这一计划的基础是医疗保险，在此基础之上，还会为老年群体提供康复训练、病历管理、生活照顾等多层次的服务，从改善医疗保健服务的角度出发，促进养老服务业的完善与进步。

美国要开办个人或团体形式的养老服务机构时，通常会存在资金不足、利润低等问题。面对这样的不利现状，美国政府的做法是给予充分的扶持与帮助，尤其会在政策、技术、资金等方面出发，使得这些养老机构能够获取一定的利润。当然，美国政府也会对这些机构的利润进行一定的把控，强调最高不能够超过 15%；美国政府注重加强对这些机构的监管，并专门设置了监察员的角色，以便对机构以及机构运行当中的服务进行全方位的监管，保证老年群体享受到优质的服务，同时也会把监督结果与政府补贴落实相关联。假如在监管过程当中发现机构存在不合格运行情况的话，那么政府就不会支付在医疗保险和补助方面的费用。

当然，美国老年人同样也有着养老金不充足的问题，美国政府选用了倒按揭的方法，借助反向抵押贷款的方法使得老年人能够抵押房屋，对他们的资产进行盘活，使其能够在养老方面拥有充足的资金。

纵观美国养老服务业的发展历程，并对这一过程当中的经验进行总结，我们能够获得这样的启发：居家、社区、机构养老是美国的三种养老方式，但不管是哪一种方式，老年群体最需要的服务就是生活照顾与医疗护理等方面的基础服务内容，所以要在基础服务方面进行发展与建设；基本养老保险的设置有助于推进基本养老服务的实施，并起到推动作用；要想让养老服务业获得更大的发展，需要得到政府方面的多角度支持，与此同时，政府要加大监管力度；不管是政府、投资人，还是老年群体，都存在着资金缺乏的问题，而要解决好这些问题，应有金融与保险机构的密切参与和协调配合。

（二）美国佛罗里达州的养老产业

1. 自然条件

佛罗里达州是美国东南部的一个州，位于墨西哥湾的沿岸，东面和西面分别是大西洋与墨西哥湾。该州的陆地面积为 15.2 平方千米，主体部分是佛罗里达半岛，海岸线长，总长度居全美第二，第一是阿拉斯加州。佛罗里达州拥有平坦的海岸沙滩，是旅游观光的理想地，而且该州在北纬 24~30 度，拥有非常适宜的气候条件，全年平均温度为 21℃，即使是冬季，平均温度也能够到达 16~23℃，是非常理想的避寒胜地。另外，该州有着阳光州的美称，凭借着阳光、沙滩、气候，在全世界非常有名。

2. 政策条件

1965年，美国国会颁布并通过《老人法》，同时还专门设置了联邦老龄署，专门管理老龄事务。1973年，在修正案当中明确规定，美国各州要设立专门的地方老龄局，此后美国构成了自上而下的老龄工作网，涵盖了不同层级的老龄局、老龄组织和老龄服务机构，也为美国积极推动养老产业的完善化发展奠定了坚实根基。

首先，佛罗里达州政府特别重视在养老产业发展方面给予政策方面的支持，而这些政策涉及了人才、环境、税收等诸多领域。人才政策能够一直追溯到20世纪50年代，当时的州长科林斯制定并实施了分类人才政策，强调从外部引进高级型人才，由该州负责对中级人才的培养，而低级人才则从南方引进。在具体实践当中，一个重要的做法就是借助佛罗里达州拥有符合老年群体居住养老环境的优势，专门聘请已退休的老年高级知识分子来到这里工作。

其次，佛罗里达州大力推动养老产业的发展，并努力将该州打造成对退休者有极高吸引力的养老胜地。为了实现这一目标，佛罗里达州进行了一系列的努力：加强对老年群体的研究和分析，挖掘老年消费群体的市场潜能，积极建设能够满足老年群体需求的服务业，并想方设法让老年群体退休金以及积蓄在本地消费，从而加大资金积累，促进就业和其他各项产业的发展。除此以外，税收以及环境等领域的优惠政策使佛罗里达州拥有优质经济与生态环境，为老年群体的养老生活提供保障创造了良好的条件。

3. 发展成果

佛罗里达州重视促进养老产业的进步，而在历经几十年的时间之后，获得的成就是非常显著的。其中的太阳城中心如今是全美国最具代表性，也是发展最成熟的养老社区，该社区融合了养老住宅、服务、管理等多个领域，是一种全能型社区，成为佛罗里达州发展养老产业的模范与样本，更为全球提供了优质榜样，如图1-2所示。如果从整体角度进行分析，佛罗里达州在养老服务业发展方面获得的成就能够进行这样的概括说明：构建了尊老爱老的优质社会环境；健全了养老服务的基础设施和配套设施；推动了整体经济发展。

图 1-2　美国太阳城

  首先，佛罗里达州在推动养老产业改革与建设的进程中，注重为老年群体创设尊老敬老的优质氛围，给予老人充分的照顾与支持，为养老产业向着良性发展轨道前进奠定了坚实根基，同时也满足了老龄化社会进步的需要。

  在佛罗里达州社会生活的各个领域，都特别强调要尊重老年群体，重视发挥他们的价值，凸显其在社会当中的地位，让他们的价值和存在感得到充分的发挥。下面对几项具体的实践方法进行简要说明：第一，积极提倡组织老年志愿者的实践活动，让这些老年人可以充分发挥余热，为社会发展贡献力量；第二，将尊老大会的组织实施变成一种常态化的事项，专门为当年对当地发展做出突出贡献的老年人颁发荣誉奖励，将尊老的风气进行更好的渗透与传播；第三，积极推动全老社区的构建，强调在这一社区当中居民必须要满足年龄大于 65 岁这一条件，而陪同人员的居住时间也会被限制，如低于 18 岁的陪同人员，居住时间不能超 30 天。

  其次，构建了系统完善的养老服务设施。佛罗里达州在推动养老业发展的进程当中贯彻落实全方位原则，因而让老年群体的综合性物质文化需要得到了充分满足，同时还构建了多元产业交融的综合型养老体系。完善的养老服务设施涵盖了老年餐厅、公寓、医院、大学、培训所、研究所、俱乐部等诸多方面。

  最后，佛罗里达州在养老产业建设方面做出了积极努力，更推动养老产业参与到了社会经济当中，为社会经济发展做出了突出贡献。相关的数据资料表明，佛罗里达州的产业结构极具特殊性，服务业占的比重到了 86.3%。旅游业是第一支柱产业，旅游收入占全美第一。养老旅游是旅游产业当中不可或缺的组成部分，而该产业的发展建设，也促进了城市价值的全面提高，其贡献主要体现在：对服务业起到了带动作用；增加了就业岗位；促进了公共设施的健全；让旅游和养老地产进入到了蓬勃发展的新阶段。毋庸置疑，佛罗里达州是旅游和养老天堂，更是富人聚集地，正是因为受到富人聚集的影响，带来了丰富的投资和巨大的发展活力，同时也让该州拥有了持续性发展的巨大动力。

二、西欧和北欧国家的社会福利政策主导的老年公寓

德国是经济强国，在欧洲排名第一，与此同时，德国还是西欧人口当中占据首位的国家。早在60年前，以精细严谨著称于世的德国人就已经着手提出应对处理老龄化问题的方法，建立了超过12 000家的养老院，其中占据较大比重的是老年公寓，如图1-3和图1-4所示。在众多的养老机构建设当中，54%的机构是慈善组织或地方社会组织建立的，36%的养老机构是私人创建的，另外还有10%是公立养老院。其中公立养老院的收费是比较固定的，每月约为2 000欧元；而社会组织建立的养老院，在收费方面也有一个范围，每月约为3 000~4 000欧元；私人建立的养老院不具备统一收费标准，会结合设施建设水平以及专业化服务水准对收费进行确定。

图1-3　德国老年公寓

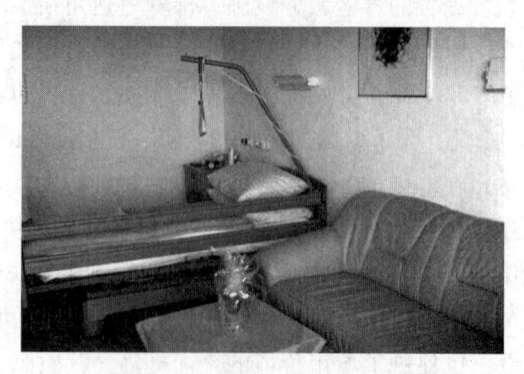

图1-4　德国老年公寓内部环境

如果是在家庭当中生活，绝大多数老人能够用退休金满足日常生活的需要。但是如果这些老人要进入养老院的话，每月必须要支出相应的费用，每月费用首先会从养老金当中支付，即第一级义务；但是如果养老金不能够满足养老费用支付的话，就有了第二级义务——个人义务，也就是说利用个人存款弥补费用上的不足；如果存款也不足的话，则需要变卖汽车、房产、证券等，一直到房产花完，会进入到第三级义务——子女义务，也就是说，子女需要平摊支付其余的养老费。德国本身拥有着一个传统，那就是养小不养老，并强调子女没有赡养老人的义务。假如老人没有生育子女，或者是子女收入不足的话，政府方面会承担起这样的义务，为这些老人发放养老补贴。

德国的退休年龄设定的标准是65岁，而实际年龄是62岁。在德国生活的费用较低，养老金是较多的，所以老年人在退休之后能够过着较富足的生活。通常情况下，老年人到75岁后，才会面临养老方面的问题。实际上，大于75岁的老年人当中，只有33%的人会选择到养老院中度过余生，大部分老年人会选择居家养老这样的方式，也就是说会有专门的养老机构为老年人提供上门服务。在德国，无论是青年还是老年，都会有固定诊所与医生。在养老形式当中，还有一种是社区养老，不会让这些老年人脱离原有的人际关系，同时还会在社区当中开展一系列的互助活动。现如今社区养老形式开始得到人们的支持和肯定，并进行大范围的推行。

1851年，法国大于60岁的老年人口在全国人口当中所占的比例达到了10.1%，成为世界上首个老龄化国家。法国有着非常完善健全的社会福利体系，并建设有普惠性的养老保险制度，实现了养老保险的全面覆盖，同时还强调差别有序原则。针对差异化的社会阶级与产业形态，法国在养老制度的格局确立方面总共划分成了四个板块，体现了差别有序的特征。第一，普通制度。该制度覆盖的是工薪阶层。第二，农业制度。该制度覆盖的是农业经营与工资收入的劳动。第三，特殊制度。该制度覆盖的是军人、海员、公务员等特殊人群。第四，自由职业制度。该制度覆盖的是国家内全部的自由职业者。

到2013年，法国工薪阶层每个月的平均工资是2082欧元，白领为3 950欧元。在养老金比重设置方面，通常是工资的50%～70%。伴随着法国人口老龄化程度的加深，政府面临的压力与负担迅速增加。2010年，法国进行了退休制度改革，并对退休年龄进行了调整，从60岁提高到62岁，而足额养老金发放年龄也相应地进行了提高，从65岁提高到了67岁。

法国有一类老年人会更愿意选择养老院养老的方式，如图1-5所示，这一类老年人的特点是不具备生活自理能力，本身患有疾病或者是没有子女照顾。大量老年人的收入水平是极其有限的，因此往往不敢到养老院，因为无法支付高额的养老费用。而法国政府专门为不具备生活自理能力和有行动障碍的老年人设立了很多的补助，如福利补助、个人化自理能力补助金等。城市中收入水平在中上等的人，会更加青睐在农村购置第二个住宅，用来满足度假或者是养老的需求。大量的法国人在退休之后，会选择卖掉城市当中的房屋，到乡村享受慢节奏生活。另外，也有一部分法国人会直接迁到突尼斯或摩洛哥等地，因为这些地区不仅拥有美丽的风景、充沛的阳光，还有非常低的物价水平。

图 1-5 法国养老院内部环境

英国面临的现实危机就是人口老龄化。就英国国家统计局统计获得的数据，在 17 年后，大于 65 岁的老年人口会增加 40% 以上。到了 2040 年，全国 25% 的人口是大于 65 岁的老年人。英国在推动养老事业发展以及养老改革方面有两条主线：第一条是降低公共养老金待遇，第二条则是对补充养老计划进行全面推动。在发展公共养老体系建设的过程中，又涵盖两个重要计划：其一是设置国家基本养老金，让全国居民都能够享受到平均工资 15% 的养老待遇；其二是收入关联养老金计划，为没有职业养老金的居民提供他们最高 20 年收入平均工资的 20% 作为养老金待遇。另外，英国政府还会征收工资税，其目的在于为公共养老计划的实施和推进提供融资。当前，英国的补充养老基金规模极大，同时也弥补了公共养老金下降的不足，如图 1-6 所示。

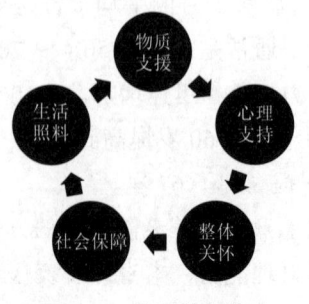

图 1-6 英国养老模式

由此可见，英国、法国以及德国在对养老问题进行解决方面存在着较大的共性，主要体现在四个方面：第一，对退休年龄进行调控；第二，对养老保险金制度进行创新；第三，优化老年群体的就业环境；第四，从整体上提升社会服务能力。

以下以瑞典为例来分析以社会福利政策为主导的养老产业的建设。

在瑞典，法律上明确规定子女以及亲属没有照顾和赡养老人的义务，所以在这一方面全部是国家承担的。在50多年的积极努力之下，如今的瑞典已经构建了系统健全的社会化养老制度。

在养老形式的确定方面，瑞典主要设置了三种形式，分别是居家、养老院以及老人公寓养老。相关的数据表明，一直到2017年年底，瑞典斯德哥尔摩大于65岁的老年人数为11.2万人，是全市总人口数的14.2%。在这些老年人当中，约有10.27万人选择居家养老，6 400人选择在养老院养老，另外的2 900人则选择老人公寓养老。

瑞典老年人到养老院养老的通常是不具备生活自理能力的孤寡老人。瑞典的养老院条件较高，每个老人都有单独的房间，吃饭、洗澡等基本生活需求都会得到专门的照顾，只不过缺少温情和人情味，所以除了没有条件的瑞典老年人，其他老年人是不会选择养老院养老的。

从20世纪70年代开始，公寓养老开始在瑞典兴起。公寓养老和我国的干休所有着很多的相似之处，不过在规模方面相对较小。地方政府负责对老人公寓进行建造，在公寓当中会设置专门的餐厅、门诊、超市等设施，同时还会配备专门的工作人员服务老年群体。只不过近些年来，公寓养老方式不再流行，很多被改造成普通公寓。

在当下，瑞典政府积极推行的养老方式是居家养老，力求让全部退休老年人都能够继续在原有住宅度过晚年，因为这样的养老方式更加人性化，同时也能够满足老年人的个性化需求，给他们带来更多的安全感。

根据主管老年人社会福利事务部门人员给出的说明，要对居家养老进行大范围的推广，其关键是要构建功能完善的家政服务网络。就目前而言，地方政府总共设置了四个家政服务区，负责为居家养老的老年群体提供全天候服务，主要包括卫生、看护、送饭、陪同等，只要是日常生活当中老年群体需要的，都能够为他们提供。

居家养老的老年人，只要他们需要家政服务，都是能够向地方主管部门提出申请的。只不过在接到申请之后，会展开实地评估，评估合格确认之后，才会给出同意申请的决定。而在家政服务范围以及次数方面，会结合需要的差异进行确定，有的是一月一次，有的是一天几次等。

瑞典的地方政府在家政服务提供方面具备福利性质，不过也会收取一定费用，而收费标准会结合老人收入水平确定。如果老年人需要得到家政服务，在提出申请时，还要提供个人收入的资料，而收入除了养老金外，还包括退休后兼职工资和其他资本收入等。

当然，老人能够拒绝提供个人收入的信息资料，而如果拒绝的话，家政服务在确定收费标准时会按最高标准，不过最高标准也低于市场收费标准。现如今，瑞典地方政府更加青睐将家政服务外包，由私营企业负责经营管理。

三、以日本为代表的家庭自助自理的社区养老

（一）日本的养老产业

就地域、养老理念、人口老龄化发展水平而言，我国和日本在很多方面是非常接近的，探究日本在养老服务业发展方面的经验与成果是非常重要的借鉴。

从20世纪70年代开始，日本进入老年社会，老年人口数量迅速增多，而开始有越来越多的中小企业步入养老服务领域。

日本人口老龄化程度较深，政府财政压力大，给社会经济带来了极大的阻碍。为了有效解决养老方面的问题，促进养老服务产业的持续稳定进步，日本在1997年制定实施护理保险制度。该制度的颁布实施，有效缓解了养老资金不足的问题，同时也突破了完全依靠政府的局面，形成了由政府、个人和保险公司共担费用，凝结全社会力量完成养老工作的新局面。在该制度当中探讨的主要问题是：扩大对老年群体的覆盖范围，落实全面覆盖的原则；加大对养老服务者的培养力度，提升其整体综合素质；构建科学化的养老护理标准等。在解决这些问题方面，获得的成果也是非常显著的。护理保险是一种强制险，面向的是日本大于40岁，并且在城镇上有居住地的人，被保险人的年龄在到达65岁之后就能够享受到护理服务，而保险费用是政府与个人各承担50%。

日本在发展养老服务的过程中，老年护理服务的根基是护理保险制度。将地点作为划分标准，在养老机构或医院提供护理，叫作临床护理。在家庭或社区当中提供护理，叫作社区护理。日本在发展养老服务业的初期阶段，就注重以家庭为根基，推动养老服务，所以在居家以及社区养老方面发展得较为成熟，发展速度很快。

日本为了给老年人提供更加优质的护理服务，特别注重加强对专业护理人员的教育培训，并将这一类人称作介护士。他们必须要得到专门的教育培训，同时

还需要考取相关的资格证书，在得到资格认证且具备较强的专业综合素质之后，才能够承担相应的职责。

日本政府特别关注在养老服务方面加强法律法规以及标准的建设，以便更好地为养老服务业的健康稳定发展提供指导，为养老产业的可持续运行打下坚实基础，如图1-7所示。

除此以外，日本的中介机构在国家养老服务业建设当中发挥的作用也是不可替代的，主要作用有监督、管理、协调等。

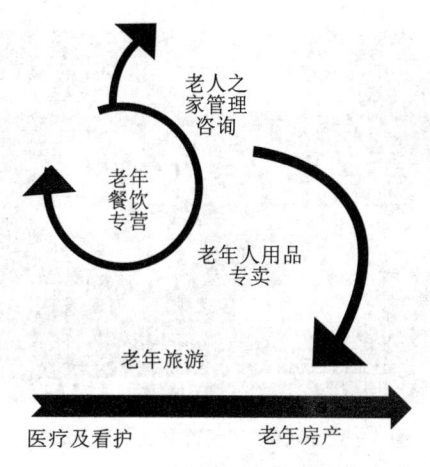

图1-7 日本以养老设施为核心的"养老院经济"产业形态

就日本的养老服务产业发展经验而言，有很大一部分内容是能够在实践当中进行借鉴吸收的：第一，医疗护理是老年群体必不可少的需求，因此应该将医疗护理作为养老服务的核心内容；第二，基本保险制度是养老服务规范化和有序建设的重要基础，因此要逐步建立健全相关制度；第三，养老服务工作人员的专业素质水平对服务质量起着决定性作用，所以要加大对专业人才的教育培训力度；第四，政府方面要加大在法律法规以及标准等方面的引导，确保产业有序开展；第五，要号召多元社会主体投入到养老服务体系建设当中，凝结全社会的力量，加大养老服务模式的创新改革力度，拓展产业链。

（二）神奈川的养老社区

1. 自然条件

神奈川县是日本的一个一级行政区，相当于中国的一个省。神奈川县的地理位置是较为优越的，处于日本列岛中部、关东平原的西南部，北面直接连接日本首都东京,东面则是东京湾,南面是相摸湾。神奈川县受到太平洋暖流的影响非常显著,所以一年当中的气候条件都是非常温暖舒适的。下面还管辖着19市、28区、13町、1村,其中不乏大量著名的城市。在日本的全国范围内,位于神奈川县的横滨市,被称作是日本第二大都市,其中有着日本最大贸易港。镰仓市是日本非常有名的文化古都。神奈川县的湘南地区是最早被开发建立的观光疗养胜地,有大量的海水浴场以及海滨公园,自古以来就是非常重要和有名的疗养胜地。神奈川县的箱根地区被称作是温泉故乡,拥有非常丰富的温泉资源,如图1-8所示。

图1-8 神奈川"若竹之杜"养老住宅

2. 政策条件

从整个亚洲范围看,日本是全亚洲经济水平最高的国家,从20世纪70年代初期开始率先步入老龄社会,更是当前人口老龄化状况非常严峻的一个国家。在1980年,日本大于65岁的人口就占到全国人口的9.1%,十年之后比重上升到12.1%,到了2010年,比重达到23%。根据日本统计局给出的预测数据,到2055年,日本老龄人口将会占到全国总人口的40.5%。毋庸置疑,日本早就步入到了超老龄社会,所以日本还是整个世界老龄化水平最高的国家。面对这样的严峻局面以及巨大的挑战,日本政府专门制定并实施了推动养老产业发展进步的政策,也促进了诸多老龄产业的快速发展。

1963年,此时的日本还没有进入到老龄化社会,日本政府就专门颁布了《老人福利法》,在这一法律制度当中,将专门为老年群体提供养老居住服务机构划分成三类:第一类是政府开设的养老居住服务机构;第二类是带有福利性质养老院;第三类是吸纳社会资金建立的养老居住服务机构。这一法律的颁布实施也表明,政府强调在养老事业发展过程当中,将政府力量和社会力量进行有效整合。在人口老龄化程度逐步加深的过程中,日本在有关政策的颁布实施方面,也开始变得非常频繁。政府有相关的战略计划,如黄金计划、新黄金计划、黄金计划。与此同时,还在法律法规建设方面进行了制度和条款的补充,强化了制度保障基础。

3. 发展成果

神奈川县拥有非常丰富和优质的休闲养生资源,正是因为有了这些资源的支持,让以温泉疗养、海水浴场为主的医疗养老旅游产业获得了快速发展,也让越来越多的高端养老项目在此地被开发和投资建设。在这其中有一个成功的案例,那就是横滨市的太阳城。

横滨太阳城处在横滨市的近郊区,离横滨地铁站较近,大约20分钟车程,处在成熟性居住地的边缘位置,在土地开发建设方面的成本较低,地理位置优越,景观良好,视野开阔。横滨太阳城是非常成功的养老地产发展案例,同时还被纳入到高端运营机构项目中,负责为老年群体提供高品质的服务。入住横滨太阳城的老年人通常是拥有较高收入水平,并且有海外生活背景的人,而入住此地的费用基本上是由入住者自己承担的。横滨太阳城为了让生理状况不同的老年人得到有针对性和个性化的服务,将整个住宅区划分成自理型和介护型住宅区,两处的入住率分别为62%和47%。由于这个养老社区在定位方面是高端定位,其中较高规格的酒店装修就成了其非常大的一个卖点,同时在空间设计、医疗资源安排、生活娱乐设施等多个领域也是非常全面的。就空间设计而言,设置了较大的公共空间,使得老年人能够在这样的空间中进行自由的沟通互动,增强了对老年人外出的吸引力,能够有效满足老年群体的心理需要。就医疗而言,除了会为老年群体提供日常健康管理之外,还会和外部的医院进行合作,为需要医疗服务的老年患者实施针对性和及时性的治疗。就生活设施设置而言,各项设施均非常完善,几乎涵盖了全部所需的生活服务,尤其是在无障碍设计方面非常突出,让老年人能够拥有舒适、自由、高品质、高规格的养老环境。

第二章　建立京津异地养老产业园区集群的可行性分析

第一节　老年人的社会适应问题

一、问题初探

我国在研究老年群体社会适应能力方面起步晚，当前正处在初级发展阶段，往往会将研究关注点放在劳动者群体方面。而年轻流动人口和老年群体在特点方面存在着非常显著的差别，所以不可以单一地进行借鉴。

社会适应指的是个体在社会生活中为了不断地满足其需求，改变生活方式的过程，具体应包括三个层次。

第一，指个体满足及维系其日常生活及生存的生物生理需求的程度。

第二，指的是个体的社会角色与被社会所期待的角色之间相适应及保持协调的心理感知行为的程度。

第三，个体在维系和发展社会关系网络以及利用社会支持网络的社会适应程度。

近年来，在老年学的领域中，怎样做到成功的老龄化是其主要且最重要的课题。由于社会文化背景的差异，国外的研究方法或经验往往不能够直接拿来运用。比如，欧美国家的研究主要侧重的是移居群体中的老年人社会适应问题。由于其中社会文化和民族文化的差异是最主要的症结所在，因此，欧美学界针对移居老年人的研究很难照搬到我国。另外，欧美和亚洲的老年人在生活方式上的不同也导致其社会场域转换后社会适应的突出问题不同。而东亚的相关研究主要聚焦于退休老年人对生活的态度和"生活的意义"这类课题上。我国国内的大部分研究也往往集中于老年人的心理健康、主观健康感、孤独感和生活满意度等心理层面。

这些研究方法存在的最大难题是，心理变量在量化过程中的妥当性问题。根据社会化的理论，探究移居老年人的社会适应问题，除了老年人的心理状况外，还应当加入老年人生活方式的适应状况。由于老年人在中青年期已经形成了特有的生活方式，在移居到另一座城市后，其生活方式随着新的环境而改变的程度必然是衡量其社会适应的标准。

有学者认为，将老年人群体的社会适应作为社会问题开展研究本身会导致其作为弱势群体受到区别对待的局面（陈勃，2008）。"老年群体虽然在年龄方面较大，但是同样是由具备个体性、差异性、主观能动性的个体构成的一个群体，所以并不是全部老年人都会有得到援助的需求存在，也并不是全部老年人不能够援助他人，所以不应该将老年群体和弱势群体完全等同看待。甚至有一部分学者认为，把老年群体当作体弱多病、缺乏多元能力和较高收入水平因而需要得到援助之人的想法是歧视老年人的表现，同时也是造成老年人受歧视的最为主要的原因。这样会掩盖实质性老年问题，造成对老年问题的一系列错判，甚至在预估老年问题成本方面出现极大的偏差，让老年问题解决策略的落实在效果方面达不到理想水平。"究竟是要把移居老年人问题当作群体现象加以分析，还是作为个体的存在来开展研究？在方法上，这需要通过大规模定量调查和详尽的个案研究，将移居老年人的个体问题和群体现象相结合后再展开分析。

在城市社会学的研究领域里，随着城市化的发展和社会的流动性增强，受空间距离的影响，人们的社会关系网络也会发生变化。这种社会关系的变化对人们日常生活的影响已经达到了不可忽视的地步。尤其在我国，当社会关系越来越成为人们生活中不可缺少的资源，甚至发展成为一种必要的社会资本的情况下，社会关系对人们日常生活所造成的影响更为深远。对于老年人来说，社会关系网络是容易受到环境影响的重要资源。

其一，由于老龄和退休所造成的社会角色的转变，使得老年群体所拥有的社会关系资本相对来说较少。原本的社会关系会由于社会角色的转变而难以维持以致中断。同时，对于已离开工作岗位，丧失原有的某些社会权力的老年人来说，其面临的身体或心理问题增多，也导致其对外界的需求较多。但因为在社会关系方面存在着显著的互换性特征，老年群体对外给予的社会支持相对较少，所以老年人在社会关系方面，就显现出非互惠性，进而造成老年人社会支持网的单向性。

其二，在城市化进程中，由于各种原因，移居的老年群体在社会关系方面会随着物理空间环境的变化而发生改变。原本的社会关系受到物理空间距离的制约，以往的交往手段发生变化。因此，老年人的移居行为会对其社会关系产生很大影响。

其三，仍然存在着传统性的生活方式是导致绝大多数老年人日常活动限制在社区当中的主要原因。在这样的新环境当中，老年人非常容易产生孤独感，同时对于生活的整体满意感下降，社会适应能力也会下降。那么，移居老年人在新社区中的适应过程就必然影响到其生活的质量。

因此，老年群体的社会（支持）关系研究已经成为我们不得不面对和探讨的问题。同时，从工作岗位上退休的老年人能否适应新的社会角色？经历了社会移动和空间移动的老年人在新的环境中能否重建新的社会关系网？影响老年人社会适应的主要因素是社会角色的转变还是物理空间的改变？老年人的社会适应会因社会关系网的改变而有所变化吗？在制度上，移居老年人的户籍管理和社会关系可否保证其实现异地养老？以上问题都是我们需要深入探讨的。

任何人都会经历由于年龄的增加使得生理功能老化，日常生活能力日渐下降的过程。作为一个年龄群体，老年人是容易受到社会排斥的群体。此外，随着老年人社会角色的转变和居住环境的改变，老年人的社会关系网出现变化，那么由此引发的社会适应方面的问题会变得更加突出。此次主要目的是针对移居老年人的社会关系网络和社会适应开展实证研究，其独特之处在于对老年人社会适应的理解不仅局限在心理层面和健康层面，而是从城市化和社会流动的角度重新提出问题，有针对性地把对象设定为城市中的移居老年人。通过对移居老年人和非移居老年人的社会适应的比较，探讨老年人的社会移动、社会关系网络和社会适应三者之间的关系，为建构老年人研究的理论框架提供实证素材。

二、迁移老年人社会适应的相关理论

受到人口老龄化进程加快、社会流动性增强、社会结构改变等一系列问题的影响，老年人社区需求方面也出现了极大的变化。特别是老年人退休之后，就迅速脱离了长时间从事的工作角色，会让他们出现角色状态方面的落差。这样的社会变迁会导致老年群体在社会当中的地位和角色发生巨大的改变，进而引发新的社会适应方面的问题。在过去的有关研究当中，下面的理论在理解老年群体社会适应问题方面是有很大借鉴意义的。

（一）马斯洛的需求层次理论

按照人本主义需求方面给出的理论，可以将人类需求分成生理、安全、社交、尊重、自我实现需求这几个方面，而这几个方面是由低到高排列的。就老年群体而言，退休后或移居后的日常生活，从基础物质需求的满足、物理空间娱乐休闲的满足，到精神和情感的需求满足等，都具有和其他任何群体所不同的特定诉求。

社会需要让老年群体拥有满足各层需求的基本条件，包括满足物质、精神、健康、生活照料、社交需求等方面。当老年人的基本需求得不到满足时，则会产生社会适应力下降的情况。

（二）社会撤离理论

所谓社会撤离理论，指的是老年人受到年龄影响退出社会之后，应该让年轻人扮演社会主要角色发挥其巨大能量。这一理论遭到了很多学术方面的批判，事实上该理论也是有很多积极意义的。社会撤离是老年人退出社会角色，回归社区与家庭角色的过程。换句话说，该理论突出强调的是要把老年人社会价值从社会劳动分工既定角色当中脱离开来，使其能够在社区以及家庭当中构建新角色。在社会撤离理论的支持下，老年人从职业角色的撤离是导致其社会适应力下降的主要原因。随着退休生活的开始，怎样更好地开始和安排第二人生是大多数老年人都需要认真面对的问题。

（三）活动理论

这一理论给出的观点是：具备较高活动水平的老年群体和不具备较高活动水平的老年群体相比，会更容易对生活满意，提高对社会的适应能力。老年人应该尽量保持中年人生活方式来否定老年人的存在，用新角色取代失去的角色，进而有效缩短个人和社会的距离。社会方面要提高对老年群体的重视程度，并主动为他们提供更多参与社会的机会。虽然老年群体生活满意度还会受经济水平、生活方式、性格等多种因素的制约，但是活动理论带给我们一个正面理解就是社会生活是老年人参与社会实践活动的重要平台，更是其展现和实现社会价值的场所，所以要尽可能让老年群体拥有更多参与社会活动的机会，促进其整体活动能力的提高。在活动理论的支持下，移居老年人的社会不适应主要来自周边环境的改变。

（四）符号互动理论

该理论强调的是人和人间的互相作用。符号互动理论强调的观点是：很多时候老年群体的正常情绪反应会被误解，被当作是病兆做出的过分反应，进而损害老年群体的自我认知。也就是说，人们对待老年人持有的态度和情绪会给他们带来影响。所以，这一理论的提出应该逐步优化老年群体的生存环境，提高他们的自信心。在提出宜居社区理论的环境之下，符号互动理论提供了一个关注人际交往环境这样的新角度。以往，在老年学以及社会学当中探究的经典主题是老年人与孤独。在绝大部分学者看来，在社区环境之下，构建完善的社会支持网，能够有效减轻老年人孤独的情况。所以，为了让老年群体进行积极的人际互动，建立良好的交往关系，为他们提供和创造优质和谐的软环境成了解决移居老年人精神心理慰藉必不可少的路径。

（五）社会交换理论

社会互动事实上是双方交换的行为，人们会结合他们的某些利益选择相互作用。所以，交换理论提出的重要观点是：发展和老年群体相关的政策，以及完善相关的社会服务，需要秉持的原则就是要最大化地扩大老年人权利资源，保证他们在社会互动当中拥有独立性、活动性与互惠性。该理论突出强调的是老年群体在表达民意和行使政治权利的过程。因为大量的宜居老年群体在退出原有社会角色之后迁移到新地区，而这个新地区成了老年人的实体空间，也成了他们抒发社会主张的场所。利用对有关政策与制度的调整，扩大老年人拥有的社会政治经济等资源，保证老年人与其他群体间能够实现平等的交换，是当前应对移居老人社会适应的良好途径。

（六）人本主义人居环境论

人居环境科学理论的主要提出者是吴良镛，该理论产生于20世纪90年代，把关注点放在了人文主义人居环境方面，而这一理论的提出也为国家城市规划学奠定了宜居环境理论与方法根基。该理论明确提出，人与环境之间要实现协调共进。从这一理论出发，作为宜居老年群体迁入地的社区能够为新居民提供怎样的社会生活条件是应对社会适应问题的必然方式。

三、影响老年人社会适应的因素分析

对于影响老年人社会适应的因素，可以从以下四个方面进行诠释。

其一，老年人由于生理和社会的原因，体能下降，本身的社会适应能力也逐步下降。同时，由于社会的发展进步，老年人很难掌握先进的科学技术，导致老年人群体在社会生活方面的不适。比如，在外出行为上，老年人由于眼睛、手脚和身体各部位的灵敏度下降，不仅不能够像年轻人一样灵活地驾驶汽车，而且对于危险的反应也相对比较迟缓。那么，在汽车社会里，老年人的外出比起其他年龄群体来说受到的威胁更大。和老年人群体的一般性问题相比，移居老人的问题更多地体现在对迁入地的物价不适、人际交往关系的不适等方面。

其二，老年人社会角色的变化导致了交往环境的改变。比如，从职业岗位上退休意味着老年人退出了既定的社会角色，此时，对新的社会角色的适应程度就成为决定老年人生活满意度的因素。有些老年人或许会以积极的心态面对角色的改变，寻求其他生活方式来替代原有的生活方式。还有些老年人不能适应角色的转变，因此形成不满、愤怒型的人格特征。

其三，随着城市的扩张加剧，整体的社会流动使得老年人对居住地的选择自由加大，对于移居到新环境的老年人来说，社会支持网络的维持、形成和利用是其社会适应的主要体现。

其四，具体的养老制度和政策，以及具体的地区服务也是导致老人能否适应新环境的重要条件。

因为在影响老年群体社会关系的诸多因素当中，最大因素是社会角色的改变和空间的移动，因此，退休的移居老年人的社会适应是本书研究的焦点。现阶段，针对移居老年人的社会调查和研究文献还很少，同时我国针对老年人的社会关系网络和社会适应的实证研究也很少。本书的研究目的是通过对老年人的社会移动和社会支持网络和社会适应间的实证研究，理顺老年人社会移动、社会关系网和社会适应三者之间的关系。

四、移居老年人所面临的主要现实问题

与在当地居住的老年群体相比，移居的老年群体由于生活在陌生环境更容易遇到不适应的社会状况。通过前期的定量调查及定性分析，可以将移居老年人需要面临和解决的社会问题归为以下几类。

（一）移居老人在迁入地的医疗保障实施困难

当前国家正在全面推进医疗保险的落实，不过还存在着较大的地区局限性以及差异性。就移居老年人而言，到外地看病要回到户口所在地进行报销的话会经历非常复杂的手续。在实际调查中，绝大多数退休移居老人面临着医保方面的问题。也就是说，移居之后老年群体在医疗方面产生的费用绝大多数是家庭和子女承担的。如果出现大病重病要入院接受治疗的话，老年人必须回到原居住地接受治疗，并进行相关费用的报销操作，哪怕是在同省当中也存在这样的问题。由此观之，在城市移居老年人医疗方面的制度性建设还存在着很多不健全问题，同时局限性很强。现如今实施的医疗保险制度只可以为生活在原居住地的城市老年群体提供服务。除此以外，我国在农村老年人社会医疗保险和社保制度方面还存在着很多不健全和不完善的问题，移居城市的农村户口的老年群体在医疗方面只能够依靠子女资助。

大城市的物价水平较高，很多移居老年人虽然有一定的退休收入，可以维持

基本生存需要，但想要支援子女是根本不可能实现的。在研究调查当中，发现了这样一对60多岁的夫妇，他们在老家退休之后移居大连市想要照顾自己的儿子。而儿子和儿媳在大连正处在起步阶段，不具备良好的经济基础，于是只能一家五口租住在30平方米的房子当中。在这样极大的经济压力与负担之下，这对夫妇认为自己身体还比较健康，于是持续不断地找临时工方面的工作，尽自己所能，减少子女的负担。但是对这对夫妇而言，用人单位在年龄方面给出的限制成了他们找工作道路上的最大障碍。一般情况下，用人单位要求的员工哪怕是小区守门人员、清扫人员等年龄不能大于52岁。受此影响，他们都因为年龄超出太多而被拒绝。为了减轻家庭负担，解决子女的困难，他们只能在小区中摆了一个食品摊，出售自家制作的包子、水饺等。针对这一类型的移居老人，移居地点较高的物价水平和房价水平成了他们最大的苦恼与困难。而利用量化分析获得的结果，也让我们认识到，移居老人与本地老人在收入方面的差距是显而易见的，而这样巨大的差距也是造成移居老人出现社会不适应情况的一个主要原因。

（二）移居老人对新环境中生活方式的适应期较长

对移居老年群体而言，特别是从农村到城市居住的老年人，在城市中的生活常常会出现不适应的问题。他们要想提高城市生活适应能力的话，通常需要花费较长的时间，一般会在一年以上。比如，他们要学会对煤气灶、家用电器的使用，学会如何乘坐城市公交等。这些问题往往是在移居的初期阶段产生的，在历经几年定居适应之后都会解决这些问题。从整体上看，留恋以及保留传统生活方式是导致移居老年人被限制在社区环境之中的主要原因。生活在全新的环境之中，老年人会产生较为严重的孤独感，再加上邻里关系较为冷淡、出行生活不方便等因素的存在，会降低他们的生活满意度。

（三）被动移居老年人的心理适应及精神需求较大

通过大量的调查研究发现，绝大部分的移居老年人能够在物质需要方面得到满足，但是精神需求却常常无法被满足。进入到陌生环境当中，移居老年人需要经历身体以及心理方面的重重考验，同时还会承受极大的压力。由于在文化、思维以及生活方式方面，新旧环境都存在着很大的差异，所以由此产生的矛盾冲突是无法在极短时间内化解的。子女忙于工作生活，不可能给予他们时刻的陪伴和帮助，而这些老年人也不具备良好的社会关系用来纾解情绪和缓解压力。因此，要关注这些老年人，应该把侧重点放在加强对他们的精神关怀方面。

(四）移居老人的社会支持网络较小

故土难离是中华民族固有的观念，而且这样的观念已经深植于中国人的血液当中。虽然如今社会的改革发展速度在不断加快，故土难离的理念却没有消亡。因为大部分的移居老年人是跟随子女到新城市的，这样的新城市和新环境对于他们而言是完全陌生的一个场所。除了子女儿孙外，他们不认识其他人。原本社会关系网当中的人会淡化，新成员不能够及时补充融入，所以在移居的初期阶段，这些老年人的关系网是逐步缩小的。通过定量调查研究，我们能够看到邻居数目是影响这部分老年群体社会适应能力的主因。拥有越多能够经常进行互动往来邻居的老年人在社会适应能力方面就越高。所以，对这部分老年人而言，构建社区中的社会支持网络非常关键和必要。

(五）移居老人往往以子女为中心的社会生活

移居之后的老年人在居住方面往往是和子女儿孙同住。在社会互动的关系网中，子女和他们的交往最为频繁和密切。因为血缘关系的存在，使得亲子间的信任与亲密度已经远远超越其他关系。在遇到无法解决的难题时，老年人首先会选择的求助对象就是子女，所以他们的社会支持网中心就是子女。

(六）针对移居老人的街区内正式的社会支持少

就目前而言，我国在户籍制度建设方面还存在着诸多限制性问题，再加上社区服务建设方面存在着诸多不足，由社区街道提供的社会支持通常难以满足和顾及移居老年人的实际需要。而这部分老年群体是整个社区中的特殊人群和边缘人群，他们更需要得到关注与保护。但是由于当前社区服务不健全，移居老年人就成了被忽视的对象，他们能够得到正式社会支持的概率低，而且非常有限。

第二节　老龄群体环京津异地养老的可行性与必然性

国内相关的针对老年人的空间移动和社会适应的研究仍然比较少。而这个命题的理论范畴分别涉及老年人口迁移理论和社会适应理论两个方面。以下将通过对这两方面的研究回顾，探索本研究的理论基础和分析框架。

人口迁移的研究涉及众多学科，在研究内容和方法上相互联系并交叉渗透。1995—2000 年，美国老年人移居率为 22.8%；2000—2005 年，日本老年人移居率为11.7%。而我国尚未有针对移居老年人的人口数量统计的数据。笔者曾检索过全国人口统计年鉴、各省市统计年鉴，并试图通过所在市级的统计局掌握移居老年人的数量，但收效甚微。我国不仅在学术界，而且在各级政府的人口部门，甚至街道社区层面，都很少关注移居老年人。和国外学术领域展开的研究相比，我国在这一问题的研究方面十分缺乏。

20世纪末，国外陆续有学者对老年人的居住迁移进行系统的梳理。例如，1990年，美国学者朗吉诺对500多篇与老年人迁居相关的研究文献开展整理和分析后，首次提出研究框架。在这个框架中，朗吉诺把研究划分成了三个种类，分别是老年人迁居概念模型、迁居现象自身、老年人空间分布。2001年，卡斯特（Castle N.G.）对78篇针对老年人移居的研究文献进行了综述后，总结了老年人移居的四种类型，对老年移居活动产生的消极与积极结果进行了研究，探究了影响老年人移居的多元要素，进而提出独特而又具备针对性的现象研究框架。

就目前而言，我国在老年人口迁移与居住移动方面的研究内容非常稀少。在现有的文献中，可以检索到柴彦威2006年关于老年人居住迁移的地理学研究综述，孟向京、姜向群等学者在2004年以北京为例对流动老年人口的特征和成因进行的人口学研究，以及周皓在2002年发表的对省际人口迁移中的老年人口进行的人口学分析。由于缺乏相关的较为准确的统计数据，也给这个方向的研究带来了较大的困难。另外，尚未有针对老年人移动后所面临的各种社会问题及其社会影响所开展的研究。也是出于对这些问题的思考，这里将从社会学的角度对移居后老年人的社会问题开展研究。

环京津异地养老的可行性从地理位置就可以看出，一是为了缓解北京天津这种人口集中城市的老龄化压力，给城市带来更多的发展空间；二是为老年人寻求一个更为平和安静的养老环境，同时带动环京津地区的经济发展。环京津高端养老产业的形成发展可谓是一举两得，但不可避免也会涉及异地养老问题。

异地养老从表面含义上看是老年人离开现居住地到其他地点居住养老的一种现象。这种现象在国外是非常常见的，在我国也是近些年产生的新事物。这个概念最早是海南房地产在推销过程当中用到的一种手段。我国很早就有了城市退休职工回到原有户籍地养老的现象。2005年在北京的"十一五"城市发展规划市民建言会议当中，异地养老被进行了热烈讨论，在讨论当中提出，这样的方法能够成为调控城市人口、减轻人口压力以及对北京城区老年群体进行分流的有效措施。

目前，在整个学术领域开展了对异地养老的广泛深入研究，而之所以能够得到人们的普遍关注和重视，最为主要的原因是子女和父母没有在同一城市生活，父母在退休之后到子女所在城市养老的现象已经成了一种普遍现象，进而引发了异地养老的诸多问题,这一现象也变得更加明显。

一、我国发展异地互动养老模式的优势点分析

异地互动养老具有极强的实践和探究价值,这是一种融合了家庭以及机构养老的一种综合性模式,能够满足老年群体的多元化养老需求,更加富有人性化。针对退休年龄较低、身体素质高、经济能力较强的老年人群体,异地互动养老模式成为极富创新性以及健康积极的养老方法,能够让老年群体安享晚年,丰富他们的晚年生活。当前我国的人口老龄化发展速度在不断加快,进而导致了银发浪潮的迅速兴起,面对这样的环境和局面,大力发展异地互动养老模式将会产生显著的社会与经济价值。

(一)健康、和谐、积极的老龄化效应

1. 健康老龄化效应

就老年群体在生理层面的需求而言,通过积极推动异地互动养老模式的发展能够让他们离开厂区环境,移居到拥有优良自然环境的地点,使得他们能够尽情享受清新空气以及优质的生活环境,这对老年群体身体健康水平的提升是至关重要的。尤其是本身存在慢性疾病或者是特殊性疾病的老年患者,让他们到具有优质自然与气候条件的地方能够让他们拥有更好的休养生息环境,可以有效抑制疾病的发展,提高老年人的生活质量。除此以外,退休之后的老年群体因为在角色方面发生了巨大的改变,所以心理承受能力显著降低,并由此产生了一系列的心理问题。为了帮助他们疏解心理方面的压力,可以让他们到一个更为广大的空间中去,达到强身健体以及有益身心的目的,也进一步纠正老年群体退休后的状态与生活态度,形成乐观向上的良好心态。

2. 和谐老龄化效应

这些年以来,退休综合征、退休抑郁症等新名词快速流行起来,也从侧面体现出老年人在心理方面产生的疾病需要得到大家的重视。异地互动养老模式的提出以及在实践中的落实,能够让老年群体在心理方面的负面问题得到有效解决。异地互动式养老能够极大程度上拓宽他们的生活空间,使其在空巢、独居等环境中的消极生活状态得到有效改善。在一个有益身心的地方暂时居住疗养能够让老年群体拥有更加乐观向上的精神态度,拓宽他们的眼界,还能够帮助他们排解孤独寂寞的情绪。另外,异地互动养老能够让老年群体拥有更加广阔的社交平台,

更让他们拥有了担当社会角色的机遇，使得他们能够发现自己的个人价值，在老有所乐的状态下健康生活。

3. 积极老龄化效应

老年群体虽然年龄较大，还脱离了长时间从事的工作岗位，但是对于精神生活的需求是始终存在并不断提高的，要想让他们的需求得到满足，积极养老是一个非常重要的选择。异地互动养老模式属于综合性的养老方法，让老年群体能够在这样的环境中娱乐、健身、休闲、旅游。老年人尽情地在异地优美山水风光中享受生活，能够在多姿多彩的社会活动中完善自我，提高自我肯定性，也真正将自己和社会融为一体，最终实现自我。在异地的休养旅游中，老年群体可以收获多元化的历史地理知识，能够掌握一些独特的民俗风情，了解更多的饮食文化。所以，在互动养老实践当中，老年人拥有了更加健壮的身体，拓宽了眼界，同时使生活充满了情趣，结交了大量好友。而老年人在拥有健康舒适的生活之后，子女可以更好地工作与生活，免除诸多后顾之忧。

（二）迎合老年群体需求，创新养老服务方式

伴随着时间的推移，异地、候鸟养老群体的数量在逐步增多。除了观光旅游外，老年人还有探访亲友、治病疗养、候鸟安居等多元化的异地养老需要。但是，如今的社会现实不容乐观，一方面，老年群体的异地养老需要在持续不断地增多，另一方面，有很多养老机构床位始终是闲置的，经营状况很差。这种不均衡状况的存在，出现了养老资源浪费严重的问题。而异地互动养老模式在养老领域的落实，能够明显地让这个矛盾得到缓和。在互动养老服务平台的支持之下，异地养老需求能够和闲置床位资源进行高度融合，使老年群体需要得到满足的同时，促进了养老机构的有效运营，让老年群体拥有更加高质量的养老服务。

与此同时，异地互动养老有助于推动福利事业的进步，并加快其社会化的发展步伐。因为当前人口老龄化的局面已经不容乐观，再加上老年人口数量在持续增加，就需要有不断进步的养老服务产业作为有效支撑，还需要有多元化的养老服务模式让养老服务需求得到充分满足。异地互动养老能够使异地养老居住地的养老服务行业以及老年人的旅游服务行业迎来巨大的发展机遇，进而构建大量新兴养老产业基地，形成规模大且功能齐全的养老服务产业链，使养老服务业的规范与标准化建设成为现实。

(三)转变老年群体观念，接受机构养老

很长一段时间以来，家庭始终是老年人唯一的依靠，老年群体能够在家庭当中休养生息安度晚年，家庭也能够为他们的心灵提供避风港。而在社会全面发展以及人口老龄化水平逐步提升的大背景下，421家庭结构已经非常普遍，推动了机构与社区等养老方式的产生。但是，中华民族拥有孝悌的优良传统，这种传统已经融入国人的思想意识当中，送老人到养老机构的子女常常会遭到指责。在这样的形势之下，异地互动养老让老年人以及年轻人可以突破这样的道德困境，得到心灵救赎。

在广大人民群众的普遍认知中，旅游体现出的是拥有较好的经济实力，所以不管是子女还是老人都会将老人旅游当作是荣耀，在这一思想认识的支持和影响下，旅游入住养老机构更能得到大众的认可与接纳。在异地互动养老模式的推动之下，一方面能够让子女与老年群体对养老机构的认识得到有效转变，消除排斥的心理；另一方面，能够使社会广大群众对养老机构的认识得到提升和改善。在挑选异地养老机构时，不管是子女还是老人，都会想方设法地从更多角度对养老机构进行深层次了解，也因此会在接受多元信息的过程中消除质疑。最后，老年群体还能够通过自己的切身体验与实际经历认识到异地养老机构的优势和积极作用，进而出现长期入住的理念，也会他们最终能够更好地认可机构养老模式。

(四)优化养老资源配置，促进养老机构发展

通过对目前区域养老机构发展实际情况展开对照分析，可以发现经济水平较高地区的养老机构在整体上保持着良好的发展状态，入住机构的老年人多，甚至存在着床位紧张的问题；经济发展水平较低的区域，养老机构在整体发展上的状态不佳，入住机构的老年人数量极少，常常会出现床位剩余过多的现象。从整体趋势上看，异地互动养老群体流向的主要表现是从农村到城市、从贫困地到发达地、从发达地点流向养老条件优越地。因为这一趋势的存在，在异地互动养老模式的全面推进实施当中，可以将国内养老机构的多种资源进行高度融合，让地区间养老机构资源不均衡的问题得到改善，使各个机构的对接效果得到提升。利用互动养老模式，能够让经济条件好但是不具备优良养老环境地的老人移居到经济不够发达，但拥有优质自然条件的地点，借助两地在生活成本等多个方面的差距，让养老资源实现多个地域的整合重组与合理配置。

另外，异地互动养老讲求的是走出去和请进来的发展观。传统养老机构的经营观念是等待老年群体来到机构养老。而参与异地互动养老的各个机构能够借助

这一模式当中的互动性平台使以往的经营模式得到全面创新，延伸发展空间，让养老产业出现新的盈利点，使福利事业得到长足进步，并加快社会化发展的步伐。在互动平台的支持之下，养老机构可以实现多元信息的沟通与共享，从客观上看是将自身从区域小单位放到一个完整行业的竞争平台之中，优化了自身定位，让机构的走出去目标得到了顺利落实。这样所形成的竞争环境，具有良性竞争状态，且实现了信息公开，不仅能够提升一部分机构的知名度和整体形象，使其能够步入更大的市场，扩大客流量，还能够促使以及激励越来越多的养老机构优化服务质量，改进服务内容，凭借多角度的比较优势，得到老年群体的认可，把越来越多的老年人请进机构。可以说，因为异地互动养老的存在，让养老机构能够在经营方面实现创新与拓展，增强自身的整体竞争实力，同时可以盘活沉淀资产，提高整体的经济效益。

（五）发挥养老机构优势，弥补旅游养老不足

以往提出的异地和旅游养老没有给出老年人异地居住场所和环境的准确说明，目的地的宾馆、旅馆、短租房等都可供选择。而如果进行对比的话，异地互动养老则具有一定的特殊性，强调各个地域的养老机构对于老年人异地养老的依托价值。我国本身建设有大量的养老机构，这些多种多样的机构均是异地互动养老的承接者，也因此能够让互动养老在建设旅游养老上更具优势。

首先，旅游养老提供的居住地常常是目的地的酒店、宾馆，而异地互动养老提供的是更符合老年群体生活需要的养老院等，饮食、医疗、服务等多个方面都会更加便利和优质。其次，在住宿与餐饮条件完全一致的情况下，入住养老机构的费用明显更低，而节约下的费用能够让老年人在旅游或其他领域拥有更多的支配空间，特别是对经济实力欠佳的老年群体而言，这样的选择才是更好的。再次，旅行社为老年群体安排的旅游行程常常相当紧凑，会让这些老年群体在随团出行的时候增加身体上的负担。异地互动养老让老年群体可以拥有更多自主和自由选择的机会，让他们的身心更加放松。

（六）借力"银发浪潮"，盘活旅游市场

就当前而言，老年群体究竟该怎样养老、在何处养老，成为关系社会全局的一项大事，而老年群体也成为市场经济发展进程中促进内需的一个重要主体。在老龄化水平逐步提高、老年人口快速增长、劳动力短缺的状况之下，科学恰当地进行产业结构调控，延伸社会消费群体年龄，已经成为拉动内需的全新助力。异地互动养老就是在经济进步的条件之下出现的，其快速发展也会为经济建设创造良好条件。

异地互动养老把旅游疗养当作重要的依托，因而能够把老年群体变成旅游市场生力军，突破了旅游消费主体过于单一的传统模式。旅游景点存在着淡旺季，而随着老年人的加入，旅游行业将会较少地受到季节影响。在旅游旺季结束之后，可以积极推出具有很高性价比的淡季旅游路线，不仅和老年人的时间相符，还能够让他们的旅游需要得到满足，活跃淡季旅游市场。另外，专门为老年群体量身定制的旅游疗养项目和相关的衍生项目会逐步增加，而旅游地也会为了更好地满足老年人的需要，在观景养生等多个领域拓展品种。这对于旅游业的未来发展是非常重要的助力，有助于优化旅游产业结构，活跃旅游市场。

二、我国异地互动养老的现存模式

结合当前异地互动养老的实际情况以及对未来的趋势预估，可以将这一模式划分成下面几个种类。

（一）协作式互动养老

第一种方式，不同地区的养老机构结合机构内部住养老年人的养老需要以及自身持有资源的实际情况，和其他地区养老机构进行密切合作，运用轮换式的方法将自己机构的住养老人送到外地机构，使得他们除了能够体验差异化机构提供的养老服务之外，还能够欣赏不同地点的美景与人文。在具体的操作环节，这一类的养老方式又可以划分成不同的种类，分别是对口互换式以及单向输送与单项承接方式。

第二种方式，各地养老金机构结合住养老人的个人意愿以及实际需要，与著名景点的旅行社、宾馆、康复机构、教育机构等展开协作，实施合作互动养老。

协作式互动养老模式是当前应用范围最广以及最受大家青睐的互动养老模式，强调不同地点的养老机构，立足自身的发展需求和异地养老机构、旅行社等进行密切合作。在众多的异地互动养老模式当中，这一模式有着非常显著的应用优势，如操作简单、机制设置灵活，同时在经营落实方面不会有较大风险。在落实协作式互动养老模式的进程中，私营性质养老机构占据主要地位。

（二）连锁经营式互动养老

连锁型养老机构在发展异地互动养老模式的进程中有着非常显著的优势，因此成为这一创新型养老模式的一个重要力量组成。部分养老机构拥有雄厚的经营实力，因此会在不同的地点设置连锁经营的分支机构。而各地机构会通过商务网站完成客源调配，进而实现纵向性的互动。机构也会考虑到内部老人的个人意愿以及实际需求，有计划和有步骤地组织连锁机构的健康老人，运用交换轮替方法实现各地养老机构间的互动养老，让这些老年人能够在各地的体验当中获得新鲜感。

连锁型养老机构在经营管理的各个领域都具备明显的一致性，同时实现了统一化以及标准化的管理，每一个养老机构都会有规范标准的制度，构成了一个具有统一性和交互性的网络，所以能够有效提供异地互动养老的服务，也具备开展这一服务的优势条件。在费用一定以及模式一致的前提条件之下，广大老年人群体能够将此当作是娱乐休闲的重要方法，也会更有意愿主动参与这样的活动。对于没有住在养老机构，但是存在异地居住需要的老年人，他们可以去距离较近的连锁养老机构展开实地考察参观，获得丰富而真实的体验，让其认识到这种新型方式，加大他们参与其中的可能性。对于连锁养老机构来说，抓住机遇和当前的发展形势，积极发展异地互动养老能够促进机构管理运营上的创新，提高效益。上海和佑养老集团可以说是当前中国发展速度很快，并且在全国具有极大影响力的连锁养老机构，是互动养老的践行者，为异地互动养老的创新发展和广泛落实奠定了坚实基础。

（三）联合经营式互动养老

第一种方式，会员共享式互动养老。位于不同地点的养老机构通过建立联盟组织的方式进行合作，并对参与其中的老年人实施会员制。也就是说，老年人在一次缴纳一定费用后，就能够成为这一组织的会员，并结合会员福利制度，在联盟组织的养老机构当中参与互动养老活动，享受差异化地域以及机构的多样化养老服务支持。

第二种方式，基地联盟式互动养老。随着养老机构的快速发展以及新型养老模式的逐步推进，旅游养老的影响力和吸引力逐步扩大，越来越多的老年人选择了以养生疗养为目的的养老形式。具备优势条件的旅游景区以及海滨城市等都在积极构建养老养生基地。除此以外，养老基地用协议的方法构建一个联盟，并形成了具有规模以及创新性的异地互动养老模式。这样的互动养老形式在具体落实当中会由联盟联合推出线路与不同的活动，并在宣传、组织、费用支出等多个方面形成规模效应。联盟基地会把各个机构的信息进行公布，让老年人群体能够结合自身兴趣爱好，自由自主地选择进入到哪一个养生基地，使联盟内部的老人客源能够实现更好的共享。

（四）依托第三方服务平台式互动养老

依托第三方服务平台式互动养老是异地互动养老模式的一个重要选择，强调的是位于不同地点的养老机构借助第三方服务平台对养老信息进行交互分享,让存在异地养老需要的老年人群体和具备成为资源的养老机构能够在这一平台的联系之下进行沟通,充分发挥各自优势,实施资源互换,逐步实现客户资源共享目标,并进行长期的友好合作。这一类平台以互联网信息技术作为重要的依托,用电子商务的运营模式把全国养老机构联合成一个整体,在此基础之上还会拓展养老服务的范围,建立新型多赢的互动养老新模式。就目前而言,中国异地养老网可以说是其中一个非常重要的网络平台,为养老机构以及存在异地养老需要的老年人群体搭建了沟通桥梁。

三、我国异地互动养老模式发展现状评估

就目前而言,中国在互动养老模式的推进实施当中显现出多元化特征,除了注重开发与拓展老年旅游市场之外,还在专业化以及产业化建设方面加快了步伐,使异地互动养老市场逐渐扩大。但是,从宏观角度进行分析,异地互动养老模式在发展落实方面还存在着一定的缺陷。

(一)"互动"效应尚不明显

1. 未形成长期的、广泛的规模效应

我国互动养老形式和机构数量较多,但是从互动方面看,有效彰显了互动内涵,具有极大品牌影响力,并且被大家熟知认可的互动养老形式和机构少之又少。很多互动养老形式往往只存在于发展成熟、高规格与高品牌认知的养老机构之间,而且大多是养老机构私下达成的互动协议,数量少并且分散性强,不能够形成长时间合作,也无法构成一个良好的规模效应。在这些局限的制约之下,很高程度上会增加互动养老的成本,同时无法实现统一性以及规范性的管理与宣传。更多养老机构只是被动地接待老年群体,还没有提高主动意识,也没有真正意识到互动的内涵,使得整体运作模式不具备能动性和创新性。这些问题的存在让异地互动养老变成了个别地区的交互沟通,还没有形成全国范围内深层次的互动整合。

2. 互动带有明显地域性与局限性

虽然当前的互动养老模式已经获得了很大程度的发展,但是存在局限性以及地域性的缺陷。具备异地互动养老需求和意愿的老年人群体往往会更青睐城市或者旅游景区,受此影响,老年人移动目标指向的是床位资源缺乏的大城市,因此通过发展互动养老模式来缓解地域养老资源不均衡的目标就不能够有效落实,并

构成了阻碍异地互动养老大规模建设与发展的重要原因。就发展阶段而言，各种类型的互动养老模式宏观上还在市场试水的阶段，也就是我们所说的实验性阶段，不具备成熟完备的运作体系，只是在探索盘活国内旅游资源，探索如何发掘互动养老模式的优势作用，让国内养老方式得到全面优化与改进。所以说，异地互动养老虽然有诸多可能性，但是这些可能性还在等待被发掘。

3. 未能彻底实现平衡养老床位资源的目的

笔者通过广泛的调查研究发现，实施异地互动养老模式的养老机构在软硬件设施以及服务领域有着非常突出的差异性特征，而这样的差异性也形成了对老年人总体流向的一个引导。很多在互动养老方面做得比较成熟的机构在各项资源方面都是供不应求的，甚至很多机构需要提前半年预定床位才可以，但是有些互动养老机由于受到宣传不足以及自身建设不完善存在较高的空床率，没有发挥出互动养老在平衡床位资源方面的作用。

（二）老年群体的多样性需求难以满足

从内容方面进行分析，目前我国互动养老的服务内容具备单一化的表现，与老年人群体全方位和多元化的养老需求不相符。站在宏观角度进行分析，当前国家的互动养老服务总共可以划分成两个大类：第一类把侧重点放在了旅游方面，忽略了生活、医疗、文化等设施的建设；第二类把侧重点放在了养老生活方面，忽视了旅游功能。所以，这样的内容安排突显出极端性的特点，无法提供综合性的养老服务，难以满足老年群体多样性的需求。

另外，老年人的年龄、性别、经济实力、身体健康水平等多个方面都存在很大的差别，他们的个体差异是非常显著的，因此这些老年人群体存在着很多特殊性要求。老年人的旅游、疗养、候鸟安居等多元化需要是推动互动养老发展的动力，但是发展互动养老的机构往往会依赖周围景区资源，只是迎合老年人群体的旅游休闲需要，针对其他方面的活动少之又少，亟须在内容方面进行扩展。

（三）互动养老服务平台发展滞后

在今后异地互动养老的长期发展和推广过程中，坚持自主经营的养老机构应该成为这一模式的主体，而且这一模式大范围的推广与普及应用要有强有力的互动平台给予全方位的支持，但我国在这方面的发展现状是不容乐观的。

一方面，将网络作为载体的互动平台发展速度很慢。在对上面所提及的当前在中国有着极大影响力的异地养老互动平台——中国异地养老网展开追踪调查之后发现，该网站的信息更新速度很慢，在网站的初期发展阶段，养老信息更新频率是一个月三次，而如今已经有将近一年的时间没有对这些信息进行更新。在网站平台上虽然设置了人工咨询平台，但是始终没有启用。网站上养老机构联盟的信息内容非常少，而且绝大多数信息选用的是主观描述的形式，很少会有非常具体的实际信息的说明。从整体上看，这个网络互动平台处在停滞状态，并没有切实发挥其在异地养老服务发展方面的价值。

另一方面，实体互动养老服务中心还没有进行大范围的推广应用。互动养老中心是支持互动养老模式发展的实体平台，在促进异地互动养老模式推广方面发挥着不可替代的作用，甚至在很大程度上有着决定性影响。我国的第一家异地互动养老服务中心是在大连建立的，在将近十年的发展过程当中，为异地养老互动机制的构建和发展提供了经验。但是，在异地互动养老模式继续推进和普及的过程中，类似的服务中心并未在全国推广。

（四）尚未发挥银色产业链作用

异地互动养老是一种创新性的异地旅游养老模式，涵盖和涉及的领域和产业达到了十余种，同时对应着多个管理部门，需要这些部门之间进行密切沟通以及通力协作，才可以真正建立一个完善的产业链。

通过对当前发展现状进行分析，得到的一个重要结论就是我国尚未建立一个强有力并且发挥主导作用的全国性异地养老协调机构，导致该模式在持续推广普及的过程中，在管理和组织方面都有盲区。因为没有专门性机构负责协调和完成整体的运作指导，目前已有的互动养老模式仅仅是站在养老或老年群体旅游的角度进行简单开发和粗略发展，很少涉及老年保健、老年文化、金融保险等领域，没有建立以互动养老为核心的专业化银色产业链。

首先，在发展异地互动养老的过程中，把旅游养老当作依托满足了老年人异地养老、观光旅游等方面的需要。定点单位不同于其他养老机构，显著而又独特之处就是周围拥有优质的环境和大量的旅游景点，可以让老年群体的观光游览和养生需要得到满足，并使他们的身心健康水平得到提升。

其次，拥有大量的现代城市与人文景观的此类目的地是区域旅游的辐射中心，可以让老年群体尽享城市人文景观的魅力，同时可以以此为出发点到周边各地旅游。

再次，一些养老地域是在全国享有盛名的山地景观或者是宗教圣地，可以让广大老年人饱览优美风景，同时能够让他们的宗教与精神需要得到满足。另外，老年人更加偏爱文史类较强的景观地点，而且他们对娱乐游戏方面的偏好会随着年龄的增长而降低。这实际和老年人对传统文化的熟悉以及怀旧情绪有着密切的关系。在选择旅游路线方面，老年人会关注价格，还会选择极具特色的旅游景区，想在旅游实践活动当中获得良好的体验，也常常会思忆青春时的情景。

所以，互动养老模式在实际的发展和推广过程当中需要加强对老年群体特性的了解程度，保证服务项目供给的科学性和针对性。与此同时，养老机构要最大化地挖掘当地旅游资源，找到资源优势，并以此为突破口，推动互动养老的全面落实，进而开拓市场。

在对30家异地互动养老定点单位进行分析和调研之后发现，公办养老机构为18个，占到60%，而民营和联营性质的养老机构则分别是10个和2个。由此可知，互动养老机构整体的分布特点是以公办养老机构为主，以民营机构为辅。

公立养老机构在设施服务等领域有着非常严格的准入标准，坚持政府相关部门的主导，同时受到政策和制度支撑，所以在发展空间方面会更加广大，还具备稳定客源。私营养老机构在实际运营过程当中显现出灵活的特点，坚持市场运作模式，凸显市场竞争机制。

异地互动养老促使私营养老机构投入异地互动市场，同时对其提出了更高的要求和更为严格的标准。在之后的互动养老发展和市场拓展当中，私营养老机构要积极提高主观能动性，增强参与互动养老的活跃度，努力成为该模式当中的主体。

第三节 京津异地养老群体的需求及建设

随着《京津冀民政事业协同发展合作框架协议》的签订以及"十三五"发展规划的推进，京津冀三地区域性整体发展迈入实质性发展阶段。京津冀作为世界级的大城市群，区域性老龄化问题的良好应对会对三地经济、社会保障、可持续发展等方面产生深远影响。

一、京津冀养老模式整合与创新的背景及必然性

京津冀地区是中国人口最密集的地区之一，人口老龄化不断加深，且呈现出不同发展状况。不同养老模式在积极发挥养老服务功能的同时面临日益严峻的挑战，养老社会化成为时代发展的必然。

（一）京津冀人口老龄化及养老现状

从京津冀人口老龄化发展现状及特征来看，主要表现出以下几方面的特征。

第一，老龄化状态存有差异。北京老龄化状况相对稳定，天津老龄化率逐年攀升，2013年65岁及以上老年人口比重达到11.45%，比北京和河北分别高出2.87%和2.29%，成为京津冀地区老龄化程度最为严重的地区；河北老龄化率小幅上涨。

第二，老年型家庭增多，主要包括老龄夫妻核心家庭、无子家庭、空巢家庭、独居家庭和低龄老人与高龄老人同居家庭等。2010年京津冀地区60岁及以上老年人家庭户占全部家庭户的29.6%，单身老年户、老年夫妻户比例分别为14.5%和21.6%，老年人独居比例高达38.1%。

第三，城乡老龄化差异显著。北京、天津老龄化程度城镇高于农村地区，河北农村高于城镇。2010年，北京农村地区老年人口占常住人口比重为9.7%，比2000年（第五次人口普查）增长1.3%，而城镇地区两次人口普查数据相比，十年间仅提高0.2%。天津市城六区老龄化水平均在11%以上，其他区县的老龄化水平则在7%~10%，低于全市平均水平。河北省市、镇、乡60岁以上老年人口比重分别为11.48%、12.01%和14.98%，其中城镇老龄化水平为11.75%，农村地区老龄化水平比城镇高出3.23个百分点。与第五次人口普查数据相比，河北省城镇老龄化水平在十年间增长了2.22个百分点，农村地区增长了4.09个百分点，农村地区老年人口所占比例持续高于城镇，老龄化增长速度快于城镇。

第四，外来人口开始老化。以北京为例，2015年全市常住外来人口为822.6万人（占常住人口的37.9%），其中65岁以上老年人占4.2%，与2010年相比，上升了2.4个百分点；14~64岁劳动力人口占86.1%，比2010年下降5.2个百分点，北京常住外来劳动年龄人口比重下降。

第五，人口老龄化与社会经济发展水平不相适应。京津冀区域经济发展水平相对于全国处在中上水平，但三地之间经济发展存在严重不平衡，其整体经济增长速度和老龄化速度具有一定差距，需要在经济领域提高应对老龄化的能力。

人们步入老龄之后，一般有家庭养老、以社区为依托的居家养老、机构养老三种主要养老方式。家庭养老，指老年人居住家中，由家庭成员提供经济供养、生活照顾、精神慰藉的养老方式，是多元化养老的重要基础和支撑。家庭养老主要运用家庭养老资源，老年人在家庭内实现养老，能减轻国家与社会的养老负担。但随着家庭结构的剧烈变化，家庭养老人力资源日趋不足，又由于经济生活压力的持续增大、年轻一代养老观念的逐渐淡漠、老年人个体意识的逐渐增强等原因，分居式家庭养老日渐增多，传统家庭养老在功能发挥上不再具备显著优势。在社区居家养老当中，强调将家庭作为中心，发挥社区的依托作用，同时以养老机构的专业资源作为辅助，为老年人提供日常生活照料、医疗、家政和文化娱乐等。

近年来，社区养老的普及推广范围逐渐扩大，实践中服务功能也在不断完善。北京社区养老照料中心的建设发展迅速，天津各街道（镇）也建立了居家养老服务中心、社区日间照料中心、老年配餐服务中心、托老所等社区养老服务设施。社区养老能让老人留在熟悉的社区，发挥社区配套服务功能，实现老年人的在地养老。但是，其发展过程中也面临诸如专业人力资源不足、服务单一等问题。机构养老，指老年人到专门的养老机构住养，获得饮食起居、健康护理、疾病预防、文体娱乐等综合性服务。目前，三地在养老机构建设方面显现出极为不平衡的特点，如区域分布不协调、运营管理不佳、资源配置不合理、医疗资源跟进难、专业服务人员紧缺、设施功能不齐全、收费标准设置不科学、三地政策不协调等。

（二）京津冀养老模式整合的必然性与可能性

我国是世界上老龄化速度最快的国家，失能、半失能、独居和空巢等老年人数量持续增长，养老负担日益沉重，传统养老模式已经很难满足不断增长以及不断变得复杂多元的养老需要，这种情况之下，养老社会化成了必然选择。京津冀三地各具优势，能资源互补实现养老模式的整合。

首先，区域产业转型升级带来发展的新契机。京津冀属于我国的三大人口与经济密集区，还是全国非常重要的三大经济增长极。2013年，京津冀地区生产总值达62 176.16亿元，占全国生产总值的10.93%，进出口总值达6 125.08亿元，占全国的14.72%（见表2-1）。京津冀地区虽然整体经济实力强劲，但各地区的产业发展水平参差不齐，产业结构差异较大。2013年，京津冀地区整体一、二、三产业分别占5.64%、38.64%、46.75%，第三产业优势明显（见表2-2）。北京的三大产业比重由大到小是第三产业、第二产业与第一产业，也就是321型结构，且高端服务业和高新技术产业比较发达。天津、河北地区属于"二三一"的模式，天津的第二产业和第三产业齐头并进，河北产业结构达不到全国平均水平，第一产业的产值比例略高，第三产业发展乏力。三地经济发展出现断崖式差距，京津冀地区内部没有形成有序的产业梯度。养老服务业的创新可以有效推动天津和河北地区第三产业的发展，扩大第三产业的整体规模，推动区域经济转型、融合、升级。对于河北来说，养老基础设施的修建和完善不仅可以直接提升当地老年人的生活水平和生活质量，还可以增加就业岗位，留住本土人才，同时能够增强对外来优秀人才的吸引力，有效减少年轻劳动力外迁情况的发生率。与此同时，大力创新养老服务模式可以促进区域空间结构的合理分布，为推进区域协同发展和新增长极的形成奠定良好的基础。

表2-1　2013年京津冀和全国主要经济数据对比

变　量	北　京	天　津	河　北	京津冀	全　国
人口（万人）	2 114.8	1 472.21	7 332.61	10 919.62	136 072
地区生产总值（亿元）	19 500.6	14 370.16	28 301.4	62 176.16	568 845
人均GDP（万元）	9.22	9.76	3.86	5.70	4.18
进出口总值（亿美元）	4 291	1 285.28	548.8	6 125.08	41 600

数据来源：全国和京津冀《2013年国民经济和社会发展统计公报》

表2-2　2013年京津冀和全国产业结构

地　区	一产占比	二产占比	三产占比
全国	10.01	43.89	46.09
京津冀	5.64	38.64	46.75
北京	0.83	22.32	76.85
天津	1.31	50.64	48.05
河北	12.37	52.16	35.47

数据来源：全国和京津冀《2013年国民经济和社会发展统计公报》

其次，优越的政策支持奠定发展基础。京津冀协同发展的战略环境之下，三地在顶层设计方面获得的进步是显而易见的。《京津冀民政事业协同发展合作框架协议》指出，养老成为三地重点开展协同发展的领域之一，将不断探索跨区域的养老新模式。北京已经着力推动有关政策的分析研究工作，并且制订了相关计划，开始把北京养老机构在床位、餐饮补贴等方面的政策延伸到天津与河北地区。河北在养老服务业对接方面一直积极主动地发挥其作用。另外，三地将整合养老与医疗制度，推动医疗养老跨区域转移接续，推动三地养老资源的互利共享。

再次，城市优质资源亟待互通共享。京津冀是中国北方经济规模最大、最具活力的地区，具有重要的地缘优势。北京作为全国政治、文化、国际交流和科技创新中心，人口密集，土地资源紧缺，用地价格高，养老服务设施建设投入成本高，但同时拥有全国最优质的养老资源，特别是医疗资源。天津要建成北方经济、国际航运中心和北方现代制造业基地。河北则强化生态保障、交通疏解等功能。三地各具资源与条件，可以实现错位发展，优势互补共享，引导养老资源的区位流动与转移，实现互利共赢的发展目标。

最后，大量的老年人都存在着异地养老的意愿和需要。因为计划生育政策具有延迟性的效果，独生子女正在逐步面对沉重的养老压力，家庭养老不具备丰富的资源支持，而社区居家养老还没有建立起健全的服务体系。考虑到生活、养老、生态成本等方面的情况，大量的老年群体开始把关注点放在京津的周围地点，所以异地养老已经成为京津老年人群体的一项新选择。京津冀地区通过紧密整合的方法，能够形成强大的整合优势，能够有效利用各地优势资源，开发旅游度假类型的养老社区，或者是推进构建一体化养老社区，让差异化老年人群体的需要得到满足，也进一步开发和拓展异地养老的市场。京津冀地区还可以对养老服务内容进行积极的探究与改革，从单一关注较低层次的生活与活动照顾转移到关注康复、心理、文化、娱乐金融等高层次服务。

所以，养老服务业整合发展能够将全社会的资本与资源进行强有力的整合，辐射带动全社会养老服务水平的提升，与此同时促进产业结构调整，发挥养老产业在推动经济发展方面的积极作用，实现经济效益与社会效益。

二、京津冀养老模式整合与创新的策略思考

京津冀正处在重要的历史机遇期，尤其是在三地协同发展建设的大背景之下，京津冀能够实现资源整合和全方位的紧密合作，提高对养老问题的解决和应对能力，通过革新养老服务模式的方法彻底从养老困境当中突破出来。

第一，京津冀三地充分发挥各自在区位方面的优势，实现优势互补与扬长避短，积极开发构建创新性、服务性与综合性为一体的养老社区。京津冀城市资源以及发展定位有着很大的差异，其中北京是国家的政治与金融中心，也是全国最大的科技智力密集区，拥有全国最优质的医疗资源，是一个综合产业大都市；天津的土地资源丰富，同时在发展养老服务业方面拥有大量的经验，因而更富发展养老业的吸引力，可以吸引大量与养老服务产业相关的资金；河北资金不足，养老事业的整体发展水平和层次较低，但拥有优质的生态环境，土地价格较低，还拥有大量从北京等地外迁的科研与医疗机构，因而能够对河北的科研医疗工作起到极大的带动与辐射作用。当前京津冀的养老服务业虽然在发展过程中积累了一定的经验，也获得了一定成果，但是还存在着资源配置不合理、空间分布不均、利用情况不佳等方面的缺陷。不过，河北拥有非常丰富的自然环境资源以及优质的生态与景观，在此地推动养老产业链的发展和建设，构建大量综合性和创新性的养老社区，整合河北核心地域周边的多种资源，可以逐步步入产业发展道路，并对第三产业起到协调带动作用。运用这样的方法不仅可以缓解京津这些发达城

市在人口以及养老等方面的负担，还能够形成强大的资源与优势整合，促进养老产业全面进步。

第二，对养老服务进行整合，构建居家、机构和社区养老全方位和多功能养老模式。居家、机构以及社区养老这几种模式，在作用与功能方面的差异是非常显著的，也有各自的优势与片面性，可以把这几种模式的优势进行整合，最终构建和开发出一体化养老服务模式。通过大量的实践调研发现，在大量的养老社区中，已经把这几种养老模式进行了统筹，同时优化了软硬件条件。例如，养老社区的自住老年公寓，公寓的各项设施非常齐全，可以让自理老人独立自主地享受和拥有优质生活。而且公寓所处位置交通方便，方便老人家属探望，也可以让老人方便出行，因而能够明显减少这部分老年人的孤独感和不适感；还可以在社区配置大量的便民服务、文化娱乐设施、商业配套、医疗机构、符合老年人交往的社区环境等。比如，专业性的医疗机构，可以让老年人在医疗护理以及康复训练等方面获得良好的保障与支持，能够更加方便地对老年人群体进行健康管理，使他们得到全程以及持续性的专业照顾与服务。

第三，京津冀将休闲度假作为重要参照，把医养整合当作发展根基，推动联盟养老社区的构建。老年人拥有多特征和多层次性的显著特点，在养老服务需要方面也显现出差异性以及多元化。对老年人而言，他们共同希望的是要老有所养和老有所依，特别是健康情况不佳的老年人，对于康复与医疗服务的刚性需求是非常强烈的，而这方面的养老服务更是推动养老事业健康发展的根基所在，要充分借助京津地区高质量的、丰富的医疗资源，对养老社区的各项医疗服务进行改进。目前，医疗卫生改革工作正在不断地深入，医生能够实现多点执业，而专家也可以到养老社区医院坐诊；专家可以借助先进网络技术实施远程会诊；社区医院和医联体三级医院双向转诊；为存在特殊需求的老年群体建立绿色就诊通道，保证就诊的顺畅性和便捷性。当前京津冀正在酝酿全景医保联通，而在未来将实现医保异地支付。另外，可以把老年人康复训练的费用纳入医保，降低老年群体在养老以及康复方面存在的巨大压力。同时，在养老供给方面必须考虑到多元化的需求，让老年人群体拥有高品质和有尊严的生活，让他们在环境优美和生活舒适的场所安度晚年。老年人在得到优质的生活照顾基础之上，会追求精神方面的愉悦，并实现自己的价值。大多数老年人都十分青睐休闲度假，与老友结伴旅游，而异地风格多样的养老社区将会成为他们的最优选择。

第四，政府健全有关法律法规以及政策，对养老服务业的协同健康发展进行规范化管理。从业务范围的角度进行分析，按照当前国家现行部门行政管理体制来说，养老保障类的业务涉及大量的主管部门，如人力资源、社保、民政部门等，而医疗会涉及各级卫生与计划生育委员会等部门。就管理机构而言，多种不同种类的养老机构大多隶属民政部门管理，医疗机构隶属卫生部门管理，而在医疗当中涉及的费用与保险报销等是人社部门管理。受到制度、行业、财务分割等诸多原因的影响，各个部门在认识综合养老服务方面有着很大的差别，会导致政策的落实显现出明显的不同。当前，京津冀地区正处在快速发展的时期，也是非常重要的历史机遇期，根据国家的战略引导，京津冀政府部门需要积极作为，坚持协同发展的原则，积极突破制度方面的壁垒，让养老服务业步入规范化与制度化建设的新时期。与此同时，要注重吸纳借鉴先进国家在这些方面的经验，在养老服务业发展方面加强质量监管，积极培育专业素质过硬的养老服务人才，并在人力资源开发与发展方面做到未雨绸缪。

第五，政府方面出台政策吸引社会资本投入，丰富养老产业发展的资金支持。资金的支持是养老服务模式健康和持续推进的关键所在。养老社区的建设是一项系统性和长期性的工作，有着较长的投资回报周期，因此大量企业步入养老行业更倾向选择投入轻资产。实际上，要构建功能齐全的养老社区，除了在前期建设阶段加大资金投入之外，在后期还需要在设备、专业人才引进等多个方面加大资本支持。所以，政府方面要积极作为，有效吸纳社会广泛资金的支持。政府要在推动养老业建设的进程中，加强政策创新力度，积极创设优质的养老业发展环境，可以适当增加财政补贴，让养老企业拥有持续性发展的动力。另外，政府要加大宣传力度，让越来越多的企业认识到养老事业建设的紧迫性和必要性，使企业能够承担起社会责任，积极投入到养老业的建设当中，为社会公益做出贡献。与此同时，企业方面要充分发挥在专业技术以及运营管理能力等方面的优势，对养老服务管理进行改革与规范，积极探究养老健康的全产业链服务。

第三章 我国养老市场的发展趋势与异地养老产业的兴起

第一节 我国养老体系的演进概述

不管是哪个国家，养老体系的形成与发展都和这个国家秉持的社会福利理念密切相关。社会福利的概念是非常广泛的，涵盖所有以帮助全部社会成员获得理想生活和健康目标的有组织的社会服务制度与机制。如果更加具体地对其进行表述的话，社会福利涵盖社保、社会救济、公共教育、卫生保健、文化等多个项目。极具代表性的一个实例就是，在许多北欧国家已经构建了从出生到死亡的全面国家负责社会福利体系，从摇篮一直到坟墓都会有国家负责给予针对性的社会福利支持。所以，在这样的国家当中，社会福利和广大公民存在着密不可分的关系，还和教育、就业、健康、住房等多个方面存在着很大的关联，体现的是物质生活的保障，与此同时，体现出了公民能够享有的基本权利。针对老年人群体设置的福利，在社会福利体系当中占有重要地位，也受到国家政府的广泛关注。大部分国家已经构建了系统全面的老年护理制度，其中既有资金上的支持，还有服务方面的保障。

养老体系包括基本保障和服务改善两个方面，大致分为服务管理体系、保险保障体系和服务产业这几个部分。

在政治、经济、文化等诸多原因的影响之下，当前我国在养老体系建设方面显现出特殊的发展现状，养老体系的建设会依附社会整体的福利发展过程。我国社保体系包括社会保险、社会救助、优抚与社会福利这几个部分，社会福利是社保体系当中的子系统，以往专门指的是民政部门负责的福利事务，而且这样的认知已经成了约定俗成的观念。

受计划经济体制的影响，政府在老龄公共事业发展建设当中没有投入较多的精力，覆盖面非常狭窄，只是对处在边缘的弱势群体进行救助。另外，有一个非常明显的弊端就是存在企业办社会的现象，所以人们对社会福利概念有很多的错误认知，将其片面地看成企业或单位福利，使得城镇老年人群体的生活都是由其所在单位负责，有了就业保障，才能够拥有生活保障。在人们到了老年阶段之后，保障同样也是单位内部福利制度负责提供的，表现为不同层次、群体与职业的人员享有的福利待遇，存在着极大的差别。在农村，除了五保家庭之外，一般的农村老年人养老依靠的都是家庭。在国家尚未实施改革开放政策前，城镇家庭养老能力很强，通过家庭与单位在能力和资源上的整合，能够让老年群体享受到优质的养老服务，虽然养老服务资源是有限制的，但是各方都充分发挥了自己的能力。而在农村地区，集体以及政府联合力量为五保老年人提供养老服务支持，剩下的农村老年人则要依靠家庭，甚至是得到亲戚邻里等的照顾。由此可见，我国社会二元结构特点在养老领域是非常显著的。

而在国家实施了改革开放政策之后，伴随着市场经济体制改革的深入，单位人成了社会人，由企业办社会的情况在逐渐减少。大量企业在实施现代化改革以及转轨之后，很多职工完全丧失了享有单位福利待遇的机会，退休之后实现的是社会化管理。现在，单位提供所有养老服务的局面已经成为过去式，替代的是社区、企业以及不同养老组织共同给予的养老服务。另外，因为计划生育政策实施和作用的增强，养老服务领域当中，家庭功能明显弱化。

中国是一个讲究传统的国家，而家庭养老则是制度化传统，拥有很长的发展历史，到目前为止，仍然属于最为主要的养老方式。但伴随经济建设步伐的加快，社会转型进步的推进以及人口结构转变等影响的增强，家庭养老方式遭到了极大的挑战。如今中国正处在转型发展的重要时期，应该担当重要责任的政府在制度、政策、资金等多个领域，还没有做好充分准备工作。公共需要和政府提供物质和服务的能力存在着非常明显的差距和矛盾。在多元社会结构的快速变迁过程中，原有养老服务模式赖以生存的社会基础已经发生了极大的变迁，为了保证养老服务的与时俱进，对养老体系进行重新构建和建设是非常必要和关键的。

因为我国存在着未富先老这样的前提条件，要想对老龄化问题进行有效解决，提高应对能力，政府方面就需要凝结全社会力量，通过整合社会合力，推动老龄事业的建设，也即推动社会福利的社会化发展。政府在这方面进行了不懈努力，2000年各部委联合发布《关于加快实现社会福利社会化的意见》，在这一意见当中提出在供养方法的选择上，要把家庭作为重要根基，发挥社区的依托作用，同时要把社会福利机构作为有效补充，凝结全社会力量推动社会福利事业的改革发展。我国积极推进的社会福利社会化，涵盖四个方面的内容，分别是提供主体多元化、服务方式多样化、服务队伍专业化以及服务对象公众化。在这几个重要的内容当中，最为关键的要素是提供主体多元化，而这也是社会福利社会化最为主要的一个特征。

社会福利社会化是极具中国特色的一个概念，在以往的文献资料当中并不存在这样的概念，和这个新概念较为类似的是社会福利民营化，其含义是政府把社会福利供给全部或者部分转移给民营部门，与此同时，在运营过程当中引入市场机制，通过发挥价格机制的调节作用优化供给与需要，加强成本回收，由受益者付费等，进而提高对各种服务资源的优化配置。

通过对大量发达国家与地区的公共管理事业改革进行观察，发现其在服务手段创新方面的一个核心举措就是把市场机制纳入公共服务体系当中。其本来的意义是，政府将一部分养老公共服务项目，运用市场化手段让民间组织、私人机构等承担，最后由政府方面负责资金供给，促使民营资本进入养老服务市场，形成与公共部门的良性竞争，有效提升老年人群体对于公共服务的整体满意度。比如，日本所推行的护理保险就是一个重要的实践措施。老人在享受护理保险时，拥有自主选择的权利，可以自主选择不同的服务方式，这些方式分别是由民间、家庭和福利法人提供的。不管提供服务的是哪个组织机构，最终的费用都是政府主办的护理保险支付的。在改革开放之后，我国大力提倡和实践的福利社会化，并非是发达国家与地区广泛落实的福利服务主体以及内容的多样化。换句话说，我国的福利社会化在一些领域已经被扭曲，很多地方甚至出现了政府完全将责任交给市场和社会，给社会养老模式的发展带来了诸多不良影响。

第二节　新时代社会养老体系建构

一、老龄化背景下的养老问题

国内外在养老模式分类方面存在着很大的差异，也呈现出多元化的特征。本书在划分养老模式时，选用的依据是老年人消费层次、自理水平、政府投入程度这三个方面，最终将养老模式划分成三类，分别是福利、居家与商业化养老（见图3-1）。这几种养老方式的定位是不同的，通过这几种方式的整合形成了一个系统完整的养老体系，而笔者将会在论述当中把重点放在商业化养老模式上。

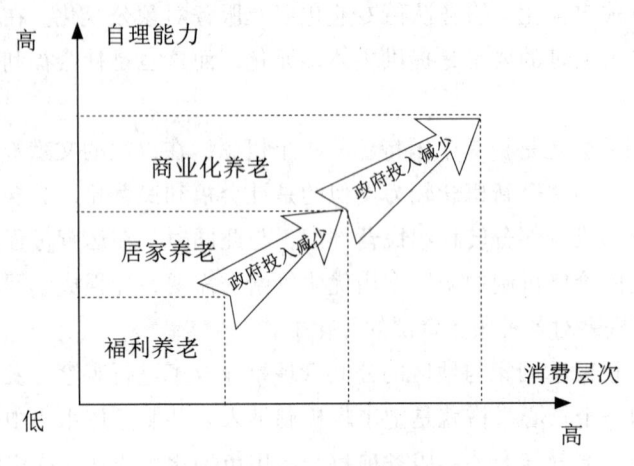

图3-1 社会养老的三种模式

福利养老是政府或福利机构出资建立养老福利院性质机构，主要面向的是生活自理能力差、没有经济来源、没有人赡养的老年人，负责给这一类的老年群体提供基本养老保障。福利养老针对的是生活自理能力以及消费水平较低的老年人群体，他们或年龄大，或经济来源少，或没有子女赡养，所以想要得到的是最为基础的生理层次的养老服务。推动福利养老模式需要有政府方面的大力支持，同时需要社会各界能够加强福利捐助。这样的养老模式是一种单纯福利性质的养老模式，其根本目标是要解决国计民生当中的基础养老问题。不过，受到国家财政资金极其有限的影响，养老福利机构在规模以及长远建设方面受到的限制很大。尤其是从数量上看，福利养老机构数量和需要得到福利养老支持的老年人数量相比是极为稀少的，只能在一定程度上解决少部分老年群体的养老问题，面对我国大规模的老龄人群则无能为力。

居家养老是养老与医疗保险等自给自足的居家社区养老方式，能够借助社区周围的医疗、养生、娱乐等不同机构获得老年群体需要的养老服务需求，具有传统性的特征，其存在历史非常悠久。居家养老针对的是具备较好生活自理能力，消费水平处于中等层次的老年人。这些老年人能够得到子女的赡养，同时有一定的经济收入，更加倾向于在家中度过晚年。所以，他们依托附近专门提供相关服务的机构就可以满足生活需要，满足传统家庭养老的需求。居家养老模式的一个显著特征就是自给自足，对政府财政的需求显著低于福利养老，通常只要依托国家养老和医疗保险制度即可。但是，我国的老龄化发展速度在不断加快，老龄人口也在迅速增多，人们的收入和消费水平明显提升，大量的老年人群体已经不满足于居家养老的单一化服务，想要得到更加多样和高层次的养老服务，进而显现出居家养老模式难以有效解决当前严峻养老问题的情况。

商业化养老是新型养老模式，明显区别于居家和福利养老，具有明显的商业化、专业化、产业化和综合化特征，也是本书在养老模式研究当中的重点。环京津高端养老产业就是一种商业化养老模式，这样的养老模式采用的是政府引导和社会参与的方法，立足于为老龄群体特殊设计养老社区，并为他们提供多元化的医疗、养生、心理、娱乐等服务，在满足养老需求的基础之上，开展商业性的养老服务，从而增大经济效益，实现社会与经济效益的双赢。商业化养老模式针对的是有着较强生活自理能力，并且经济水平和消费水平都很高的老年人。这些老年人的收入水平高，有着较强的文化底蕴，同时消费理念较为超前，更加青睐于高品质的生活，追求生活质量，需要多元化以及高层次的养老服务。而福利与居家养老这样的模式和他们的实际需求是不匹配的，商业化养老才可以让他们的需要得到满足，才能够切实解决好老龄化进程当中的养老问题。商业化养老具备商业性和福利性的特点，正是因为这两个特点，才决定了这一养老模式要有政府方面给予财政投入，同时需要市场的广泛投资。其中，政府财政投入带有引导性性质，所以在所有投资当中占有比重很少，更多的是依靠市场投资，以便开展商业化运营，获得更高的商业与经济效益。当前，我国在发展商业化养老模式方面还不具备丰富经验，正处在起步阶段，所以还需要在这一领域展开深入长期的研究，才可以把这个模式建设得更加完善。

商业化养老体系是为了满足老龄人口日益增长的多元化和高层次养老需求，建立为他们特殊设计的养老社区，提供专业全面的医疗、娱乐、心理、养生等服务，运用商业化运营管理模式，建立管理运营服务的专业一体化优势，并且逐步健全养老服务体系，以此建立符合商业化养老发展需求的服务标准，促进养老业的创新持续进步。

我国是一个人口大国，但是经济还不发达，在这样的条件之下要应对严峻的养老形势非常有挑战性。怎样选择合理恰当的养老模式，确保在养老服务建设方面拥有充足资金，如何做好养老服务供给工作等都是要进行深层次探讨的重要课题。

而中国的二元化经济结构有着很长的历史，由此也导致了城乡二元化的养老方式，这是一种历史遗留问题。

（一）农村人口的养老状况

中国广大农村地区的养老问题是应对人口老龄化背景下养老问题的重中之重。根据有关部门得到的统计结果，截至 2010 年年底的数据，生活在农村的老年人超过1亿人，占到全国老年人口总数的60%，从这个数据也能够看到解决农村养老问题是至关重要的。

当前农村的现状是，绝大多数的老年人仍然在从事农村的劳动活动，而且他们获取的劳动收入是除了家庭供养外最为重要的经济来源。因为存在着这样的经济状况，就决定在农村养老方式的选择上，一定是居家养老。除此以外，养儿防老的思想在农村地区根深蒂固，也进一步促进了居家养老方式在农村地区的普及。

养老主要包括经济供养、生活照顾以及精神安慰这几个部分。虽然从地域上看，农村的绝大多数老年人都在家中，但他们当中很大一部分是无法享受正常养老的，这些人群主要有留守、失偶、失地、空巢、失独、隔代家庭老人等。留守老人指的是他们的子女均离开农村到外地务工，无法和他们共同生活。而伴随进城务工人员数量的增加，留守老人的数量也在剧增，甚至占到农村老年人口总数的40%左右。失偶老人指的是没有伴侣、独自生活的老年人，因为男性和女性在寿命方面存在着一定差异，女性的平均寿命要明显长于男性，所以失偶老人群体当中女性占大多数。失地老人是由于土地征用而失去土地这一重要家庭经济来源的老人。空巢老人是子女均不在家中，而这一人群的增多主要与农村劳动力向城市转移有关。失独老人指的是失去唯一子女的老人。隔代家庭老人指的是子女不在身边或由于其他原因与孙辈共同生活的老人，他们除了要照顾自己的饮食起居之外，还要承担起抚养照顾孙辈的责任。上面提及的这些老年人群体，虽然是在家中居住生活的，但在经济方面并没有固定收入来源，在日常生活当中常常无法得到有效的照料，甚至还要担负起劳动与照顾孙辈的责任，在精神方面孤独而又缺少关爱支持，甚至有的老年人已经陷入心理危机。面对如此情况，机构养老是无法解决问题的，而社会养老也困难重重。

综上所述，农村地区在现在与未来的很长一段时间之内，居家养老与家庭供养仍然是占据主要地位的养老方式，这与经济基础和根深蒂固的养老观念与传统习惯有着密切的关系。

（二）城镇人口的养老方式

除了在中国农村的广大地区有占据主体地位的居家养老传统之外，城镇也有这样的表现。

居家养老也可以被称为家庭养老，在广大城镇当中，这也是主要养老方式。家庭成员给予老年群体的生活照料与精神支持是其他养老方式没有办法替代的。

最近几年，城市家庭养老的主体地位开始发生改变，其原因主要有：第一，在计划生育政策的影响之下，导致城市家庭规模缩小明显，而家庭在担当养老责任方面会变得更为沉重。第二，在市场经济体制深入改革的进程中，人们在实际工作当中面临的竞争压力逐步增大，生活节奏也越来越快，越来越多的年轻人没有多余的时间来处理其他的事务。这些原因导致城市家庭养老功能弱化现象明显，居家养老的老年人群体面临空巢问题。第三，受老龄化人口结构的影响，极高程度上降低了老年人对于居家养老的依赖性，所以开始有越来越多的老年人放弃了居家养老这一形式。在未来人口老龄化的逐步发展过程中，家庭养老的实现难度会与日俱增。

未来，城市老龄人群会选择机构养老作为主要的养老方式。和家庭养老模式相比，机构养老在满足老年人对于亲情需求方面存在着不足，但是能够给老年人提供专业护理与照顾，而且居住在养老机构的老年人可以与同龄老人进行密切的互动，进而得到另一种精神上的满足。于是，机构养老模式开始得到老年人的欢迎。但当前我国在发展养老机构方面，还存在着下面几个问题：第一，床位资源缺乏，相关养老设施与标准不符。2009年年底对养老福利机构数量和床位资源进行调查统计得到的数据是，机构数量为38 060个，而床位数是266万张。和老龄人群数量相比，这样的床位数量是极其稀少的。如果根据国际上通行的5%老龄人口要机构养老的计算方法来看的话，我国至少需要800多万张床位才可以基本满足需要。这两个数字进行对比，可以看到床位资源缺口极大。第二，机构良莠不齐，不具备专业规范的行业标准。就目前而言，养老机构的床位非常紧张主要针对的是政府兴办的养老机构来说的，甚至有些机构是千人排队等一个床位。但是，除了政府兴办的养老机构之外，民营养老机构床位空闲率很高。一冷一热和冷热不均衡的表现说明机构养老服务体系还没有真正建立起来。养老行业还要在服务方面制定统一标准，以便更好地进行行业规范，保证机构养老的整体服务质量，与此同时，要特别关注满足老年人的精神需要，保证机构养老能够健康有序地开展。

社区养老也被称作是社区居家养老，在前面已经对其进行了一定的介绍，指的是社区为在家养老的老年人提供生活照料、医疗护理等养老服务的形式。社区养老可以让老人足不出户就能够得到养老服务支持，在实际运行和操作方面简单灵活，对居家和机构养老这两种养老模式的优点进行了整合，所以更容易满足老年群体的需要，且得到他们的认可。一方面，选用社区养老模式，老年人不用离开自己长期居住以及非常熟悉的环境，还可以继续享受家庭温暖，满足对于亲情的精神需要。另一方面，老年人能够有效享受到社区给予的专业养老服务，非常的机动灵活。所以，这样的养老模式在未来有着极大的应用前景。

虽然说社区和机构养老是当前养老发展的重要形式，但是通过对当前的情况进行分析发现，人们更加青睐的是居家养老，希望享受亲情和家人的关爱。有机构就此问题进行了市场调查，而调查结果表明希望居家养老的占43%，希望社区和机构养老的分别占28%和26%。通过对这些简单直观的数据进行分析，我们能够看到城镇人口把居家养老当作主要养老方式。而出现这一状况的一个重要原因就是当前国家在养老服务建设和供给方面远没有达到市场需求的层次，而且老龄人口还在逐步增多，床位资源十分紧缺。另外，中国居民的传统家庭观念深入人心，他们渴望享受亲情以及天伦之乐。所以，居家养老在我国有着极大的影响力和生命力。

综上所述，居家、机构和社区养老模式各自存在优势和不足。对我国当前情况进行分析，居家养老是我国老年人群体的首要选择，特别是农村老年人在这方面表现更为明显。社区和机构养老的优势是非常显著的，但有着较高水平的养老机构收费很高，是大量老年人无法负担的。有学者对这几种养老方式的成本展开了专门核算，得到的结果是家庭养老的成本最低，同时在养老效用方面最为突出。

二、养老体系的新时代重构

目前，我国在积极推动经济领域的体制改革与转型。在这样的大背景之下，虽然大量的养老服务机构已经开展了市场化改革，引入市场运营机制，但国家在有关法律法规以及政策方面仍较为落后。所以，从实质上看，我国养老服务业在经营方面走的是产业化发展的新道路，但是在管理领域仍然走在事业化的旧道路上。这不仅体现在我国养老服务业补贴方面的政策还没有出台，更为关键的是，在大量国办养老院里，虽然经营良好，但在管理方面仍然采用传统模式，除了在建设有关养老项目方面享受到政府给予的高额财政支持以外，在管理费用方面也是地方政府负担的。而这些问题的存在让国办养老院的垄断地位逐步形成。

转轨时期最为显著的特征就是计划和市场是同时或者是交替产生作用的，这种渐进形式的改革模式，在养老服务当中有着非常直观的体现，其结果是中国养老服务，并非完全意义上的产业化发展，也不是传统意义上的事业化发展，而是融合了两个道路弊端的畸形发展，表现在市场化运营和行政化管理两方面。当前我国正在全面推进社会福利社会化，这一目标的达成，需要养老服务在目标定位方面实现福利化运营与企业化管理。因此，必须改变目前的发展模式，才能让养老服务机构在发展过程中获得实质进步。

实际上，社会福利社会化虽然能够让老年群体获得更加多样化的养老产品与养老服务，但是因为这些老年群体在收入水平以及享受其他社保程度方面有差异，所在地财政收入与政务福利观念存在差异，他们所享受到的养老服务范围非常狭窄。也就是说，当前国家的多元福利模式实际上是限定性的多元模式，还需在普遍性方面进行转化。而政府是造成以上问题出现的主因。限定性的多元福利模式也让政府限定了责任。在市场化的大背景之下，政府所承担的福利功能不能够削减，应该是增强。这里所说的增强，不仅体现在总量增加上，更为关键的是要保证结构上的合理性。换句话说，政府方面必须要清楚养老服务的性质，与此同时要确定这个多元体系当中各种提供主体的责任与功能。

综上所述，养老服务是和传统产业完全不同的事业，带有公益性以及福利性的特点，需要有政府和民间资源进行优化整合，通过竞争与互助的方法，让老年群体的多元养老需求得到充分满足。通过多元化制度建设的方法保证公共服务提供效率是关键。

就中国国情而言，我国在推动养老服务时首先要把关注点放在公益性与福利性上，同时要注意发挥市场机制的作用，保证养老服务效率的提高。在一个完整养老服务的构成当中，包括三个要素，分别是提供者、生产者与消费者。三个主体的关系将会直接决定养老服务质量以及未来的发展情况。政府是养老服务业提供者，但并非是直接意义上的提供服务，主要借助两个渠道进行养老服务的援助。第一个渠道是利用资金、政策、规则，将提供服务的生产者权利交给社会，让服务生产者拥有独立地位。生产者与消费者在市场方面存在着交换关系。第二个渠道就是政府用资助资金的方法，将资金补助发放给消费者，鼓励消费者到市场自主选择养老服务与养老产品。生产者之间虽然存在着一定的竞争，但所有的竞争活动都在政府监管之下进行。政府利用统制价格等多元化的方法管理与干预竞争，进而让消费者的切身利益得到保障。对于没有任何依靠的老年群体，国家选用的是全面救助的方法来保障他们的生活，而救助方式可以委托养老机构或社区。

（一）明确政府的责任是构建养老体系的基础

要推动养老服务的长足发展，必须保证政府在社会福利财政投入方面加大力度，并保证投入的均衡合理分配。政府责任特别是财力责任的多少，取决于政府对社会福利价值的判断。因为在剩余型福利模式之下，政府承担着非常有限的责任，在这个理念的影响之下，自中华人民共和国成立以来，我国在福利支出方面始终不足，医疗、社保、教育这几项基本的公共服务低于世界平均水平。另外，在福利支出方面，还存在着不均衡的情况，表现在针对城镇居民的财政福利支出份额占到95%以上，而在农民的福利支出方面却仅占到5%。而城镇居民仅占全国人口的20%，农村农民占全国人口的75%。我国经济欠发达是其中的一个重要制约因素，但在实施改革开放政策之后，国家的经济发展速度极快，老年人共享社会发展成果的权利应该得到重视。政府在福利认知方面不能够再局限于对特定群体的慈善救助，要秉持和谐社会的福利观念，将福利当作是老年群体的普通权利，在与国家经济发展水平相适应的情况之下，增强对老年福利的认知，除了在总量上加大投入之外，还要在结构方面进行合理安排，实现资源的优化配置。

针对公共服务中政府承担的责任，政府应该在社会转型的大背景之下改变角色，适应市场化条件以及当前的时代发展要求。

政府负责给予核心服务方面的支持，注意加强对第三方的依赖，也就是非政府和商业性组织。在功能以及角色方面，政府都发生了极大的变化，从直接管理服务变成了直接管理提供服务的组织，那么这些组织就成为第三者政府。在公共服务提供进程当中，政府方面必须做好协调以及发动作用，以便构建一个完善的组织网络。注意对第三者政府的依赖，发挥起分担公共服务功能方面的作用的代表性国家有美国、英国、澳大利亚、比利时、荷兰等。政府拥有的新角色是掌舵者，不必直接提供服务，而是要完成协助工作。

总而言之，要想让养老服务进入持续性发展的新阶段，就必须从市场竞争和公共服务机制这两个方面着手。养老服务具有较强的综合性，涉及诸多领域，更是一个重要的新型社会事业。人口老龄化程度逐步加深，给社会带来了极大挑战，也让养老服务业的发展拥有了很多的商机。虽然我国在养老服务业的发展过程中面临着特殊的社会经济环境，但是在社会进步以及经济迅猛发展的过程中，传统的养老模式会逐步被突破，并逐渐向普遍多样的福利模式靠拢。

（二）以人为本是现代养老体系的基本出发点

科学发展观让养老服务业在发展和建设的过程当中以拥有科学化的理念作为有效支撑，特别是科学发展观的核心是以人为本，与和谐社会构建目标相符，也与养老服务业发展过程当中坚持以老年人群体为核心的要求相适应。所以，在养老服务实践工作中要把核心理念确定为以人为本，进而有效推动老龄福利事业的繁荣进步。

在改革开放政策的深入推进过程中，我国社会发生了翻天覆地的变化，而这样的巨大变革也对福利领域带来了不同程度的影响。国民已经认识到提供福利并非是政府给予百姓的恩惠，而是政府必须要承担的义务。老年群体想要得到的是多元化以及普遍性的福利保障，只有切实保证整个群体的利益，满足他们的利益诉求，才能够真正为和谐社会建设和和谐社会目标的达成提供助力。

科学发展观的重要内容就是以人为本，而这一重要的理念本质上是要将关注点从过多追求物质财富增长转到推动人的全面综合发展方面。养老服务面向的是广大老年人，而这些老年人渴望的养老服务，可能并非是最高级服务，但是这个服务一定是他们最想要得到的服务。普遍性福利强调的一个非常关键的理念就是要让老人拥有自我决定的权利，要想让他们拥有这个权利就必须给其提供能够实现自主选择的多元服务，而多元服务的实现，必须借助全社会的力量来实现。

要切实了解老年人的特征，掌握他的差异化需求，保证服务提供的针对性。老年人除了与普通人一样有消费需求外，因为他们在生理与心理方面有着一定的特殊性，且较以往发生了极大的改变，所以还会具备特殊需求。物质消费需求具体体现在日常的衣食住行、医疗等领域；精神需求具体体现在教育、旅游等方面；服务需求包括精神抚慰、法律咨询等。

就消费观以及支付能力而言，农村老年群体和城市老年群体的差异是非常显著的；就生活格调以及需求层次而言，文化水平较低的老年群体和文化水平较高的老年群体差异突出；就需求结构而言，低龄和高龄老人，健康和不具备生活自理能力的老人差异明显。所以，在推动养老服务发展的过程当中，需要将以人为本作为根本思路，给予老年群体充分的尊重，尊重他们的选择，关注他们的多种需求，切实给予他们体贴入微的产品与服务，给予他们真正的关怀，使得他们拥有高质量的生命与生活。

三、养老模式框架的构建规划

（一）社会养老框架的基本规划

纵观目前的养老模式，可以发现其中存在很多问题：第一，当前养老模式不具备持续性特征。大量农村劳动力涌向城市，农村空巢、独居和隔代老人增多，这些老人不能够得到良好的照顾，同时会影响农村经济建设。第二，家庭养老压力与负担大。不管是广大的农村还是城市，在养老模式上，都是把居家养老作为主要选择，事实上也是家庭在承担所有养老职能。第三，养老行业市场化建设有待提升。二元化经济体制使得二元养老现象更为明显，使得城乡之间不能够合理地进行养老资源配置。政府在职能履行方面存在着很多模糊点，缺少对民营与社区养老服务的支持，给予养老市场过多干预，影响到养老市场竞争机制作用的发挥效果。

由此可见，当前我国的养老现状不容乐观，乡村和城镇在养老资源配置方面都不合理。我国进入人口老龄化社会的背景较为特殊，主要表现在未富先老以及未备先老，不具备完善的社保体系，城乡倒置问题显著，因而怎样建立科学化的社会养老框架显得至关重要。

我国政府的相关部门对社会养老框架进行了一定的规划，也强调要最终构建一个全民共享的养老服务体系,具体的框架安排见图3-2。

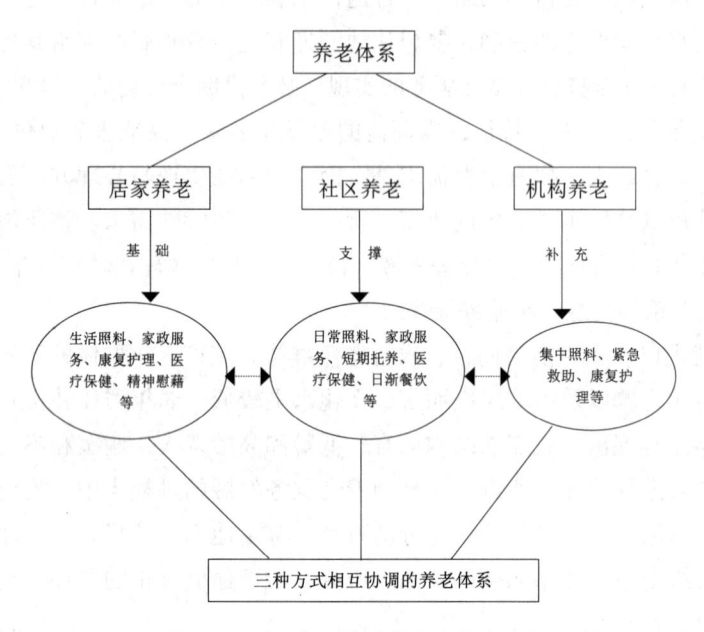

图 3-2 我国规划构建的社会养老框架

(二)我国规划构建的社会养老框架

通过对图3-2进行分析,可以看到:

首先,居家养老是功能系统全面的一种养老模式,可以让老年人在家庭当中就能够享受到多种上门养老服务,非常适合具备生活自理能力的老年人群体;针对自理能力较差的高龄老人或完全失能老人,社区养老机构可以给予紧急援助和其他多种多样的援助与服务。事实上,中国农村始终践行的是家庭和居家养老。城市当中绝大多数老年群体的普遍愿望也是在家庭中度过晚年。因此,将居家养老当作是规划框架的基础,符合养老需求的现状,是科学合理的。

其次,社区养老是整个框架的支撑,在重要性方面居于居家养老之下。社区养老方式主要面向的是白天空巢老人或短时间没有人看护的失能老人。利用在社区当中建立综合养老社区,构建社区养老服务网的方法服务于短期托付老年群体。在农村地区开展社区养老,主要选用的是互助形式。城市的社区养老提供的是上门养老服务、家政服务等。因为社区养老是居家养老的支撑,所以也常常称社区养老是居家社区养老。

第三,机构养老是当前在世界范围内诸多发达国家选择的养老方式,而我国的机构养老发展时间较短，还没有获得一定的经验。在养老框架设计当中，强调将机构养老当作补充是与我国国情相适应的。机构养老能够为失能与半失能的老人群体提供生活起居方面的照顾，还能够提供康复护理等方面的服务，而这样的养老模式在城市当中已悄然兴起。当前我国在发展机构养老的过程中，还存在供需不合理、国有与民营养老机构发展不平衡等方面的问题，养老床位资源不足。现如今，我国拥有的养老床位远远不能够达到实际养老的需要，如果老人想入住养老机构的话常常要等待很长时间。这样的供需矛盾是当前必须要尽快解决的问题。

这样的养老框架设计与中国国情相符，具有较强的操作性与可行性。不过，我们也要客观认识到，其中也有一些问题，如居家养老无法得到专业性的照料以及护理、机构养老当中床位资源极为缺乏、社区养老方面城乡发展不均。

国际上的很多发达国家和我国相比，更早地步入了老龄化社会，所以在应对老龄化问题方面的经验是比较丰富的。这些国家选择的养老模式各不相同，又各有特色，其中有很多养老模式切实解决了本国在养老方面存在的诸多问题，也为我国养老问题的解决提供了启发与借鉴，对此笔者已经在第一章进行过探讨。

第三节 我国养老市场的发展现状

养老服务是综合性产业，融合了服务、运营与生产，有着较长的产业链以及影响领域，同时能够吸纳大量的就业，推动生产活动，拉动消费，并在经济社会以及解决就业问题等方面发挥积极作用，是一个拥有经济与开发价值的朝阳产业。我国养老市场的发展状况如图 3-3 所示。

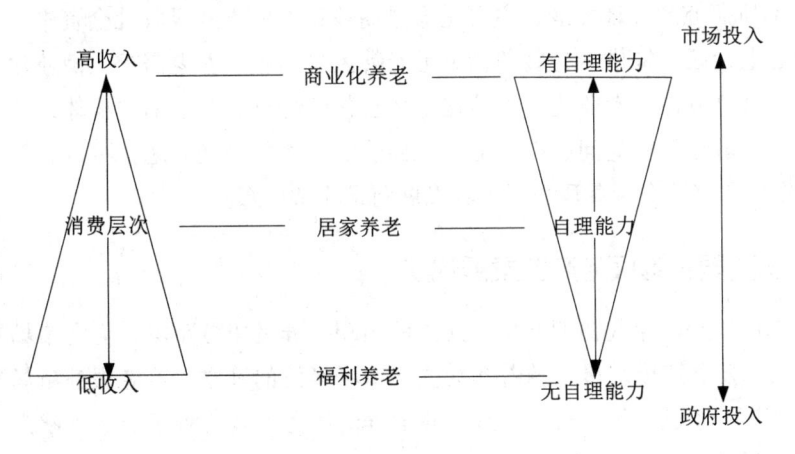

图 3-3 养老市场状况

在计划经济时代，我国没有形成养老服务产业，针对社会上的特殊群体，政府方面承担了相应的责任。但是，对于绝大多数的老年人而言，养老基本是由个人和家庭承担的。在人口老龄化程度加深，家庭养老能力降低，养老服务社会化需要逐步增强的背景下，养老服务在供求方面的不平衡，促进了国家养老服务产业的进步。

究竟选择哪一种养老方式，取决于老年群体的消费层次与生活自理能力。将二者作为重要指标，具体可以把养老市场划分成以下三个群体。

一是低收入与基本上有自理能力的群体。这类群体通常会侧重选择保障性和福利性强的养老机构。

二是中等收入与有半自理能力的群体。这类群体通常会侧重于选择居家养老方式。

三是高收入与具备完全自理能力的群体。这类群体通常会侧重于选择高端养老社区养老。

据统计，截至2009年底，我国各类老年福利机构拥有床位266.2万张，收养各类人员210.9万人。而我国至少有800万老年人需要进入机构养老，有500多万的缺口，仅仅依靠福利养老性质的机构根本不能解决，机构养老承载压力巨大。

而居家养老目前仍然是传统的家庭养老方式，养老服务内容单一无保障，已经不能满足当前老年人群的养老服务需求。随着生活质量的提高，老年人希望得到多样化的高质量养老服务，但社区养老服务不够专业，无法为老年人提供他们要求的服务。因此，居家养老已经不能解决我国老龄人群的养老需求问题，需要养老服务模式的创新来缓解养老压力。

本书所研究的异地养老，主要是通过商业运作的方式吸收社会资本，构建大规模的养老社区，提供养老服务，满足老龄人群的各种养老需求。商业化养老服务模式以其全方位、专业化、标准化、社会化的特点服务于消费群体，解决京津地区高度老龄化的养老问题以及随子女移居的老人的养老问题，可以有效地缓解我国当前的养老服务承载压力，市场发展前景非常广阔。

一、我国养老服务产业发展现状

从20世纪90年代初期开始，我国就出现了养老服务市场，但是市场整体发展起点低，发展速度缓慢。随着社会主义市场经济的确立，养老服务市场呈现出产业化趋势，经过几年的努力实践，我国养老服务产业仍处于低水平状态，产业发展现状不如人意。

（一）发展规模小，产业化程度低

我国在推动养老服务产业发展以及建设养老服务市场方面已有超过 20 年的时间，不过从整体上看，养老服务业的水平还是非常落后的，处在初级发展阶段。纵观国内的养老市场，将养老服务当作营销概念的情况非常多见，专门进行养老服务业的经营以及提供的企业却少之又少。通常只是把养老服务作为一般企业的辅助或衍生业务经营，绝大部分属于小规模的投资运营，距离产业化发展模式这样的境界还有很大的差距，尚未构建完善产业链，产业化发展水平低，也让整个产业市场的竞争力和占有率始终处于较低水平。

（二）产业结构单一，产品种类单一

和国外养老服务业的发展情况相比，我国在养老服务产业发展方面存在着模式单一的问题。就目前而言，可以称为养老服务产业的有两部分。

第一部分就是家政服务。家政服务实际上是和居家养老相配套的，当前我国的家政服务机构会对居家养老的老年人群体实施家庭护理、生活照料，只不过这一类型的机构性质是服务中介，提供的项目水平低、内容窄、价格设置不科学，无法满足老年人群体存在的特殊性、专业化的个性服务要求。

第二部分是传统养老机构。当前为了促进服务产业规模的扩大，使日益增长的养老服务需求得到有效满足，政府与企业采用单一创办养老机构，套用养老院的运营管理模式来促进养老服务产业速度的加快。绝大部分的养老机构对老年群体提供的照顾模式是以医、食为主的统一模式，难以让老年人享受到个性多元化和特殊化的服务。

（三）收费价格过高，社会接受度低

就养老机构的收费价格而言，一方面机构收费价格标准处于较高水平，远远超出绝大部分老年人的经济接受能力。以北京为例，2016 年北京新开业养老院 17 家，其中收费最低的为 2410 元/月，针对的客户是自理老人。护理型机构最低收费为 4600 元/月，收费最高的为 10000 元/月，平均收费 6447 元/月。40% 的机构收费定价（床位+餐费+基础护理费）在 5000~6000 这个区间。高端养老机构最高收费 10000 元/月，最低收费 7050 元/月，平均收费 8758 元/月；中低端养老机构的平均收费为 5187 元/月。而老年人的退休养老金约为 3573 元。通过对比可以发现要想支付养老机构的费用是非常困难的。

另一方面，就社区服务价格而言也是较高的。就家庭服务的照料而言，如老年人具备生活自理能力，每月收费3000～3500元；如老年人没有完全自理能力，每月收费为4000～5000元。就精神文化方面的服务而言，心理咨询价格按小时收费，每小时35元；陪聊读报每小时收费15元；旅游、串亲访友的陪同或者是每日100元，或者是按小时收费，每小时15元。而老年人每月可以接受的养老服务费标准是较低的，绝大多数老年人能够接受1000元以下的服务费用，能够接受3000元以下费用的人仅占9%。由此观之，收费价格过高与老年人对于服务费用的接受度差异非常突出（见图3-4）。

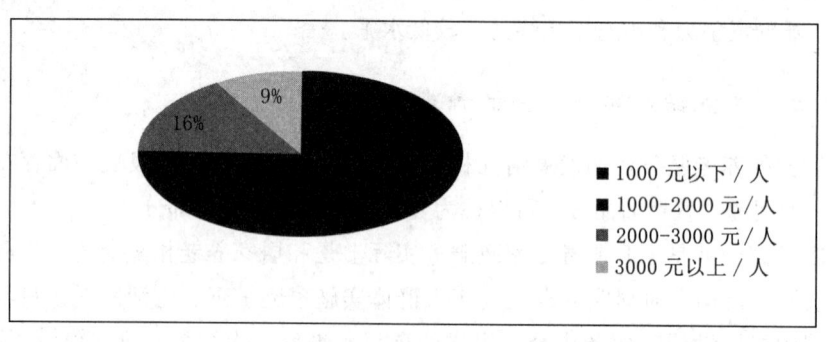

图3-4　老年人对每月交纳专业居家养老服务费用接受度

（四）社会投资不足，供需失衡严重

社会资本投资到养老服务产业当中的重要目的是获取经济效益，不过养老服务产业所需要的资本多，回收周期长，且存在着较高的风险，伴随着物价和工资水平的提高，企业在较短时间内无法获得明显的收益，因而让大量的企业望而却步。受社会投资较少的影响，养老产业在发展过程中存在着明显的供给不足问题，进而产生供需矛盾。

就机构养老总量的供需而言，根据全国老龄办通过数字统计得到的资料，2011年年底，中国养老机构的数量为4.09万个，床位数是351万张。目前中国大于60岁的老年群体，数量超过1.85亿人，如果按照平均值计算的话，每千位老人单床数量还不到19张。即使是根据国家的规划，截至2015年底，每千位老年群体床位数的拥有量仅达到30张，仍然和发达国家的70张有极大的差距。

就居家养老服务内容的供需而言，利用调查访谈的方法了解到的结果是居家养老服务内容单一、缺乏专业性，主要的服务是家政服务，在康复护理、精神支持、社区照顾等领域缺少专业化。

图3-5至图3-7为不同年龄层次的老年人感兴趣的居家养老服务内容。

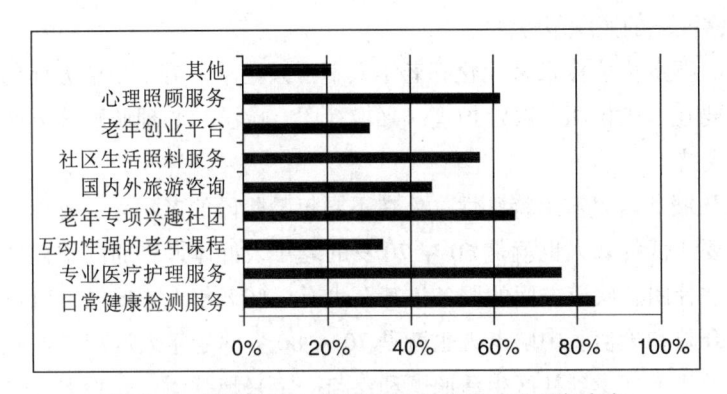

图 3-5　低龄老年人感兴趣的居家养老产业服务内容

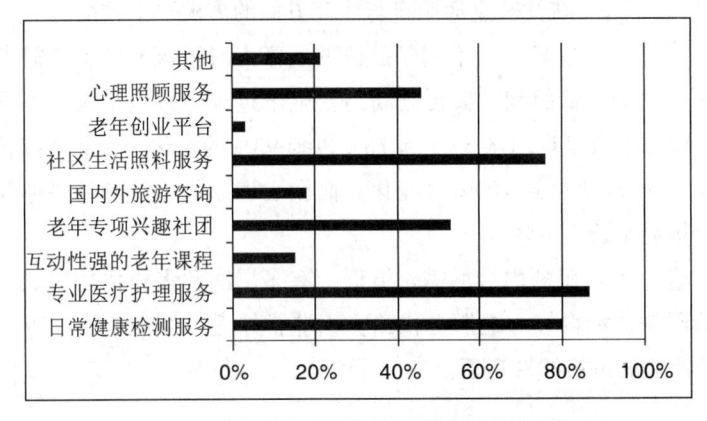

图 3-6　中龄老年人感兴趣的居家养老产业服务内容

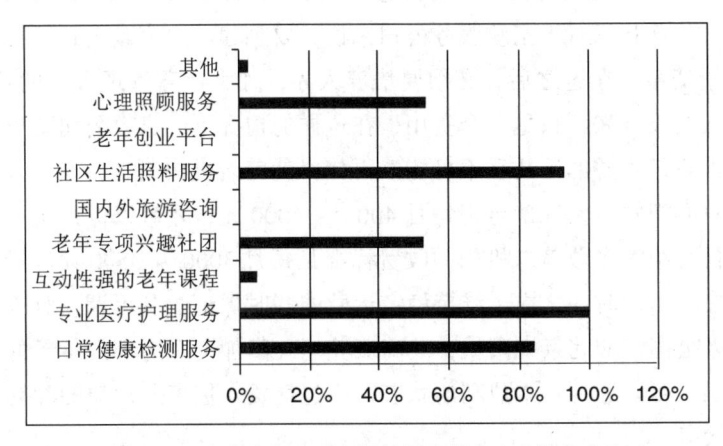

图 3-7　高龄老年人感兴趣的居家养老产业服务内容

通过对图 3-5 至图 3-7 进行总结分析，得到的一个结论就是老年人需要得到层次化和多元化的照顾服务。

第一，服务内容需求多元化。老年人不再只是单一需要生活方面的照顾，更多的是想要在健康检测、医疗护理、兴趣社团、旅游、心理照顾等方面获得多样化的服务支持。

第二，服务内容需求特殊性。处在不同年龄阶段的老年人，有着各自差异化的特殊需要。低龄老人也就是60~70岁的老年人群体，更加渴望得到的是心理照顾、兴趣社团、旅游方面的服务。甚至也有一些老年人想要继续就业，充分发挥自身的余热和价值。中龄老人也就是70~80岁的老年人渴望在拥有基本医疗服务的基础之上享受到社区生活照顾和参与一定兴趣社团。高龄老人也就是年龄大于80岁的老年人，在社区生活照料与医疗方面的需求水平较高。

第三，服务需要差异性。不同年龄段的老年人对于服务内容的需求程度有着很大的差别。比如，低龄到中龄再到高龄在整个过程中，老年人群体渴望得到的社区生活照顾比重会呈现出从57%到76%再到93%的变化；专业医疗护理比重会呈现出从76%到86%再到100%的变化；而在心理照顾以及参与兴趣社团方面的需求会随着年龄增长而下降。

总之，老年人在服务内容的需求方面，有多层次和多样化的特点，由于受到社会投资的限制，如今在养老服务供给方面非常缺乏，供需矛盾严重，进而阻碍了养老服务产业的可持续性运营。

（五）产业效益偏低

大量企业与养老机构在产业效益的获得方面达不到理想水平，有很多还存在着入不敷出的现状。对于家政服务公司来说，要创建一个家政公司需要在前期阶段投入大量资金，在这之后，必须要培养人才，加大运营管理方面的费用支出，而家政公司的收益来源只是中介费用，在这样的情况下，家政公司要想在较短的时间内获得高额收益的话几乎不可能。再如，就养老机构而言，在对入住老人进行收费时只有把收费标准确定为每月4000~6000元，才可以保证机构的正常运营，但是目前绝大多数养老机构的收费标准是每月3000~3500元。所以，养老机构要想在较短的时间之内，维持稳定运营的同时保证盈利可谓是难度巨大。较高级的养老公寓，如北京太阳城，其高级养老公寓加上政府部门给予的一定床位和运营补贴，可以达到基本盈利的状态，不过耗资4亿多元购建的配套设施仍然处在亏损状态。

（六）服务质量较差

服务质量水平较低除了体现在硬件养老设施质量差之外，还体现在服务体系软件质量较低。

首先，就硬件设施而言，养老机构常常会忽视老年人群体在医疗、康复、生活等领域想要获得的安全、舒适与方便，甚至很多公寓没有安装无障碍的硬件设施，也有的机构在管理方面不够严格，不限制人员进出，影响到老年群体的身心安全。

其次，就服务软件而言，一方面，养老服务产业的服务工作人员绝大多数是下岗以及外来人员，他们本身的专业素质能力较差，只是凭借经验做简单护理以及家政服务，不能够为老年人提供心理疏导、精神关怀等方面的支持，甚至有些人职业素质极差，有打骂虐待老人问题的出现；另一方面，提供服务人员的企业，不注重对服务人员进行专门化的教育培训，也缺少对他们的全方位管理与监督，无法为老年群体提供优质的服务，进而降低了整体服务质量。

二、我国养老服务产业发展缓慢的原因分析

在掌握了养老服务产业发展现状之后，要进一步推动养老服务产业的持续性发展，必须对现状出现原因展开分析。从总体上看，原因涉及政府与企业两个方面。

（一）政府方面的原因

1. 优惠政策落实不到位

首先，国家虽提出将养老服务产业发展规划纳入各地国民经济与社会发展当中，但受到各地在人力、物力、财力等资源方面的影响，很多地方仅出台了规划草案或建议书，没有在产业实践当中贯彻实行。其次，在具体实践环节，养老服务产业发展没有专门部门负责管理，因此在对服务产业进行建设的过程中，常常难以落实国家给予的相关优惠政策，同时在资金方面无法获得财政方面的有力支持，还需经历复杂烦琐的审批手续，因而大量的企业或者个人不敢涉足。另外，当前国家为养老服务产业发展设置的优惠政策还处于不足的状态，优惠力度小，难以增强对企业的吸引力。而且在产业建设进程中，现有企业的整体效益较差，会让很多企业在投资方面出现疑虑，进而为整个产业的长远运营带来了阻力。

2. 政府没有完全转变职能

在市场经济环境之下，结合福利多元分权参与观念，政府需要在服务领域适当下放行政权力。不过，就当前情况而言，我国50%以上的养老企业与机构是国办和公办的，政府仍然是养老服务经营主体，并没有过渡到市场化经营上，也没有将国办公办的养老企业与机构推入市场，违背了福利多元理论观念。另外，政府往往会在资金设置、产品与服务开发分配、机构管理等领域给予直接性的干预，强化对企业的主导权，而无法发挥市场在资源配置方面的作用，导致生产效率降低和资源浪费问题，也让企业不能够成为真正意义上的市场主体，不能够适应市场化发展。

（二）企业方面的原因

1. 市场定位不准确

纵观当前的国家产业体系，养老服务是如今潜力极大的一个产业。就目前而言，我国在养老服务业方面还没有构建一个完全成型的市场，企业存在着定位不准的问题，严重影响到了产业的良性发展和有效运行。

一方面，企业在市场定位方面过度瞄准高端。很多企业一味地将养老服务推向高端化，在养老产品服务开发设计与营销方面都把定位放在了高端人群获得奢侈享受方面。比方，上海的养老社区魅力花园就是定位过于高端的一个养老企业，每月收费高达6000～12000元。如此高的收费价格标准会让占绝大多数的普通老年人无法享受到优质养老服务。

另一方面，企业市场定位和养老需求脱离。很多养老企业对当前的养老市场需要把握不清，也没有对其进行深层次的研究，因而在开发设计老年服务和产品时，无法满足市场的需求，不能够生产出针对性强且可以满足老年群体多元需要的个性化产品服务。另外，受到多种资源限制和市场经营机制不完善的影响，养老服务产业给予老人的个性服务与亲情关怀有着极强的局限性，不能够实现全面系统的关心和照顾，也没有考虑到老年人在身心需求方面的特殊性与国外养老服务产业发展相比，我国的养老服务企业存在着服务意识低、服务观念落后、难以满足老年群体高质量服务要求等问题，进而降低了服务质量。

2. 投资体制不健全

从投资的角度进行分析，我国发展养老服务产业过程中的投资以政府财政投资和集体性投资为主，均属于公有制经济投资，而非公有制投资所占比重极低，带来的一个直接影响就是养老服务产业无法完全进入市场经济体制，无法实施完全意义上的市场化经营。另外，在促进养老服务业发展进步的进程当中，养老资金一直是产业能够持续运营的物质基础和前提条件，但受到投资机制不健全的影响，老年人服务需要增加与资金缺乏之间的矛盾日益激烈。因此，如果不对当前的投资体制进行大力改革，就很难吸引多元社会力量投入养老服务业建设，就会加大政府财政负担，最终阻碍产业的长远发展。

3. 企业专业人才短缺

养老服务产业属于新兴产业，学界对服务产业与养老市场的研究，往往停留在表面，没有积极打造专业化的研究平台以及引进与培养专业人才，同时在企业方面也会忽视对研究开发老年服务与产品的专业人才的教育培训。因此，养老服务产业从业人员的文化水平普遍较低，受到过专门培训的人员所占比重低。另外，由于工作强度大、处理难度大、待遇水平低等的影响，绝大部分的养老机构在配备专业人员方面数量很少，无法为老年人提供多元化的服务，同时影响到稳定与高素质管理服务团队的建立。

4. 市场培育重视不够

要让产业得到发展，必须有相对应的市场培育。我国在积极推动养老服务产业发展，也正处于养老服务市场的培育阶段，但是企业常常忽略市场培育这一重要的内容，进而制约了服务产业的高速发展。

一方面，我国在发展养老服务产业方面的时间还很短，尚未构建统一化的行业标准以及健全的市场规范，市场培育不具备优良的环境，因此在产业发展的具体实施当中很多企业往往会出现规章制度不完善、服务操作不科学、评估系统不健全等严重问题。这些问题如果不能够得到及时妥善的解决，就会让企业在市场化经营当中面临更大难题。

另一方面，企业没有对老年人的传统思想进行有效的考虑，忽视了他们在消费观、价值观等诸多领域的特殊性和差异性，不能为老年人设计和提供具备实用价值和安全性的产品与服务。与此同时，企业在产品与服务宣传方面做得还远远不够，缺少对老年群体消费心理与需要的挖掘，不能够用科学恰当的宣传方法让自己的产品在老人群体当中产生影响力。

第四节　我国养老市场发展趋势

一、养老服务社会化体系

养老服务非常复杂，更是满足老年群体养老需求的手段与工具。历经 20 多年的发展之后，传统家庭养老开始向社会化养老方向转移。随着社会化养老服务需要的增加和服务功能的提高，现如今社会化养老服务已经成了家庭养老的补充和重要的养老模式选择。图 3-8 就是一个养老服务的体系架构，涵盖政府和非政府养老福利项目。

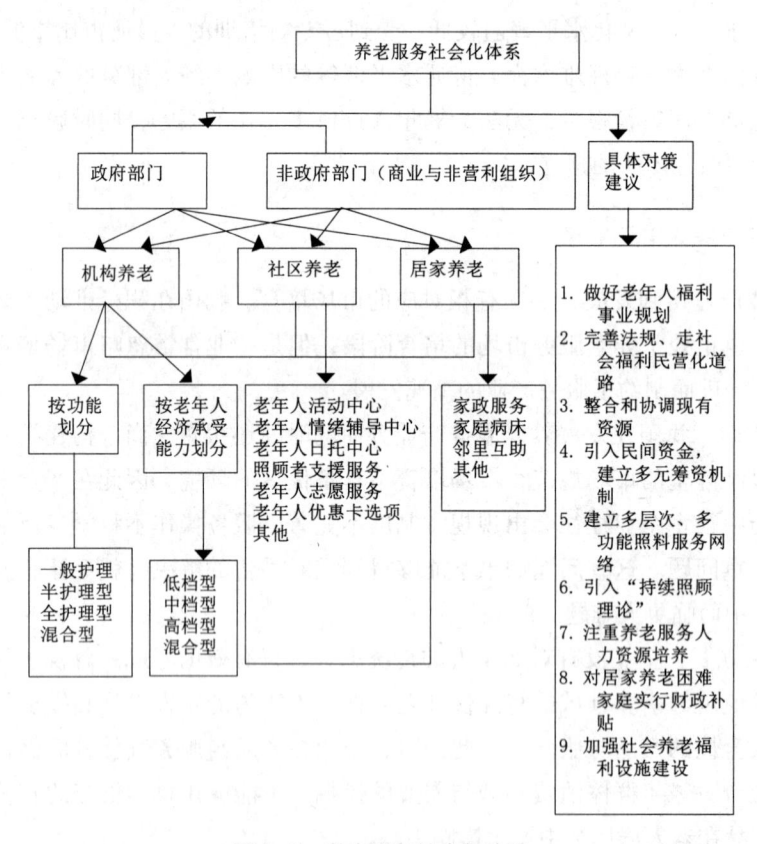

```
                    养老服务社会化体系
         ┌──────────────┼──────────────┐
      政府部门    非政府部门（商业与非营利组织）    具体对策建议
         │              │
    ┌────┼────┐    ┌────┼────┐
  机构养老  社区养老  居家养老
    │        │        │
  按功能   按老年人  老年人活动中心    家政服务
  划分     经济承受  老年人情绪辅导中心  家庭病床
           能力划分  老年人日托中心    邻里互助
                    照顾者支援服务    其他
                    老年人志愿服务
                    老年人优惠卡选项
                    其他
    │        │
  一般护理型  低档型
  半护理型    中档型
  全护理型    高档型
  混合型      混合型
```

具体对策建议：
1. 做好老年人福利事业规划
2. 完善法规、走社会福利民营化道路
3. 整合和协调现有资源
4. 引入民间资金，建立多元筹资机制
5. 建立多层次、多功能照料服务网络
6. 引入"持续照顾理论"
7. 注重养老服务人力资源培养
8. 对居家养老困难家庭实行财政补贴
9. 加强社会养老福利设施建设

图 3-8　养老服务社会化体系

资料来源：张良礼主编《应对人口老龄化——社会化养老服务体系构建及规划》

二、养老服务方式发展的趋势

结合养老服务需求的发展情况,中国的养老服务方式会有以下趋势。

(一)机构养老服务方式快速发展

从全国范围上看,到养老院养老的老年人群体所占比重很少,养老院的总床位数仅占到全国老龄人口的1%,和发达国家的5%~7%相比有极大的差距。从老龄化速度看,我国老年人口增速约为每年3%,这样的速度是十分惊人的,再加上家庭结构、伦理理念等方面导致的家庭养老功能下降,全社会在机构养老的趋势将会进一步增大,从而促进机构养老的快速发展。

(二)居家养老仍将是主要的养老方式

中国有几千年的文化传统,受传统思想的影响,老年群体对家庭与环境的眷恋是非常深刻的,大量老年人选择居家养老。相关调查数据显示,我国95%的老年人表示不愿意居住在养老机构,而这些老年人主要集中在农村地区,除了经济发达地区的老年人能够得到养老金之外,绝大多数地区老年人只能依赖家庭养老。

(三)异地养老兴起

如今中国正向着富裕社会迈进,很多老年人或子女的经济实力、消费能力有了很大程度的提升,这为异地养老提供了必不可少的物质基础。随着社会经济的飞速发展,广大人民群众的需求从生存型开始转为发展型,养老理念发生改变,这为异地养老的实现奠定了思想基础。老龄化速度不断加快,老龄人口规模快速扩大,虽然异地养老属于小众的养老产品,但是极大的老年人口基数为异地养老的兴起和发展提供了人口基础。中国老年人群年龄相对于发达国家来说相对较低,身体素质较好,为异地养老发展奠定了身体基础。目前我国设置的退休年龄较低,有很大一部分老年人想要走出去看看外面的世界,进而产生异地养老的希望。加之政府和全社会的推动,使我国的老龄产业获得较大的发展,为异地养老奠定了现实基础。

值得注意的是,异地养老已经成为我国养老领域的新兴事物,呈现出逐步增长的发展态势。但是并不能够说,异地养老就一定可以迎来极大发展机遇。异地养老的小众性特征非常鲜明,但我国老年人口规模大,小众生活和消费方式给一少部分地区与城市带来发展机遇。目前中国基本国情是产能和资本过剩,在产能过剩的大背景之下,资本逐渐寻找投资机遇,在捕捉到机遇之后会一窝蜂投资,进而出现产能过剩问题并导致恶性循环。

以往异地置业情况的产生是房地产升值产生的财富效应，并没有过多考虑异地养老的情况。假如异地置业财富效应逐步减退甚至是完全消失的时候，异地置业投资热情会大幅削减。从长期看，除了北上广深一线城市以及极少数二线城市的房地产市场可能存在一定机会之外，其他城市的房地产市场会逐步衰退。异地养老项目在我国绝大多数是假借养老名义实施房地产开发。就目前而言，房地产业的财富神话在逐渐破灭，很多房地产开发商开始编造故事，甚至道德绑架，假借众筹名义集资建房或欺骗消费者购房。

（四）社区养老服务方式的地位和作用日益显现

一方面，我国的老年人群体更倾向于居家养老模式；另一方面，家庭结构小型化，以及空巢家庭数量增多，使家庭在养老功能方面逐步削弱，一定会加大对社区养老方式的需要。除此以外，在经济快速发展以及人们生活质量和经济实力逐步提高的背景下，老年人群体对社区养老服务的需求也会逐步提高，并且逐渐细化。

（五）志愿者服务组织化、规范化和系统化

志愿服务标志着社会的文明与进步。在广大的发达地区，志愿者是养老服务领域的重要力量，同时得到了广大老年人的欢迎与喜爱。我国产生真正意义的志愿者服务，是在20世纪80年代。1994年，我国正式建立中国青年志愿者协会，志愿者服务也逐步增多，同时还建立了省市级协会，形成了志愿者服务管理，并达到了组织化的发展程度。但是，在养老服务领域还没有系统与规范化。

（六）服务手段信息化

我国的电子信息产业正在快速进步，信息化时代已经到来，养老服务在信息化服务需求方面也在增多。有效发挥信息技术的优势作用，并在技术支持下构建老人服务网将是我国未来养老服务建设的重要内容和方向。

（七）人性化服务理念突出

在西方发达国家的社区养老建设中，特别关注结合个人要求推行服务设施与项目，结合不同种类的服务选用相对应的工作手段，进而让不同对象的多元化问题得到妥善解决，也让每个人的潜能得到最大化发挥。

三、养老服务方式的创新

在社会进步和经济发展的推动和共同影响之下，广大人民群众的生活质量有了

较大程度的提升，而老年人在生活、精神、心理、医疗护理等方面的需求也在逐步增加。通过对当前我国不同种类的养老服务方式进行分析可知，无法满足老年群体的实际需求。因此，需要从体制、观念、管理方法、服务手段等诸多领域加大创新力度。

（一）服务体制的创新

从整体的层面进行分析，我国大部分养老机构仍然选用计划经济时期的管理体制和经营运作模式，在运营管理方面没有创新与竞争意识，更不存在危机感。旧管理体制与如今的时代发展要求和市场化经济背景相脱离，不适应老年人的多元化需要。面对这样的情况，必须从创新服务体制着手：第一，创新投资体制。政府在投资时应该变直接为间接，积极吸纳和激励社会方面的广泛投资，并有效落实"谁投资、谁管理、谁受益"原则，加快投资优惠政策的制定和实施，吸引个人与企业主动投入到养老服务产业建设中，加大投资力度。第二，理顺管理体制。政府要积极研究和出台系统性产业标准，促进养老产业的规范以及标准化建设，同时必须要秉持政企分开以及养老服务社会化的要求，积极构建与市场经济体制发展相符合的运行机制。利用改革改制等多样化的方法，结合产业化发展方向，有效调动与激发民间与外资资本投入养老服务产业，有效盘活资金，搞活市场，让福利社会化可以真正成为现实。

（二）服务理念的创新

老年群体是特殊社会群体，随着社会经济、物质文化不断发展，加之老年群体特有的身心特征，使老年人对养老服务内容要求更加细致，同时提高了服务标准。从人性化角度出发，为老年群体提供符合他们个性需求的人性化服务。人性化服务强调的是将老年人当作亲人，切实了解老年群体的多元化服务要求，改进服务手段，让老年群体得到良好的人文关怀。养老服务机构需要关注老年群体的个性化需要，结合差异化的需要，提供差别化的服务，优化服务标准，增加服务价值。另外，要让老年群体感受到亲情关怀，为他们提供富有亲情和温馨温暖的社区环境，除了他们的日常生活得到充分照顾之外，还需要得到精神方面的关怀与慰藉，使老年群体的情绪状态更加稳定，实现安心养老。

（三）服务模式的创新

我国养老模式单一化特点十分明显，而且在城市地区，养老机构不外乎就是敬老院、福利院、养老院、老年公寓等几个类型，社区养老服务大多数是老年服务中心、大学俱乐部等类型。当前养老服务模式还在初级发展阶段，在未来发展过程中，必须要对服务功能和类型进行细化，同时要积极开展专业化、标准化和规范化建设，构建覆盖面广、层次多以及形式丰富的养老服务网，让老年群体享受多种服务，实现从基础服务到高层服务的延伸。

（四）服务手段的创新

现代科技发展速度极快，现代信息技术以及通信手段开始在养老服务领域中广泛应用，让老年群体享受到了更加快速高效的服务。今后需要继续加大服务的创新力度，加强现代网络信息技术的应用，有效适应信息化时代的要求。

四、典型的养老模式及案例

（一）养老模式

将养老职能承担者作为划分依据，可以把养老模式划分成家庭、机构和社区养老三个类型，具体见图3-9。

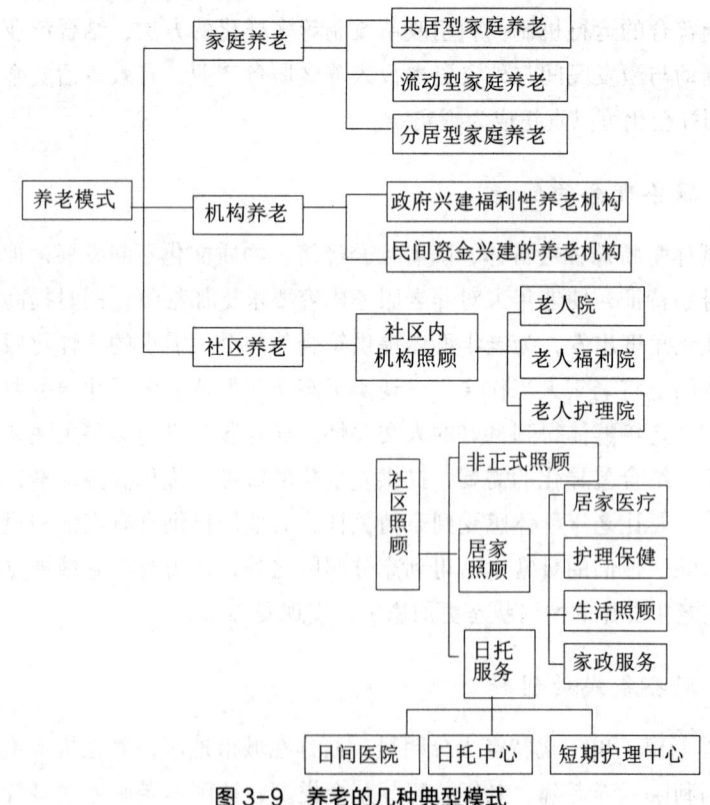

图3-9 养老的几种典型模式

资料来源：仝利民主编《老年社会工作》，有改动

由于养老方式不同，各自拥有的优势和缺陷也有差异。其中，家庭养老的优势是成本低，能够有效实现情感的沟通，而缺点是无法让老年群体得到专业化的服务，同时老年人之间的沟通又很少。另外，会加大子女方面的压力，使家庭成员的责任变得更加沉重。

机构养老能够为老年群体提供专业性强和系统全面的服务与产品，尤其是伴随养老机构服务范围扩大和内容充实程度的增强，能够让老年人在精神方面变得更加富足。老年人之间能够形成大量的共同语言，进行密切的沟通互动，从而让老年人的心理需要得到充分满足。这一模式的缺陷是不具备良好家庭氛围的支持，无法让老年人得到亲情方面的关怀，同时不能够完全满足个性化的需要。因此，选择机构养老的绝大部分是高龄、久病、孤寡老人，而且有很大一部分是不具备完全自理能力的老年人。

社区养老和前面的两个模式相比，能够有效满足老年人群体存在的多元化情感需要，既让他们能够在家中享受亲情，又让他们接触社会，与其他老年人群体建立友情。选择社区养老的老年人，能够生活在熟悉的环境中，继续保持原有生活习惯，与此同时还可以借助社区与家庭资源，降低政府方面的负担，减少资源浪费和不必要的投入。

通过分析可以看出，对于不同身体状况、不同经济状况的老年人会有不同的选择。随着市场化的进程，有很多新的养老模式涌现出来，如乡村度假公寓式的度假养老，一次性付款，淡季自住，旺季出租，享受每年6%的房产投资回报，自己也能短期度假。还有一些地方组织农民住宅改造成"乡村休闲养老"一次性出售30年的使用权，并且通过站点之间的交换，让老年人有了更多的选择。养老不再只是提供简单的生活条件，已然成为一种生活方式。

老年公寓也是一种比较新的养老形式，与敬老院、福利院不同，不是用来接收无经济来源的孤寡老人和低收入家庭送养的老人，而是由社会投资兴办，按企业化经营管理的老年专用住宅，入住的老年人可以根据自己的经济条件和健康状况选择住房等级和服务档次。在发达地区除了老年公寓受到老年人的青睐以外，还出现了互动式异地养老的方式，实现开放式养老，在全国甚至全球养老机构之间相互联动对接。随着物质生活条件不断提高，养老方式不再是单一的模式，需要结合不同的方法满足有较高精神文化追求的老人们的要求。

下面简单介绍几种已知的成功开办养老企业的案例。最后一个项目在有效利用改制过程中剥离的闲置资产的同时，也解决了央企主辅分离过程中的富余人员安置问题和离退休老干部的晚年生活，从组建模式上来讲也是一种创新。

（二）几类不同的养老案例

1. 宁波海曙区社区养老模式

2005年，北京召开了社区服务的交流大会，在大会上，宁波的海曙区评为全国唯一居家养老示范区，有效肯定了海曙区的社会化养老模式。海曙模式将机构和家庭养老进行了整合，在此基础上还加入了专业化服务，让入住海曙的老年人不必饱受离家之苦，能够享受到托老之乐。

居家养老模式在运作中的基本格局是政府扶持、社会广泛参与以及把社区作为依托。政府扶持指的是政府出资购买服务，并将这部分费用纳入到财政年度预算中，与此同时，对面向老年群体建立的社区公共服务设施与活动中心给予补助。政府为大于80岁高龄、独居的困难老人提供购买服务，并构建日托式的居家养老服务中心，设置六大类低价服务项目，让老人得到个性化的服务享受。

海曙区将居家养老的公益项目委托给了第三方敬老协会。敬老协会充分发挥自身的优势作用，最大化地进行社会养老资源的整合，同时担当教育培训养老服务工作人员的责任，利用抽查走访全区老年人的方式及时发现服务中存在的不足。

社区优先在下岗失业的困难人员中推荐和挑选服务人员，提供面向大多数老年人群体的服务设施与项目，同时积极调动与发挥社区老年协会、医疗、养老等机构的积极作用。

居家养老模式在发展过程中还催生了义工银行，只要是到达足够年龄的独居老人都能够领取到义工服务卡，享受大量的免费服务项目，而义工还和这部分老年群体相邻居住，可以有效地实现上门解难。

海曙区还借助81890服务平台设计一键通电话机，并事先把高危老年人的各项资料输入，便于在老人难以表述时尽快救助。

根据测算，构建拥有基本养老保障的养老机构，在床位方面的初期投入最少是5万元一张，而中高档养老机构最少是10万元一张。在日常运作过程中，还需要考虑到多种成本与收费，每月对每张床位，政府要补贴200~500元的资金。政府购买服务只需要为每人每月支付165元，让高龄独居困难老人每日都可以享受优质服务。

另外，在政府的支持和指导下，刺激了社会养老需求的产生，很多老人和子女开始向社区提出申请购买低成本服务，并逐步构建"居家养老、社区服务"的养老互动模式。

2. 养老公寓—老年公寓

运用市场化的运作模式，在筹集建设资金时可以借助金融获得投资支持，在房型以及设施购置方面进行档次划分，以便满足差异化层次的要求，实现营销方法的灵活性以及多元性。比如，出让产权、使用权、实施会员制等。

3. 资产整合中形成的养老机构

2005年，中国诚通集团被国务院的国资委认定是资产经营试点单位，随着央企结构以及布局方面的改革与调整，企业主辅分离速度加快，对辅业资产分离和安置职工等工作的要求逐步提升，特别是要解决420万央企离退休的职工养老问题。运用央企剥离的辅业资产重组改造方法是推动养老服务产业建设，加快产业结构调整的重要根基，同时能够获得良好的经济效益与社会效益。

用央企辅业以及闲置资产推动养老产业发展建设的方法，除了能够对人员安置问题进行合理化解决之外，同时利用离退休人员预留资金与养老资金集中管理，结合市场化与社会化运作，能够有效解决离退休人员在养老方面的诸多问题。新设立养老机构在缓解国企改制、离退休职工管理、养老业发展压力等方面做出的贡献是不可忽视的，同时与国情和社会需求相符。

随着市场经济体制的深入推进以及健全发展，市场机制在各产业中的优势进一步增强，也使各个产业保持了正确的发展方向。在养老市场扩大和创新的过程中，人们的思想观念开始发生改变，国家在有关政策法规方面变得更加明确，市场机制发挥的作用进一步增强，推动了养老市场主体的发展壮大，解决了养老市场供求矛盾的问题，为养老市场注入了活力，更为服务模式创新奠定了良好基础。

（1）就思想认识而言，将老年事业当作具有社会福利与非营利性质的思想观念逐渐弱化，市场化观念在进一步增强。

人们原有的传统居家养老观念发生了极大的改变，而老年人在思想方面也不再过于保守，思想认识超前性增强，想要获得更为优质的养老服务。当前我国老年旅游业的发展局面良好，大量的老龄人群离开居住环境到其他地方旅游度假，从在这一层面分析，异地养老思想根基变得更加坚实。

（2）就政策法规而言，国家只在福利性与非营利养老机构建设方面给予支持的情况逐步产生变化，国家逐步明确了商业化养老方面的法律法规以及相关政策，为开拓市场提供了条件。

伴随老龄化社会的深入，老龄群体的养老需要呈现出多元化的变化特征，国家开始加大对养老问题的关注度，商业化养老成了服务业综合改革的试点，并得到了国家给予的财政专项资金,这表明国家放开了养老产业政策,并激励发展养老产业。

(3)就市场机制而言,今后政府承担培育市场、规划指导、示范引领、投资带动等职责,把市场机制当作主体的商业化养老将成为养老主要形式。政府不再是主导地位,而是积极引导市场参与社会养老,并力求最大化地发挥市场价值。

(4)就市场主体而言,大量的企业改变消极观望的思想态度,积极主动地投入到市场研究调查方面,积极探究与老年群体有关的市场因素。很多具备敏锐嗅觉的企业已经步入商业化养老市场,同时获得了经济与社会效益的双赢。

(5)就供求关系而言,我国养老市场供需矛盾非常显著,仍然存在多个市场领域亟待开发,从整体的角度出发,养老市场还处在初级发展阶段,规模较小,有挖掘前景。

通过上面问题的研究,人们发现养老市场正朝着有助于商业化养老实现的轨道上发展,为商业化养老服务体系的建设创造了良好条件。目前,我国养老服务市场存在供需矛盾激化的问题,老年人的养老需要难以得到充分满足,因此要有专门化的养老服务模式提供多样化和个性化需要,进而拓展养老服务业的领域。

商业化养老服务在国内外与各个区域的市场层面都拥有极大的发展前景,可以吸引老龄消费人群的主动参与,让国家的养老产业真正在商业化发展轨道上越走越好。

就国际市场而言,我国存在大量的旅游特色城市,拥有优美风光、适宜气候和良好服务等优质条件,吸引世界各国游客前来观光。通过2011年的数据分析发现,我国入境旅游游客达到2 711.2万人次,同比增长1.24%,其中大于65岁的游客数量达到166.92万人次,占全部人数的6.16%,人们能够看到国际老年旅游市场形势一片大好。在发达国家商业化养老模式逐步健全的过程中,相关的养老项目会得到越来越多老年消费者的青睐与肯定,而我国的商业化养老发展也一定会受国际市场影响,提高对外国老龄人群的吸引力,进而为国家养老服务产业的商业化建设提供动力。

就国内市场而言,近年来,中国家庭结构的变化非常明显,子女减少,老人负担降低,同时他们也拥有了经济、时间等异地养老条件。中国本身拥有大量的生态旅游城市,旅游业在整个服务业建设中的影响力逐步增强,大量的国内游项目变得非常火热,越来越多的老年人投入到老年旅游中。在福利与居家养老无法让老年人的养老需求得到满足的情况之下,异地养老的模式将会得到市场以及老年人的欢迎。

就区域市场而言,大量的老年人更加渴望得到优质和满意的养老服务支持,这使养老产业得到了极大的发展机遇。商业化养老的服务模式可以让老年人日益增长的多元养老需要得到满足，尤其是利用构建专业一体化的社区养老服务模式能够明显改善和提升养老服务质量，提升其对老年群体的适应性。我国相邻区域在气候、生活、民俗、文化等方面都非常类似，而且我国交通设施建设力度逐步增强，区域周边和区域间的沟通互动变得非常密切和便利，给商业化养老服务体系区域周边的老年人带来便利，提高他们对这一新模式的接受程度，以便更加主动地参与到消费体系中。

第五节　养老新模式——养老产业园区

一、社会结构转型背景下新型产业园区的呼吁

在新时代的背景下，养老产业园区迎来了新的发展机遇。

新型社会形态将城市群作为主体形态，核心城市需要将一些产业向郊区迁移，并大力发展辐射能力更强的现代服务业，从而提升城市能级并带动整个城市群发展，制造业向郊区迁移的过程必然伴随产业新城的开发，这为产业新城开发留下了空间。

新时代背景将进一步带动特色养老产业园区的开发。新型城镇化强调结合资源环境承载力进行合理化布局，把城市群当作重要的依托条件，推动大中小城市与城镇的分工互补与协同进步。城市群协同建设与发展的过程即是资源重新梳理配置的过程：一方面，大城市要通过城市功能外拓、产业下沉等方式，将过于集中的资源向外疏散；另一方面，小城镇要根据自身的特色对相关资源加以整合承接。建设具有特色的养老产业园区，这也是对接区域资源、融入区域经济的重要途径。

面对新的机遇，过去那种土地过度浪费、资金融投无度、污染肆意排放的产业园区发展模式已不适用，园区开发不再是单纯的土地经营的游戏，产业园区不再是孤立的企业聚集空间，而是要实现经济、社会、城市、产业、企业、人的有机协调的新型产业园区。

一个良好的产业园区应该具备个性鲜明、产业高效、人文关怀、绿色生态四大特性，并做到时空观、竞争观、系统观与进化观的统一。

从养老园区定位的角度看，良好的养老产业园区应具备个性鲜明的特点。养老园区开发不能千篇一律、不能盲目跟风，而应根据养老园区的资源禀赋、市场

需求、周边竞争等因素，从园区概念、园区功能、园区产业、园区业态等方面塑造鲜明的个性，在融入区域经济的同时，打造养老园区的专属标签。

良好的养老产业园区应具备人文关怀的特点。新背景下的产业园区应是产、城、人的有机结合，应全方位体现人们的生活理念与生活方式，产城一体、产城融合是园区的必然选择。养老园区在做好产业服务的同时，更应做好人才的聚集与服务，通过构建人力资源挖掘、招引、评价、培育和管理机制，从政策、生活、学习、创业等角度打造全时段的人力资源服务体系，让养老园区充满人文关怀。

从持续发展的角度看，良好的养老产业园区应具备绿色生态的特点。高投入、高消耗、高污染不是园区固有现象，降低污染、绿色生态才是养老园区有效进行产业组织的最终要求。在新时代背景下，养老产业园区应通过构建产业生态循环体系，营造整体生态环境等手段实现绿色、生态、循环生产并给居民青山绿水的环境。

在各地方政府大力发展园区经济的同时，各大房地产商、商业地产商、电商以及大型产业商均开始涉足产业地产领域，如果仍以土地经营、物业租售等方法开发养老园区，那么产业将丧失活力。未来的养老园区开发不能盲目跟风、墨守成规，而应保持理性、寻求创新。结合未来养老园区建设发展的趋势，科学开发养老园区，必须要具备产业思维、互联网思维和金融思维，并实现彼此兼顾。

当前，不具备科学产业规划以及没有建立规范化准入机制的养老园区数量极多，假借发展养老产业开发房地产的开发商数量也很多。随着养老园区竞争愈加激烈、客户需求愈加丰富、政府监管愈加严厉，能否将产业做实将是关系养老园区成败的重要分水岭，养老园区开发的产业思维至关重要。

首先，产业思维要求养老园区开发者将产业发展而非地产经营放在养老园区开发的首要位置，开发者要始终保持将养老产业做大做实的心态，认真、科学地制定养老园区的产业发展规划，并按照养老产业发展规划制订园区招商策略。

其次，产业思维要求养老园区开发者具备一定的产业服务能力，在产业分工越来越细化的时代，围绕养老产业的上下游产业链及企业的生命周期能够衍生出大量养老生产性服务需求。产业服务既是养老产业园区重要的盈利点，也是体现养老园区吸引力的重要标志。

金融思维也是园区开发商应具备的战略思维，概括而言，金融思维包括融资、聚资、投资三个层面。

在融资层面，目前我国政府层面的养老园区开发融资以银行贷款、企业债券、信托融资和BT为主，市场层面的养老园区开发以银行贷款和信托融资为主。十八届三中全会特别指出，允许社会资本借助特许经营等方法，投入到城市设施投资和营运过程中，财政部门也特别提出要切实开展公共私营合作，即PPP。现今国家发展改革委已推出第一批80个PPP项目，PPP将成为未来园区开发融资的重要渠道。另外，为提高地方债务的透明度，市政债券也将成为未来主流的融资渠道。未来政府层面的园区开发融资将形成银行贷款、债券融资和PPP相结合的新格局。市场层面的养老园区开发融资将更多地向REITs方向尝试，以降低融资成本。

在聚资层面，资金是保障养老园区企业尤其是中小微企业正常运行的重要因素，而中小微企业融资难是全国性的问题。养老产业园区应通过出台政策、信用担保、引导资金、设立专项资金、上市服务等措施，打造融资基础环境，构筑融资服务平台，争取各种资金进入园区，构建养老园区产业发展的资金蓄水池，帮助养老园区中相关企业低成本、高效率融资。

在投资层面，养老园区开发商可发挥熟悉入驻企业的优势，运用投资基金或物业入股等方法，培育成长型企业，等企业被并购或上市之后，运用风险企业成长红利的方法促进资本升值，形成既当"房东"又当"股东"的模式。

目前，互联网风暴正在对几乎所有行业进行变革，养老产业园区也不可避免，新形势下的养老园区开发必须具备互联网思维。作为综合服务载体，养老产业园区在互联网时代大有可为，"云平台""云计算""云服务"以及"异地养老园区"这些概念已成为圭臬。然而，互联网思维不仅是喊出的绚丽口号，也不仅是养老园区配备的各种高端的互联网设备，更应贯穿于园区的定位、招商、运营等各个阶段。养老产业园区虽然发展的是宜养产业，但是随着老龄化不断加深，任何一个时代的年轻人都会变成老人，因此养老产业必须紧跟时代步伐，不仅是居住，更要健康积极地生活，养老产业园区是时代发展、城市扩张的产物，只有融合时代因素才能应对社会变革。

二、养老产业园区的内涵与分类

（一）养老产业园区的内涵

1. 产业园区的内涵

产业园区概念来自国外，我国常将其翻译成"工业园区"。在东滩顾问看来，译作"产业园区"比"工业园区"更加贴切。首先，产业园区的涵盖领域更广；其次，产业园区概念更凸显和强调某产业集聚，而非单一地理意义上的集中概念。

就产业园区概念而言，业界给出的说法没有统一。联合国环境规划署的产业园区概念是：在大片土地上聚集若干企业的区域，其特征主要有：土地面积大，聚集多个设施、企业、建筑物等，对建筑物类型有限制，吸引和园区定位一致的企业进入，具备政策和规划，统一提供必要管理条件。我国大多数学者的看法是：产业园区是一国或地区政府考虑所处区域经济发展要求和阶段的特征，权衡多个调控手段，聚集不同生产要素，使其能够科学合理地整合在特定空间范围中，将其建设成功能优化、结构合理和特色突出的产业聚集区。

作为长时间致力于产业园区开发策划的政府咨询机构，东滩顾问对产业园区概念的认识比较简洁，也便于理解，即政府利用行政或市场手段，画出地理范围，确定长短期发展政策与规划，建立健全有助于企业投资发展的软硬环境，以吸引资金、技术和人才，使之成为企业大量聚集、产业集群化发展的有效载体和平台，最终促进区域经济快速发展。

2.养老产业园区的内涵

柯森夏提出把养老产业和度假进行整合的理念，进而构建养老度假产业园，探究养老产业建设的创新形式。例如，构建以养老医疗养护为主的颐养区；以商业休闲为主的颐乐区；以生产居住度假为主的产业片区等。明琦翔提出把现代农业和养老产业整合，把观光农业融入养老产业，让老年人可以种植水果蔬菜、花卉等，打造休闲观光和养生养老园区。

3.异地养老产业园的内涵

养老产业园是融合了服务业和制造业的综合性产业园。笔者认为，异地养老产业园是依托异地养老行业专家、人才、资金等多种资源开展一系列异地养老产品与服务生产销售行为，有效利用高科技手段，推动园区生产管理与服务运营，有效提升老年群体生活与生命质量的创新研发基地。

（二）异地养老产业园区规划

目前专门就异地养老产业园区规划建设的内容极少，而国内外大量学者在高科技产业园规划设计方面是拥有良好基础的，因此能够为异地养老产业园区发展提供一定的启发借鉴。

20世纪80年代，国外学者Annalee Saxenian从不同领域研究高科技产业园，同时还对硅谷以及美国128个区域产业带的优势展开对照研究，进一步强化了各个国家对于美国硅谷的认知。美国加州大学Castells和伦敦大学Hall研究了国家的高新技术城、科学城等，分析了形态、区位、规划、运行机制等多个领域，同时展开了实证论述，为其他高科技园区发展建设提供了经验借鉴以及良好参考。

我国北京大学的王缉慈和魏兴镇在融合了经济、地理等相关理论的基础上编著了《新的产业空间——高技术产业开发区的发展与布局》，书中结合国内外的大量案例特别对高新技术产业与产业区布局情况进行了论述分析；黄光宇站在生态规划层面分析了高科技产业园规划应用方面的内容；贾中华总结了科技园规划的特性、内容、可行性、功能、景观规划等内容，同时整合媒体产业园规划实践并提出了个人见解。徐俊辉从规划的结构、功能、空间、环境、建筑等领域着手，开展了多角度规划研究。

第四章 建立环京津养老产业园区集群的价值研究

第一节 养老产业园区的价值探究

复旦大学陆铭对中国区域与城乡发展的研究成果之一是"放弃集聚与规模就是放弃发展",集聚对经济发展的意义可见一斑,养老产业集聚对于产业发展的意义同样如此。作为养老产业集聚的空间载体,养老产业园区规划、建设、发展的理论基础就是人才、资金、技术、信息、政策等资源的集聚,也正是基于养老产业集聚,养老产业园区对使用者、开发商以及园区所在地才具有现实的价值。通过研究可知,养老园区对使用者的价值主要体现在成本效应方面,对于投资者的价值主要体现在投资回报方面,而对于所在地的价值则主要体现在社会意义方面。

一、经济价值

(一)对使用者的价值——具有成本效应的园区

在《2009年世界银行发展报告》中,著名经济学家印德尔米特·吉尔从空间经济学的角度对集聚效应进行了剖析,他认为集聚效应可以从分享效应、匹配效应和学习效应三个方面进行解读。养老产业园区的集聚效应与之类似,对于园区的使用者,产业园区集聚效应的价值主要体现在降低成本,即降低交易成本、降低生产成本、降低研发成本。

1. 降低交易成本

信息不对称会给交易双方带来巨大交易成本,如交易前的信息搜集成本、甄别成本(市场调研、实地考察等)、交易中的磋商谈判成本、交易后的道德风险成本（拖延、逃避货款等）以及为规避交易风险而发生的中介成本（第三方担保、专业机构鉴定等）。产业园区将同类型的企业或处在产业链上相关的企业聚集，可以有效地降低交易成本，具体表现在以下几个方面。

首先，养老产业园区内部企业之间交易可以有效降低交易成本。处于同一养老产业园区的企业，由于地理位置邻近，可以面对面地交流，从而增进了了解和信任，缩小了信息不对称程度，可大幅度降低交易成本，包括信息搜集和甄别成本、企业谈判成本、合同执行成本、企业间要素交易成本及中介成本等。例如，美国硅谷地区之所以能够快速发展，很重要的一个原因就是其产业集聚区内企业、科研机构、人才以及其他中介组织和机构之间建立了基于共同价值理念和文化传统的社会网络，这样就大大降低了企业的交易成本，提高了交易效率，增加了企业的利润。

其次，养老产业园区之间的企业交易可以有效降低交易成本。如果养老园区将各自的企业信息进行搜集分析并在园区之间共享，同时养老园区之间达成战略合作协议并从园区的层面对企业的交易进行担保，这样可以使异地园区一体化，从各个方面降低交易成本。

最后，养老产业园区的企业可以共享市场网络从而降低交易成本。对于后入园企业可以通过分享已有企业的市场网络，尤其是原材料采购网络、生产性服务网络，以降低交易成本；不同的养老企业之间通过共享市场网络寻找最佳的产品与服务供应商，从而达到降低交易成本的效果。另外，相对于单个养老企业，一个园区的企业整体参与市场竞争时，更容易打破市场壁垒而进入目标市场，这也是降低交易成本的重要体现。

2. 降低生产成本

降低企业的生产成本是养老产业园区外部性最为重要的体现。具体来看，养老产业园区可以从固定成本、运输成本、采购成本、劳动力成本、学习成本五个方面降低生产成本。

第一，固定成本。养老园区内企业可以通过共享市政道路、污水处理、排污、热电、天然气、电信等公共基础设施以及公共餐厅、职工公寓、公共会议室、公共实验室、公共技术服务平台、人力资源服务平台等公共服务平台降低固定成本投入，从而达到降低生产成本的目的。

第二，运输成本。多数养老产业园区的选址都能发挥其资源禀赋，如靠近资源所在地、靠近目标市场、靠近港口等，企业在园区集聚有利于降低运输成本。另外，养老园区多数企业在产业链上具有一定的联系，许多产品和服务的交易在养老园区内进行，地理空间的邻近性降低了园内企业的运输成本。

第三，采购成本。大量企业在养老园区聚集，形成了很大的规模，同时对相关生产资料产生巨大需求，这种规模经济效应足以保证园内企业获得高品质、低成本的生产资料。养老产业集聚也会提高养老园区的专业化密度，从而促进生产性服务业的本地化发展，这样可以降低园内企业的服务成本。

第四，劳动力成本。养老产业园区内大量的就业机会吸引了大批就业者进入，减少了区内企业搜寻和招聘员工的成本；养老产业园区员工在集聚区内部企业和机构之间的自由流动，缩短了员工掌握不同技能的时间，大大降低了企业在劳动力培训上所支出的成本。

第五，学习成本。养老产业园区集聚了大量要素，无意中营造了学习环境，产生了学习效应和溢出效应，园内企业通过在技术、管理、服务等方面相互学习，彼此分享，可以有效降低学习成本，提高生产效率。

3. 降低研发成本

养老产业园区可以通过强化竞争激发企业的创新动力，也可以通过聚集创新要素、引导创新合作、集成创新服务等方式降低研发成本，养老产业园区已是科技创新的重要载体。

首先，聚集创新要素以降低研发成本。养老产业园区（以高新技术园区最为典型）可以聚集高新技术企业、科研机构、高新技术人才、风险资金、产业政策等创新要素，并通过各类要素的高效匹配降低研发成本。例如，企业与人力资本的集聚一方面可以使企业迅速招聘到自己所需要的人才，另一方面也能更有效地发挥人才的创新才能；再如，风险投资是企业研发过程中重要的资金来源，产业集聚能降低风险投资的搜寻成本和投资风险，养老产业园区通过成立引导基金的形式促进风险资金集聚，从而降低企业的研发成本。

其次，引导创新合作以降低研发成本。养老产业园区企业可以用契约分工的方式合作创新，使单一企业的创新聚焦到产业链的某一环节，这样可以分散创新风险，减少创新阻力，加快创新速度。养老产业园区企业还可以用非契约的接触交流方式合作创新，如同公司员工之间喝茶、聊天、座谈等，交流会引起思想的碰撞，而思想的碰撞不经意间便会播下创新的种子，非正式的接触交流几乎无须额外的成本投入，这无疑降低了研发成本。

最后，集成创新服务以降低研发成本。养老产业园区可以打造公共技术平台、公共环境平台以及金融、信息等公共服务平台，从生活、生产、生态等方面集成各类创新服务。例如，金融服务平台为技术创新活动提供资金支持和分担技术创新的风险，中介组织和机构为技术创新活动提供管理咨询、科技信息和市场需求等服务，这些服务都可以降低研发成本，增加创新的发生率，提高创新的成功率。

（二）对开发商的价值——具有投资回报的养老产业园区

运作产业园区如同运作企业，投资回报是开发商最直接、最根本的驱动力。通过大量的调研访谈，总结出四种开发商获取投资回报的模式，即销售产品、出租物业、提供服务以及资本运作。对于大多数开发商而言，都采用这四种模式的组合。

1. 销售产品

土地一级开发商通过土地征用、拆迁安置、土地平整、基础设施建设等一系列措施将"生地"做成"熟地"后，采用"协议"或"招拍挂"的方式出让土地使用权以获取经济回报，目前土地出让收入是产业园区平衡资金的重要方式。以苏州某国家级开发区为例，2012年工业用地出让价格为287.99元/平方米，服务外包用地为899.99元/平方米，商业用地为2 999.99元/平方米，其每年仅土地出让收入就可达数亿元。对于土地二级开发商通过销售可独立分割产权的标准厂房、总部大楼、研发综合体、配套商铺住宅的方式迅速回笼资金，如2011年张江高科物业销售收入达10.7亿元，物业销售毛利率高达61%。由于产业园区开发前期投资较大，回收期较长，开发商一般都会将部分的地产和房产进行销售，迅速回笼资金以进行滚动式开发。

2. 出租物业

设置合理的租售比，平衡长短期收益对开发产业地产具有重要的战略意义。与住宅地产不同，产业地产具有收益持续的特点，开发商可以通过持有并经营部分物业的方式赚取租金，并在未来物业升值之后取得收益。例如，吴江经济技术开发区自建庞金工业坊，采用只租不售的方式为中小企业提供办公场所，2012年月租金为10元/平方米，在获得租金收入的同时很好地服务了中小企业。另外，在上海等产业地产不可分割独立产权的地区，通过出租物业获取收益成为开发商主要的收入来源，如位于杨浦区的创智天地高科技园区就采取了这种方式。

3. 提供服务

养老产业园区的重点在于产业而非地产，其核心是解决如何为实体经济服务的问题。随着专业分工越来越细化，企业对人力资源、金融投资、科技信息等专业化、增值型服务的需求越来越多，基础性的物业服务已经不能满足企业的需求。提供配套的产业服务在提高园区招商能力的同时，也蕴藏着巨大的利润空间，甚至已有产业地产商开始向园区服务运营商转型。例如，天安数码城提出"城市产业综合体"的概念，通过提供人才、资本、技术、信息、市场、商务、政策等增值性服务，建立产业配套服务体系，打造以企业为核心的产业生态环境；再如，联东U谷通过集成人力资源、金融咨询、商务采购、广告设计等增值性服务，助推实体经济发展。

4. 资本运作

养老产业园区开发商还可以用资本运作方式实现盈利。一方面，开发商尤其是科技园区开发商，发挥熟悉入驻企业的优势，采用产业投资基金或物业入股的方式对成长型企业进行孵化、培育，待孵化企业被并购或上市后，通过分享企业成长的红利获得资本增值，形成既当"房东"又当"股东"的模式，张江高科、南京高科是这一类园区的典型代表，2011年分别实现投资收益1.84亿元和3.7亿元；另一方面，开发商通过物业资本化的方式实现资金回流，如将部分物业的股权打包出售或将物业打包成REITs（房地产投资信托基金）上市。

二、政治与社会价值

在区域经济发展中，养老产业园区因聚集了大量企业，可以发挥区域增长极的作用，同时养老产业园区在促进社会进步、增强环境保护方面发挥着不容忽视的作用。区域经济的可持续发展，离不开产业园区的支撑。

（一）拉动经济增长

拉动经济增长是产业园区最为现实的价值，也是养老产业园区最为根本的原因。一方面，产业园区可以吸引投资、聚集产业，直接实现产出、增加GDP并创造税收收入，从而直接拉动所在地经济增长；另一方面，产业园区可以通过消费效应、溢出效应等间接方式拉动所在地经济增长。首先，大量企业与员工在产业园区集聚会带动养老园区及周边地区餐饮、娱乐、酒店住宿、医疗教育、金融、房地产等服务业发展；其次，养老园区内企业通过管理、技术外溢可以带动周边地区企业发展；再次，养老园区先期将产业导入，为后续的产业升级打下基础并预留了空间；最后，养老产业园区还具备城镇化价值，是新型城镇化的理想场所，这为区域经济可持续发展注入了持续动力。

（二）促进社会进步

经济增长与社会进步在短期内可以兼顾，在长期内又是统一的。在集聚中发展壮大的养老产业园区成为二者兼顾与统一的理想方式。

首先，养老产业园区促进社会和谐。养老产业园区的正常运转需要数量庞大的人才及劳动力资源，直接缓解园区所在地的就业压力，提高就业率，从而促进了社会和谐。另外，产业园区对于人才及劳动力的需求是多层次、多样化的，养老园区内员工可以通过教育、培训等方式不断提高劳动技能和人力资本水平以增加自身的收入，进一步促进了社会和谐。

其次，养老产业园区可以弘扬优秀文化。作为新兴产业园区形态——创意文化产业园，已经成为推动全国文化建设，带动全国文化产业发展，丰富中华文化内涵的重要载体，如北京中国（怀柔）影视基地、北京高碑店传统民俗文化产业园区、曲阜文化产业园、景德镇陶瓷文化博览区等。另外，养老园内企业为回馈社会，树立良好企业形象，也会在所在地分享企业文化，为社会传递正能量。例如，2012年，苏州工业园区市政公用发展集团有限公司发起"绿色书架"公益项目代替公司的十周年庆典，该公司旨在推出以"可持续环保"为理念的"绿色阅读、绿色书架"的公益活动，首批捐赠5 000册环保图书和20套书架给20家学校和社区。

最后，养老产业园区可以塑造产业文明。养老产业园区既是"试验田"，也是示范区。养老产业园区及其企业在积极探索、勇于创新和成功实践的基础上形成的创新成果、取得的发展成就会引起其他园区及企业的关注、学习和模仿。在此条件下，一些先进理念、价值观念等产业文明要素会获得外部认同，并通过示范效应和引导作用，产生难以估量的积极影响。此外，取得成功发展的养老产业园区还具有品牌价值，能够作为所在城市的名片向外推介和推广，进一步夯实园区的产业文明，如海尔工业园、大众汽车园就是塑造产业文明的成功典范。

三、生态价值

无论什么性质的园区，无论在怎样的环境中开发建设，都要与自然和环境发生密切的关系，这就必然逃不掉"生态"这一命题。生态性理念，不能仅是绿化和环保，还要有循环经济模式、生态技术支撑、生态载体规划，才能真正实现园区的可持续发展。园区的生态性理念可从循环经济构建、绿色空间布局、生态技术应用三个方面把握。

（一）循环经济构建

养老园区概念规划应充分应用循环经济理念，循环经济倡导的是与地球和谐的经济发展模式，它可以解决经济与环境不可兼得的矛盾。循环经济园区主要考虑园区内部的各个企业以及园区内、外企业之间能否构建循环经济，在功能项目布局上推进循环型生产方式，或者安排集中的静脉产业园区，促进清洁生产、源头减量，实现能源、水资源、原材料、废弃物等循环利用。

（二）绿色空间布局

生态性理念要求在养老园区规划用地布局方面，确立"绿色空间优先"的思维，将养老园区范围内的绿地、山林、水系、隔离绿化带等统筹兼顾，有针对性地作为保护生态环境的措施，纳入城市绿地结构网络中，为养老园区绿地系统的规划与建设打好基础。

绿色空间布局要在尊重自然形态和交通便利之间寻求平衡。公共绿地、公园应尽量靠近人群，创造在日常生活中就可以接触绿色开放空间的环境。鼓励空中绿化、垂直绿化、树阵绿化、自然绿化，利用绿色屋顶、绿色幕墙、空中花园等多样化绿色方式，提高园区的绿色覆盖率，同时提升景观系统的生态性、丰富性。

（三）生态技术应用

包括能源中心冰蓄冷技术、地热能利用技术、新排风全热回收技术、雨水收集技术、外墙保温、Low-E幕墙、LED节能灯具、太阳能路灯等在内的很多低碳技术在我国的发展已经相对比较成熟，园区概念规划可根据各自的发展情况积极引导，做出选择和使用。

生态性理念是养老园区概念规划永远的主题，尊重、注重保护和利用园区原有的自然景观资源，创造一个人工环境与自然环境和谐共存、相互补充的、可持续发展的生态环境是最根本的原则。

第二节 养老产业园区的使命

养老产业园区的责任与使命和园区发展阶段直接相关，从时间的维度看，养老产业园区的发展一般要经过以产出为导向的初级阶段、以产业为导向的中级阶段和以产品为导向的高级阶段（见图4-1）。

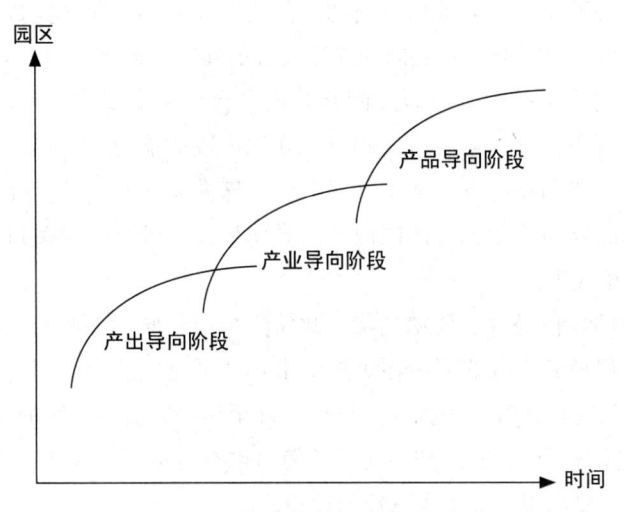

图4-1 时间维度下的养老产业园区

产出导向阶段是园区发展的初级阶段，以政府推动为主，以招商引资为第一要务。为了吸引更多投资项目，养老产业园区纷纷通过廉价的土地、劳动力以及优惠的政策吸引资金、技术、人才等要素集聚。园区承接国际产业梯次转移的特征十分明显，大部分项目以低附加值的劳动密集型加工制造业为主，同时许多园区缺少必要的项目准入机制，导致园区产业秩序混乱，项目之间缺乏有机联系，园区要素配置效率低下，难以打造完整的产业链，形成"有企业没产业"的困局，有的引资项目甚至存在严重的环境隐患。我国绝大部分园区都经历了产出导向阶段，目前，多数省级、市县级养老产业园区仍处于这一阶段。

产业导向阶段是园区发展的中级阶段，以政府和企业联合推动为主，以打造完整的产业链或产业模块为主要目的，强调企业之间的产业关联性。在园区内，提供原材料、产品部件的上游企业，彼此竞争互相合作的同类企业，代理、批发下游企业以及提供金融、咨询等生产性服务的配套企业，形成了专业、特色鲜明的完整产业链。此时，园区已经完成从成本竞争向效率竞争，从规模化发展向专业化发展的转变，但园区的工作重点仍以吸引产业转移为主，尤其是高端制造业的产业转移。研发主要依靠外部资源，缺乏产品研发能力，形成"有产业无产品"的格局。产业导向阶段符合养老产业园区的真正含义，应是全部养老产业园区的发展目标，目前我国大部分国家级开发区、高新区都处于产业导向阶段，如吴江经济技术开发区形成了以电子信息、装备制造、现代物流为主导的产业格局。

产品导向阶段是园区发展的高级阶段，以企业推动为主、政府推动为辅，以自主创新为主要驱动力，以发展创新经济为主导经济形态，以营造浓厚的创新、创业氛围为核心理念，以创造出全新的产品为主要目的。园区完成了由效率竞争向创新能力竞争、由专业化发展向功能化发展的转变，园区通过打造科技孵化器、公共实验室、创投服务中心等研发配套功能平台，聚集高素质人才及创新主体，高效配置创新资源，形成自主研发和自主知识产权的能力，将创新构想不断转化为新产品、新工艺和新服务。由于创新需要特殊的人才及资源，并不是每个园区都能发展到产品导向阶段，目前国内产品导向型园区较少，中关村、张江高科是这类园区的典型代表。

由于园区的区位条件、资源禀赋、政策支持等不同，因此园区跨越三大阶段所需的时间大相径庭，有的园区在短短十来年即可完成从初级到高级的飞跃，有的园区却始终只能在初级阶段挣扎、徘徊，甚至早早夭折。园区的发展阶段不同，园区的特点与优势不同，其承担的责任与使命也有所不同，因此，从时间维度看，养老产业园区需要承担以下三大责任与使命。

一、实现产出，带动经济增长

我国进入了新型城镇化的全局统筹规划阶段，由此引起的产业转移和产业下沉势必会催生大量新园区建设。对于新建园区或尚未完成"初次创业"的园区，此类园区产业基础较差、投资成本较低，其当前的使命即是导入企业，那些处于产业链较为低端的企业甚至可以以迅速实现产出，尽快推动园区正常运转，带动经济增长为使命。需要强调的是即使以实现产出为使命，并不意味着产业的无序导入，更不意味着以牺牲环境为代价。园区要充分发挥自身优势，明确产业导入门类，设立产业准入机制，科学制订园区的战略规划及产业发展规划，明确产业发展路径，合理规划园区空间布局，并在土地等方面为未来的产业升级预留弹性空间。

二、培育产业，促进产业升级

产业秩序混乱，主导产业特色不明显既不利于形成园区的整体竞争力，也不利于生产性服务业的本地化发展，更会抑制产业升级。对于已经完成"初次创业"但产业特色不鲜明或产业层次较低的养老产业园区，培育特色产业，打造完整的链条式及模块化产业集群，促进产业升级即是当前使命。一方面，要根据自身要素禀赋、大型项目情况及战略性新兴产业发展规划，科学定位主导产业门类，并设置合理的机制逐渐将与主导产业无关的企业向其他地区转移；另一方面，园区积极围绕主导产业建设各类公共服务平台，打造良好的软硬件环境，并针对主导产业链的各个环节，有针对性地将处于产业链高端环节的企业吸引至园区。

三、研制产品，引导自主创新

对于主导产业明确，产业层次较高，且人才、资金等创新要素较为充裕，尤其是设立在智力资源密集、大学和科研机构集中区域的养老产业园区，充分发挥科技资源丰富的优势，研制新产品，引导自主创新，推动产业层次从"制造"向"智造"转变，成为此类园区责无旁贷的历史使命。园区要围绕创新产品打造创新加速器，以提高产品的创新速度及成功率。以生物医药科技园区为例，"研发环节、研发产品、研发主体"聚焦是园区创新的第一道加速器；"技术平台先进、环境品质优越、功能服务完善"的公共平台体系是园区创新的第二道加速器；专业有效的招商推广能力、坚实广泛的资金募集能力是园区创新的第三及第四道加速器等。

第三节 服务业逐渐主导经济发展

一、新时代的经济结构变革

按照配第-克拉克定理：国家的经济重心和劳动力将从农业转移至工业，再转移至服务业。近年来，世界经济发展历程证实了这一规律的准确性，世界银行的数据显示：全球服务业增加值占GDP的比重从1978年的55.94%上升至2010年的70.67%，服务业在过去30多年里保持了持续增长的态势。

如图4-2所示，近年来，我国服务业增加值占GDP的比重变化并不明显，仅从2002年的41.5%增至2011年的42.4%；在服务业就业比重方面，从2002年的28.6%增至35.7%，而第二产业就业比重也从2002年的21.4%增至29.5%，这表明过去的10年我国一直处于工业化进程中；从横向国际比较分析，2011年我国人均GDP超过5 000美元，进入中等收入国家行列，2011年中等偏上收入国家服务业的两项指标分别均在60%左右，这表明我国服务业发展受到抑制，且在服务业内部发展的是附加值较低的低端服务业，城市化进程相对缓慢、国际开放程度相对不足、产业结构层次相对较低可能是造成上述问题的重要原因。

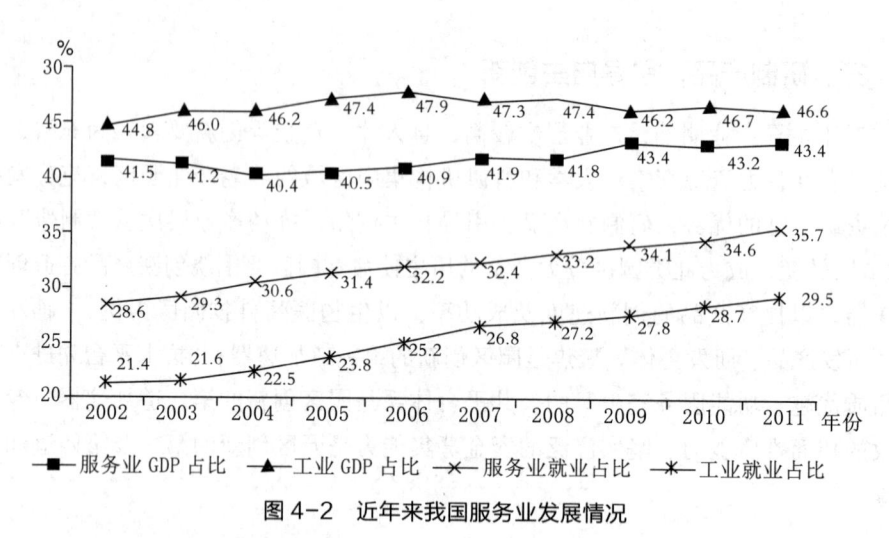

图 4-2 近年来我国服务业发展情况

资料来源：东滩顾问摘自《国家统计年鉴》

目前，我国的工业化率接近 40%，进入工业化缓慢增长期或工业化后期阶段，而我国的真实城市化率仅 35%，远低于 75% 的世界平均水平。根据党的十八大会议，新型城镇化、产业结构调整与升级将成为未来促进中国经济增长的重要引擎。以农民工市民化与公共服务均等化为特点的新型城镇化和产业由低端向高端的升级将极大刺激服务业快速发展。根据《服务业"十二五"发展规划》，2015 年服务业比重 5 年间要上升 4 个百分点，成为三次产业中比重最高的产业。如果消费主导的经济转型加快，到 2020 年，服务业比重有望达到 60% 左右，服务业就业比重有望达到 50% 以上，服务业将主导中国经济格局。

在总量上取得突破的同时，在新的经济形势下，我国服务业内部将发生四方面的变化。

（一）产业结构合理化

埃森格林和古普塔对 80 多个国家的服务业发展数据分析发现，经济增长过程中服务业内部结构变迁呈现以下特征。

首先，传统服务业总体呈现"倒 U 形"增长，在人均收入较低时，传统服务业比重持续上升，当人均收入达到 3 000 美元之后，其占 GDP 的比重开始下降。

其次，消费性服务业比重伴随着人均收入的增长缓慢上升。

最后，现代服务业呈现持续快速增长的趋势，在人均收入达到 4 000 美元之后，其占 GDP 的比重快速上升。

2010 年，我国人均 GDP 超过 4 000 美元，按照经济发展规律，我国应该进入传统服务业比重下降、消费性服务业比重保持平稳、现代服务业比重上升的阶段，或者劳动密集型服务业比重下降、资本技术和知识密集型服务业比重上升的阶段。

如图4-3所示，现代服务业增加值占服务业增加值的比重从2004年的32.82%增加至2010年的38.06%，传统服务业比重从2004年的44.40%降至2010年的41.96%，消费性服务业占比从2004年的22.77%降至2010年的19.98%。这表明近年来我国服务业的产业结构虽有所改善，但改善幅度不大。传统服务业仍占据主导地位，消费性服务占比不升反降，其中住宿和餐饮业占比下降最大，从2004年的5.69%降至2010年的4.65%；现代服务业增幅有限，信息传输、计算机服务和软件业在服务业中的比重均有下降的趋势，从2004年的6.56%降至2011年的5.12%。

未来随着新型城镇化的不断推进、居民收入的不断增加，以住宿和餐饮业、居民服务业为代表的消费性服务业占比将逐渐增加，并将成为吸纳新增城镇劳动力的主要领域；随着产业结构的不断升级，我国现代服务业占比将进一步增加，并超过传统服务业成为占比最大的服务业领域，形成以现代服务业为主导，以消费性服务业为重点，以传统服务业为支撑的合理化的服务业产业格局。

（二）空间组织集聚化

集聚是产业发展的必然趋势，这是经济规律，服务业也不例外。在我国过去的产业发展历程中，相对于制造业，服务业集聚并没有受到足够的重视，实际上无论从规模经济还是从范围经济的角度，服务业都需要集聚发展。服务业集聚是指有互补关系、竞争关系的服务企业及其关联机构在一定地理范围聚集，形成结构完整、具有创新潜力的有机体系。目前，我国服务业已经开始出现集聚发展的趋势，根据服务业的不同，服务业集聚化的组织形式有所差别。

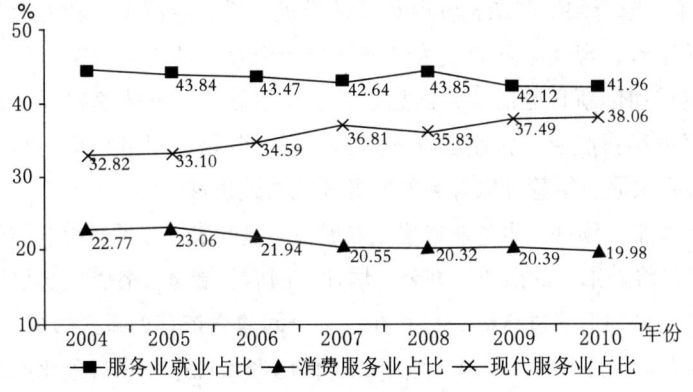

图4-3 近年来我国服务业结构变化情况

资料来源：东滩顾问摘自《国家统计年鉴》

2016年，我国非制造业商务活动指数波动幅度较大，最低的2月份与最高的11月份非制造业商务活动指数相差2个百分点。自2016年5月以来，非制造业商务活动指数呈上升态势，11月份非制造业商务活动指数为54.7%，比2015年同期上升1.1个百分点，服务业领域信心显著增强。2016年12月，非制造业商务活动指数为54.5%，比11月份小幅回落0.2个百分点，为年内次高点，且高于全年水平0.8个百分点，连续三个月稳定在54%以上。新订单指数和销售价格指数均有上升，就业稳定在50%左右。同时，反映服务业情况的财新中国服务业经营活动指数12月份达到53.4%，预示着市场信心有所恢复（见图4-4）。

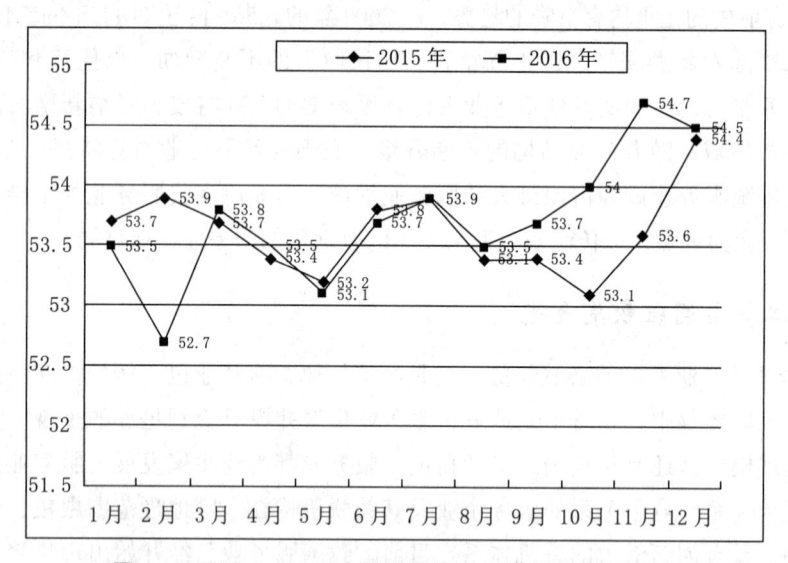

图4-4 2015、2016年我国非制造业商务活动指数变化

2016年，随着供给侧结构性改革持续推进，培育经济发展新动能等一系列宏观政策相继出台，现代服务业成为经济增长新引擎。基于大数据、云计算、物联网的服务应用和创新日益活跃，创意设计、远程诊断、系统流程服务、设备生命周期管理服务等新产业、新业态发展迅速；网上购物、网络约车、网上订餐、远程教育、数字家庭、智慧社区等新的服务模式快速发展。

在消费性服务领域，服务业集聚化发展最明显的表现是城市综合体的出现。城市综合体就是将城市中的商业、办公、居住、酒店、展览、餐饮、会议、文娱等城市生活空间的多种形式进行组合，并在各部分间建立依存关系，形成一个多功能、高效率的综合体（或特色街区）。城市综合体已经出现进一步特色化的趋势，出现了以文化生产为基础、文化体验为特色、文化休闲与文化商业为重点、创意产业为延伸、会展商务相配合的文化综合体，如上海喜马拉雅艺术中心、杭州西湖文化广场、北京什刹海创意文化综合体等；以度假、休闲、会议为导向的旅游综合体，如杭州西溪天堂国际旅游综合体、深圳华侨城、上海新天地等；以体育运动、体育消费为特色的体育综合体，如厦门国奥体育综合体、北京龙潭湖体育综合体等。

在生产性服务业领域，服务业集聚化发展的标志是生产性服务业养老产业园区的出现。生产性服务业有以下几种聚集模式：

第一，针对某一产业链环节而产生的专业集聚，如物流园区、研发社区、金融服务区等。

第二，针对某一特定产业而产生的专业集聚，如化工生产性服务业集聚区、钢铁生产性服务业集聚区。

第三，围绕某一特定龙头企业吸引研发、销售、物流等配套企业集聚，如上海金桥生产性服务业集聚区随着明基的入驻，有43家紧密配套型的供应商紧随其后，将其生产和采购基地落户在园区内。

第四，没有针对特定产业及产业链的生产性服务业集聚模式。

普遍认为生产性服务业具有远程外包化的特点，随着工业的专业化程度不断提高，生产性服务业出现了本地化集聚的趋势。以上海为例：嘉定区围绕汽车产业，重点打造嘉定汽车城现代生产性服务业集聚区；金山区围绕化工产业，重点发展化工生产性服务，金石湾化工生产性服务业集聚区已经初具规模；宝山区围绕钢铁产业打造了"钢领"——上海国际钢铁服务业中心等。

（三）经营领域专业化

随着技术的不断突破、需求的不断个性化以及社会分工的不断细化，专业、专注成为是企业核心竞争力的重要体现。服务业领域的专业化主要体现在以下三方面。

第一，基于产业链不断细分而衍生的生产性服务业专业化。生产性服务业是企业为追求核心竞争力而将非核心产业环节不断外部化而衍生的产业业态，是专业分工的必然结果。随着企业面临的需求日益多样化以及竞争强度越来越高，产业链将不断细分，而生产性服务业将进一步走向专业化。例如，化工技术服务分为化工技术检测服务、化工技术评估服务、化工技术交易服务，而针对检测环节、检测对象的不同，化工技术检测服务又细分为化工产品配方分析、新工艺鉴定、定量色谱测试服务、水检测服务、环境监测服务、环境评估服务等；在金融领域，针对企业业务领域及发展阶段的不同，出现了典当行、融资租赁、小额贷款公司、担保公司等新型金融业态方式，甚至医疗设备融资租赁、船舶融资租赁、飞机融资租赁等更加细分的领域。

第二，基于居民生活社会化引起的消费性服务业专业化。随着居民收入的不断增加，居民生活呈现社会化的发展趋势，其消费需求越来越多元化、个性化，由此引起了消费性服务业进一步向专业化发展。由居民生活社会化引起的服务专业化主要体现在以下方面：其一，固定群体生活社会化引起的服务专业化，如养老社会化催生了养老服务产业，且已经细分出高端、中高端、中端、大众端与保障端养老服务产业，儿童服务社会化孕育了巨大的市场，育婴、育幼、学习教育等专业机构已大量出现，另外，孕妇、残障服务社会化也是一个巨大的产业蓝海；其二，一般群体生活社会化引起的服务专业化，如家政服务业、家庭医疗服务业、养生保健业等；其三，公共服务社会化引起的服务专业化，在社会保障建设的过程中，民生服务（社区养老服务、青少年动员、公益创投、廉租房社区管理、医疗保险服务、职业教育与培训、公共呼叫等）内容进一步发展，传统的公共服务提供模式已经不能满足现实需求，新型的、社会化的专业化公共服务机构即将兴起。

第三，基于新技术的不断出现而创造的新的专业化服务。新技术的出现将提供新的专业化服务，如云技术应用服务、物联网应用服务、无线移动互联通信技术、环境技术应用服务、新医疗技术的应用服务等。

（四）生产方式制造化

在制造业越来越服务化的同时，服务业的生产方式呈现出越来越制造化的趋势，服务业制造化主要体现在两个方面。

第一，制造元素比例增加。普遍认为在服务业领域，"人"是最主要的投入要素，如餐饮、家政等生活性服务业的主要投入要素是较为低技能的劳动力，而金融、咨询、研发等生产性服务业的主要投入要素是较为高技能的劳动力。但是随着服务业的不断深入发展，在服务业最终产品的提供过程中，中间投入品中制造元素投入所占的比重越来越大，这些作为中间投入的制造元素，往往不出现在最终的服务或产品中，而是在服务或产品的生产过程中与之合为一体。例如，在医疗服务行业，伽马刀、CT、核磁共振、准分子激光仪、直线加速器等设备的投入越来越多。又如，移动通信、互联网、金融等行业的服务提供过程中无不依赖于大量的制造业"硬件"投入。

第二，服务标准化生产。服务业具有生产和消费一致性的特点，人们对服务的感知程度更为强烈，因此，普遍认为服务业具有个性化的特点。随着服务业不断深入、细化发展，服务业呈现出标准化的趋势，其生产方式越来越呈现出制造化的趋势。例如：在餐饮业，肯德基、麦当劳等快餐供应基本实现了标准化流水线式供应；在住宿业，各地的快捷连锁酒店早已实现模型化服务；在文化娱乐行业，唱片、书籍、演出等流程也高度的标准化；在医疗、教育等公共服务领域，高技术设备、多媒体的应用已经使公共服务成为标准化的产品；即使在生产性服务业领域，专业化分工也使其服务的生产流程越来越标准化，以金融业、物流业的服务最为典型。

二、新的产业形态正在加速扩张

随着经济的不断发展、技术的不断进步以及人们消费水平的不断提升，传统的三次产业不断地细化并相互融合，但在新的经济形势下，传统三次产业自身的发展面临各种问题，如环境污染问题、低效率问题、产业发展瓶颈问题等，并制约着社会的可持续发展。以网络经济、生态经济、知识经济为代表的第四产业正在加速形成，并迅速渗透到传统产业，对其进行颠覆性改造。现代经济中的第四产业涉及的范围非常广泛，在国民经济中的作用已经越来越大，对经济增长的影响深远。

（一）网络经济

整个社会如同一张网，任何个体都是这张网上的节点并进行着经济活动，这就是网络经济，是一种信息数字化的经济，也是一种虚实结合的经济。网络经济对于传统产业及经济社会的影响主要体现在信息网络化和产业组织形式网络化两方面，即"互联网经济"和"网络状经济"。

数字化的互联网经济逐渐蔓延到人类活动的各个领域。一方面，信息技术渗透到所有行业，无论是传统的农业，还是现代的高新技术产业、服务业，信息技术的应用极大地提高了劳动生产率和经济效益；另一方面，互联网正在改变市场结构，推动产业的更新换代。例如，2012年中国的电子商务年交易额已经突破了8万亿元，淘宝、亚马逊等电子商务网站已经对实体店造成了巨大的冲击；在移动互联网时代，阅读逐渐电子化、移动化，因此，大量的实体书店关闭，大量的出版商转型；在金融领域，服务越来越虚拟化，交易也越来越电子化……未来，随着大数据、云计算、物联网技术的不断成熟，互联网经济对人类活动的渗透将更全面、更深入。

以组织形式网络化为特点的"网络状经济"正改变着企业的经济行为。企业网络状组织形式具有以下优势：第一，网络化组织结构通过创新网络形成专业化的分工，相互之间形成优势互补，可以有效地降低交易成本及资源的协同效应；第二，信息、知识在网络状结构中迅速扩散和共享，有利于企业创新；第三，网络状组织形式可以增加企业之间的相互依赖，既有利于企业根植生产，也有利于企业相互合作。因此，无论对于养老产业园区还是其他特定产业，网络化的组织形式越来越受到重视，以杭州的旅游产业为例，西湖国际综合旅游区即属于典型的网络状组织结构，西湖国际综合旅游区以西湖为核心，有国家、省、市级文物保护单位60处和风景名胜100余处，既存在多个核心旅游节点及众多与之配套的中小型旅游节点，又存在大量与大型核心旅游企业无关联的、提供旅游者需要的多种旅游产品与服务的节点，西湖国际综合旅游区整合了各种旅游资源，使不同旅游资源之间的互补性得到极大的发挥，满足了市场的各种需求，在旅游市场竞争中处于竞争力极强的地位。

（二）生态经济

改革开放后中国的工业化进程加速发展，目前工业化率接近40%，基本达到发达国家的水平，中国在短短30多年的时间走完了发达国家历经上百年的历程。工业化推动中国经济发展的同时，人们更应该看到我国工业化的发展模式是粗放型的经济增长模式，我国对不可再生和不可更新资源的耗费速度和数量远远超过了发达国家，我国对生态环境的破坏程度远远超过生态自身的修复能力，尤其是工业密集较高的产业园区，在经济增长上可谓"功不可没"，但在生态破坏上则是"罪不可赦"，目前我国已经面临资源和环境的双重约束，传统的经济增长模式已不能持续。在新的形势下，加快发展生态经济，并对传统产业进行生态化改造，是实现可持续发展，构建资源节约型和环境友好型社会的唯一出路。

生态经济包括两方面的内容：

第一，环境实现生态化过程中创造的经济，即生态产业，包括节能环保产业、新能源产业、循环经济产业等。

第二，环境生态化后衍生的经济。

生态产业是未来产业经济中的一大蓝海。我国的工业化是要素投入驱动型的工业化，尤其对能源、资源的投入显著高于发达国家的水平。2011年，我国消耗能源34.5亿吨标煤当量，较2006年增长近9亿吨标煤当量，能源消耗增量占全球增量将近50%。2010年，我国首次超过美国成为世界上最大的能源消耗国，但同期我国的GDP仅为美国的1/4；在资源消耗方面，我国消耗了世界总量30%的铁矿石、27%的钢材、25%的氧化铝和40%的水泥，但仅创造了世界10%的产值；我国高消耗、高排放的增长模式给生态环境造成了极大的破坏，近年来，"毒地""毒水""毒气""雾霾"等现象屡见不鲜，严重影响了人们的正常生活。

改变上述环境问题的唯一途径就是大力发展生态产业，并对传统产业实行生态化改造。在降低能耗、提高能效方面，节能产业、新能源产业有较大的空间，如非晶合金变压器比传统硅钢变压器空载损耗下降约80%，高压变频器可使工业电机工作效率提高30%以上；在减少排放，环境治理方面，环保产业大有可为，如污水处理、垃圾处理、大气污染控制、监测设备等；在减少资源消耗、提高资源综合利用效率方面，矿产资源综合利用、固体废物综合利用、再制造、再生资源利用、餐厨废弃物资源化利用、农林废物资源化利用的循环经济产业将有巨大的发展前景。2010年，我国节能环保产业总产值达2万亿元，根据《"十二五"节能环保产业发展规划》，到2015年，我国节能环保产业产值将达5万亿元，到2020年，产值将接近10万亿元，生态产业将成为一个巨大的产业蓝海。

生态环境的社会效益越来越显性化。现如今，随着沙尘暴、雾霾等恶劣天气不断出现，人们对于优质生态环境的渴望愈发强烈，愿意为优质生态环境支付更多的成本，生态环境优美地方的房价、物价较一般的地区高就是最好的证明。生态环境的社会效益逐渐显性化，随着人们消费能力的不断增加及消费层次的不断提升，这种显性化的趋势将愈加明显，未来围绕优质的生态环境，生态地产（如养老地产、养生地产）、生态生产、生态消费、生态旅游、生态体验等生态经济业态将不断增多。

（三）知识经济

知识经济是建立在知识和信息的生产、分配和使用基础上的经济，其实质是高技术经济、高文化经济、高智力经济，是以高新科技产业为支柱，以智力资源为依托的可持续发展的经济。在科技飞速发展的时代，知识因子在经济发展中的作用越来越得到重视。专家们预计21世纪的核心产业将是知识产业，21世纪的社会将是以知识经济为主导的知识型社会，财富的积累、经济的增长、社会的进步、个人的发展都以知识为基础。

知识经济时代主要体现在两个方面：第一，知识成为最重要的生产要素和经济增长的源泉；第二，人力资本的重要性愈加突出。

知识成为最重要的生产要素和经济增长的源泉。在传统的农业社会中，土地是最重要的生产资料，在工业经济社会中，工业机器及其工业原材料成为最关键的资本形态和生产要素。在知识经济时代，一方面，知识作为无形资产，广泛渗透到经济、产业、管理等领域，使天然的资源优势大大削减，据统计，现在企业中无形资产所占比例显著增加，而无形资产的核心就是知识产权；另一方面，知识作为重要的生产要素在最终产品与服务中占比明显增加，现在的高科技产品、绝大多数的生产性服务无不体现知识的价值，产品和服务的价值、增值部分也由知识创造，而知识经济最具代表性的高新技术产业已经成为带动整个经济发展的先导产业和支撑整个经济的支柱产业。

人力资本的重要性愈加突出。人是知识的创造者，知识性人才的创新活动成为经济增长的发动机和推进器，在知识经济时代，"用脑袋的劳动"取代"用双手的劳动"而成为最主要的劳动形态，知识性人才决定着经济发展的快慢和好坏，创造性人才成为企业之间、地区之间、国家之间争夺的焦点。诺贝尔经济学奖得主卢卡斯指出：在21世纪，教育和人力资本将成为经济增长的决定因素。

三、市场需求形势

企业投资会衍生对养老产业园区的需求，养老产业园区是企业在某一区域集中投资的表现形式，因此，养老产业园区的发展必须迎合企业的投资趋势。过去低廉的土地、劳动力成本、宽松的环境指标、优惠的税收政策以及巨大的市场空间充分刺激了投资，国际产业转移、国内产能扩张呈现井喷之势，各类产业园区如雨后春笋般地涌现。

现今，随着人口红利逐步消失，土地资源日趋稀缺，我国的要素价格优势正在发生根本性逆转。随着能源消耗不断增多，环境污染日益严重，我国节能减排、环境保护压力巨大，能源指标、环保指标日趋紧俏。同时，受金融危机、欧债危机以及我国经济结构战略性调整等宏观因素影响，养老产业园区面临的国际投资、国内投资形势都在发生根本性变化。

（一）国际产业转移正在发生结构性改变

国际产业转移的结构性变化主要体现在三个方面：首先，高端制造业面临发达国家"再工业化"而导致的回流压力；其次，低端制造业面临后发经济体的挤压竞争；最后，服务业逐渐成为外商投资的主要领域。

1. 高端制造业回流

金融危机后，为了摆脱"产业空心化"和失业率居高不下的困境，美国实施了"再工业化"战略，在税收政策、贸易政策、金融政策等方面对在美投资企业给予支持。另外，受到停滞薪酬、廉价能源、弱势美元、智能革命以及中国劳动力成本不断上升的影响，中美制造业生产成本的绝对差距不断缩小，波士顿咨询公司的研究报告表明：综合考虑劳动力成本、劳动力效率、能源成本、物流成本、管理成本等因素，在2015年前后，如果在美国一些地方建造工厂，其许多产品的整体生产成本仅比中国沿海城市高10%~15%。

2. 低端制造业挤压

第二次世界大战后，在全球范围内掀起了三次大规模产业转移浪潮，世界制造中心，尤其是低端制造中心完成了从欧美到亚洲四小龙（中国香港、中国台湾、韩国和新加坡）再到中国沿海地区的过渡。但是，近年来，在劳动力成本和原材料、土地等资源成本迅速飙升的影响下，在华企业的利润锐减，低端制造业正在从中国向更具成本优势的东盟、南亚等国家转移，全球第四次产业转移浪潮已经来临。日本大和证券资本市场公司的研究报告（2012年）认为，东南亚、南亚、墨西哥等国家和地区开始超越中国成为低成本制造中心，这种趋势未来几年可能会加速，而中国可能在未来五年至十年内失去"世界工厂"的地位。

近年来，耐克、阿迪达斯相继将工厂从中国迁至越南或缅甸，越南、柬埔寨纺织品和服装等劳动密集型产业的出口增速都已超过中国。2000年中国占耐克鞋产量的40%，越南仅占13%，而2012年该比例已经变成32%和41%。

现在，墨西哥已经超越中国，成为全球最大的平板电视和双开门冰箱出口国，其高科技产品及汽车的出口量也分别跃居世界第三位和第四位，2005—2012年墨西哥出口产品占美国进口额的比例从11%增至14.2%，而中国产品的比例从29.3%降至26.4%。印度、孟加拉国在平板电脑、纺织、服装、皮革制品等产业已具有较强的竞争力，也正在大量吸收国际投资。众多事实表明，我国的劳动密集型低端制造业正在遭受来自东盟、墨西哥、印度等国家的全面挤压。

3. 服务业成为外商投资的重点领域

通过图4-5可以看到，我国在发展服务业的过程中对外资的使用逐年增多，呈现提升的形势，从2005年的24.15增至2012年的48.19%，制造业实际利用外资比重则持续下降，从2005年的70.37%降至2012年的43.74%。2011年服务业第一次完全超过制造业，成了外商投资最多的产业。2012年服务业实际利用外资538.4亿美元，同比下降2.6%，但服务业与制造业利用外资占比的差距从2.71%扩大至4.45%。

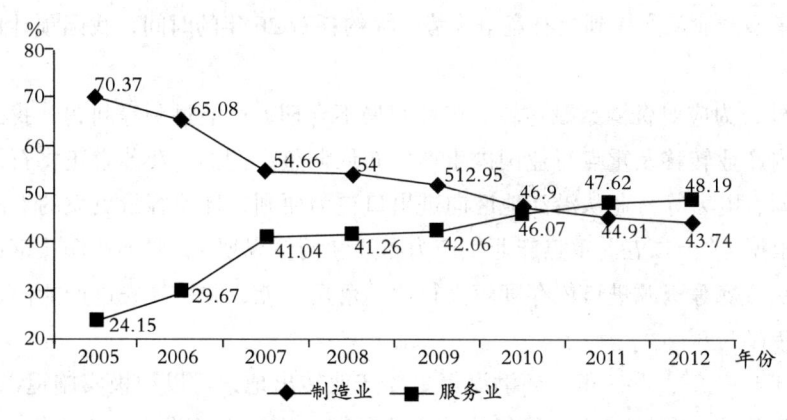

图 4-5　2005—2012年制造业和服务业在全国实际使用外资金额中的比重

资料来源：中国商务部外资司

服务业发展的行业分布，得到了显著优化。在众多的服务业中，仍然是房地行业吸收的外资量最多，但增速大幅下降，2012年房地产行业利用外资241.13亿美元，较上年下降10.3%，占服务业实际吸收外资总量的44.79%。剔除房地产因素，服务业实际应用外资额的增长是4.8%，尤其在分销、计算机应用、金融服务等行业实际使用外资同比增速度快，且增长幅度大，分别是10.9%、12.3%和11.0%，分销服务业，运输服务业，计算机应用服务业，电力、煤气及水的生产和供应业，金融服务业成为除房地产外利用外资最多的行业。

（二）国内投资的刺激因素正在向多元化发展

受全球金融危机、国内产能过剩等因素影响，目前企业投资较为谨慎。党的十八大后，调整经济结构、转变发展方式、深化体制改革再一次在全国范围内达成共识，国内投资迎来多元化的刺激因素。国内投资刺激因素的多元化主要体现在：第一，基于劳动力成本、环保压力而发生的区域产业转移；第二，基于土地集约利用而产生的产业内部腾挪；第三，基于新型城镇化而衍生的产业下沉及新增投资；第四，基于发展新兴产业而引起的企业战略布局投资。

1. 基于劳动力成本、环保压力而发生的区域产业转移

近年来，随着东部地区劳动力成本大幅上涨，能源环保压力不断增加，中西部相关配套基础设施不断完善，招商政策不断优惠以及国家实施中部崛起、西部大开发战略等区域经济协调发展战略，劳动密集型产业（纺织、服装等）、能源密集型产业（石化、煤化工等）开始大规模向劳动力、能源资源丰富、成本低廉、环境容量较大的中西部地区转移。一般而言，国家或地区主导产业，特别是劳动密集型产业从产生到拥有竞争优势，大约耗费20年的时间，我国预计也持续20年。

另外，为应对资源禀赋逆转、产业布局不合理、产能过剩等问题，我国正在进行省内产业转移及重点行业国内生产力布局调整。例如，江苏省正将石化、钢铁、能源、电力等行业从沿江地区向进出口更为便利、环境容量更大的沿海地区转移；根据《"十二五"重点产业生产力布局和调整规划》，要加快淘汰钢铁、电解铝、铜冶炼等资源进口依存度较大行业的落后产能，并引导先进产能向东部沿海地区转移。

对于长三角、珠三角、环渤海等主要产业转出地，可以积极实施退二进三、腾笼换鸟战略，利用产业转移释放的土地空间，追加土地投入，优化物业环境，全力打造都市轻工业园区、现代服务业集聚区、创意文化产业园区、现代科技研

发社区、时尚运动休闲中心等养老产业园区。例如，上海将大量闲置企业的土地及厂房进行改造，打造了多个现代服务业集聚区、创意文化产业园、运动休闲中心等。

2. 基于土地集约利用而产生的产业内部腾挪

在我国早期的经济建设过程中，由于缺乏系统性的土地利用规划，城市及开发区均采用"摊大饼"式的无序外延扩张方式，导致土地开发投入强度不高、容积率低等土地粗放利用问题，既不利于区域人口密度、专业化密度的提升，也压缩了区域经济发展的空间。

为提高土地利用效率，释放土地建设指标，多地开始编制并实施土地集约利用规划。土地集约利用的重点即对建成区原有产业进行腾挪，通过增加投入的形式对存量土地进行再开发和挖潜改造，改善经营管理，走内涵式发展道路，从而不断提高土地使用效率和经济效益。基于土地集约利用而产生的产业内部腾挪可以通过以下途径实现。

在农业领域，基于农产品、农资流通环节多，农业服务机构分布杂乱、良莠不齐，农业监管不力等问题，可以打造集农业监管、农产品交易、农资交易、农技、信息、住宅、商业、教育等服务于一体的农业流通枢纽港，目前以元泰集团为代表的房企正在该领域进行积极的尝试。

在工业领域，目前我国存在大量建设简陋、环境一般、容积率极低的轻工业厂房，如对其在设计、环境等方面进行改造，建设多层的、可分割独立产权的标准化厂房，将带来政府、企业、开发商三赢的局面，联东集团、华夏幸福基业在这方面已经进行了多年的实践。

在服务业领域，将工业园区的居住、日常消费等生活性服务以及研发、检测、商贸物流等生产性服务业进行有机整合，打造精致的产业服务社区，既有利于提高土地利用效率，也有利于提高园区的人口密度，更有利于提高园区配套服务质量，增强企业整体的竞争优势与竞争力。城市中还有很多服务产业有极大整合升级的空间，如将脏乱差的城中村进行改造，打造都市商业中心；将布局杂乱、占地较大的汽车4S店往郊区搬迁，打造集汽车展销、汽车售后服务、汽车体验等汽车消费服务于一体的汽车城等。

3. 基于新型城镇化而衍生的产业下沉及新增投资

城镇化就是农民脱离土地向城镇转移的过程。新型城镇化相对于过去的注重土地城镇化而言更强调人的城镇化，相对于过去注重大城市扩张而言更强调城市群及中小城镇的发展。新型城镇化的实质是实现产业、居住地及生活方式的三个转变，以便促进城乡一体化建设，让以往公共服务不均衡的情况得到有效解决，也让进城务工的农民逐步走向市民化。

新型城镇化持续发展需要产业支撑，因此，强调中小城镇发展的新型城镇化必然会伴随着产业，尤其是第二产业从大城市向中小城镇下沉的过程。城镇化和工业化相伴而生，依据钱纳里的世界发展模型：一国的工业化率达到30％时，城镇化率可以达到60％；工业化率达到40％时，城镇化率一般在75％以上。目前，中国的工业化率接近40％，实际城镇化率不到35％，这既有户籍制度的羁绊，也与我国大中城市集中的产业资源过多有关。解决城镇化滞后的重要途径就是产业下沉，而新型城镇化要想落到实处，根本举措就是要促进产业聚集。企业要坚持走出去的原则，走进广大城镇地区，走到国家与人民最需要的区域。在国家全力推进新型城镇化的背景下，县域、镇域经济将成为中国经济增长的新亮点并成为吸收产业投资的重要区域。

除了产业下沉外，在新型城镇化建设的进程中以及在完成之后，将出现衍生新增投资需要。投行机构的研究报告显示，新型城镇化使轨道交通、新型建材、节能环保、智能制造、物联网、耐用消费品、公共服务等行业受益，并催生大规模的行业投资。

4. 基于发展新兴产业而引起的企业战略布局投资

新兴产业的发展离不开投资的支撑。在中国，导入技术成熟的新兴产业最终会演变成一场投资的狂欢，20世纪的家电、纺织、保健品行业，21世纪的光伏、风电行业无不证实了这一判断的准确性。为抢占新兴产业的制高点而进行战略布局是企业追求超额利润而进行的最本能的风险投资。

近年来，虽然我国在钢铁、水泥、电解铝等传统产业及光伏、风电等新兴产业的产能已经过剩，但未来的30年，在国家鼓励发展战略性新兴产业、第三次工业革命等因素的引导下，我国仍会产生大量的新兴产业投资行为。

新兴产业仍存在巨大的投资空间。2010年，国务院颁布《关于加快培育和发展战略性新兴产业的决定》，自此开始不同种类的战略性新兴养老产业园区批量涌现，致使某些细分领域迅速出现产能过剩的局面，探究原因，既有盲目鼓励、缺乏规划的宏观因素，也有自主技术缺失只能在产业链低端聚集的微观因素。通过分析核心技术突破时序和产业投资强度的关系发现，只有技术突破才能刺激大量的投资。以高端装备制造业为例，根据相关专利情况，我国高端装备制造业的技术突破时序依次是轨道交通、卫星及应用、智能制造装备、航空装备、海洋工程装备，现实中各领域的投资数量与技术突破时序十分吻合。因此，未来30年，我国仍将在尚有技术突破空间的战略性新兴产业上进行大量投资，如航空装备、海工装备、节能环保监测装备等。另外，以数字化制造、页岩气革命、大数据技术为代表的第三次工业革命已经进入酝酿后期，第三次工业革命将颠覆传统的产业运转模式，创造出大量的新兴产业及投资需求。

需要指出的是，地方政府未来发展新兴产业时，需要尊重产业发展的客观规律，因地制宜，有所为有所不为，切不可复制光伏、风电的产业发展模式，最终演变成一场无度的投资狂欢。

第四节　养老产业园规划

一、园区信息化设计

在推动园区信息化发展建设的过程中，为了保证顶层设计的合理性，必须要把握好园区特征，即"以人为本、全面感知、内生发展、智能协同"。整体框架必须涵盖基础设施层次、感知平台、应用支持平台、信息化保障制度、信息化应用系统、信息化标准体系；而园区信息化建设要把关注点放在基础设施、信息化应用、物联网应用、智能化系统方面，确定"4431"的建设思路，并兼顾智慧政务、产业、民生三个大的应用系统。

二、异地养老产业园规划

柯森夏提出把养老产业和度假进行整合的理念，进而构建养老度假产业园，探究养老产业建设的创新形式。例如，构建以养老医疗养护为主的颐养区；以商业休闲为主的颐乐区；以生产居住度假为主的产业片区等。明琦翔提出把现代农业和养老产业整合，把观光农业融入养老产业，让老年人可以种植水果蔬菜、花卉等，打造休闲观光和养生养老园区。

目前，专门就异地养老产业园区规划建设的内容极少，国内外大量学者在高科技产业园规划设计方面拥有良好基础，因此能够为异地养老产业园区发展提供一定的启发。

国外在很早就研究高科技园区的学者是Annalee Saxenian，20世纪80年代他从不同领域研究高科技产业园，同时对硅谷以及美国128个区域产业带的优势展开对照研究，进一步强化了各个国家对美国硅谷的认知。美国加州大学Castells

和伦敦大学Hall研究了国家的高新技术城、科学城等，分析了形态、区位、规划、运行机制等多个领域，同时还展开了实证论述，为其他高科技园区发展建设提供了经验借鉴以及良好参考。

我国北京大学的王缉慈和魏兴镇教授在融合了经济、地理等相关理论的基础上编著了《新的产业空间——高技术产业开发区的发展与布局》，书中结合国内外大量案例特别对高新技术产业与产业区布局情况进行了论述分析；黄光宇在生态规划层面分析了高科技产业园规划应用方面的内容；贾中华总结了科技园规划的特性、内容、可行性、功能、景观规划等内容，同时整合媒体产业园规划实践提出了个人见解。徐俊辉从规划的结构、功能、空间、环境、建筑等领域着手，开展了多角度规划研究。

养老产业园是融合了服务业和制造业的综合性产业园。笔者认为，异地养老产业园是依托异地养老行业专家、人才、资金等多种资源开展一系列异地养老产品与服务生产销售行为，有效利用高科技手段，推动园区生产管理与服务运营，有效提升老年群体生活与生命质量的创新研发基地。

三、国内养老产业及养老产业园建设现状

（一）养老行业发展现状

在异地养老方面，中国处于起步阶段，但是，养老模式受到了政府的高度关注，国务院先后就养老问题下发了有关意见和相关文件，并在文件中提到借助信息化技术促进养老服务的改进与提高。尤其是在"互联网+"时代的背景下，要注重把互联网思维和信息化技术，与养老服务建设进行有效整合，推动养老服务业的智能化建设，满足老年群体日益增长的养老需要。近几年，北京、上海、江苏、天津、山东等多个地区积极响应国家号召，将关注点放在了异地养老的研究方面。笔者以居家、社区机构养老服务模式作为标准，对当前养老行业发展情况以及在发展过程中的问题展开剖析。

1. 居家养老

杭州市上城区建立了智慧居家养老服务平台，该平台是网络信息技术在养老服务业发展方面进行应用的一个尝试。这一智慧平台，借助养老服务对象评估系统，把所有老年人群体划分成六个种类，同时把养老服务划分成六大类和50个具体项目。浙江移动为江干区老年群体提供固定式和移动式终端，设置红绿两个颜色的按钮，其中红色按钮表示的是紧急救助服务，而绿色按钮则表示的是送水送餐等基本生活方面

的服务。广大老年人可以结合实际需要确定安装固定或者是移动终端。上海嘉定区菊园新区的老年人则得到的是政府配备电子保姆的智能化服务，也就是在老人居住的家中安装居家宝，居家宝是全天运转而免费安装的，能够感知人体、探测煤气烟雾，同时还设置有紧急预报的按钮。天津联通河北分公司通过对多元技术进行整合应用，加强与相关部门的密切合作，为老年群体提供远程医疗、紧急呼救等方面的服务支持。

2. 社区养老

南京的第一家智慧社区养老平台称作智慧社区感恩养老平台，该平台把社区作为重要依托，同时把政府、医疗服务机构以及老年人群体等密切关联，为老年人提供精细标准，而又能满足他们个性需要的养老服务项目。北京东城区北新桥街道建立了综合服务平台，其目的在于发展智慧社区养老，加强对平台所获数据资料的分析和应用，以便优化养老服务。海南省构建了以社区为依托，以救助终端和热线为纽带的社区居家养老服务中心，并把多元化的社会资源进行整合，满足老年群体的多元服务要求。甘肃兰州城管区建设和运营虚拟养老院，老年人拨打虚拟养老院电话，就能够得到多种多样的养老服务，还为老年人构建了动态化的健康档案，指导他们进行自我管理以及慢性病管理分析。

3. 机构养老

浙江蓝谷投资有限公司建立医养结合产业园，老年人能够享受到预约家政、代购商品、紧急呼救、健康管理等方面的服务。在大数据的支撑之下，可以通过分析老年人的身体素质情况、饮食喜好等内容，为他们设计合理的膳食结构，还设置了人脸识别体检、网络老年大学等服务项目。宁波江东区嘉和颐养院和技术公司紧密合作，开发了机构养老的网络平台，该平台除日常生活照顾的功能之外，还可以加大对失能失智老年人的关心照顾，并专门开发和设计了摔倒、失禁、健康播报、移动常感应用等监测老人的行动和健康状况。

（二）我国养老产业园建设现状研究

当前我国建成的养老产业园数量少，发展模式较为单一，分别是以养老产品研发为主和医养结合为主的养老产业园区。在不同发展模式之下，也有代表性的产业园区，下面进行简要介绍。

1. "养老产品研发为主"的养老产业园

北京养老服务产业园集中力量构建老年产品研究、开发、生产、配送、展示、销售为一体的产业园,构建完整的本土化老年服务上下游产业链,以便有效降低养老产品对国外的依赖。甘肃华歆养老产业园主题是养老产业文化研究与企业孵化,涉及老年金融保险、旅行社、医疗保健、律师事务所等多个领域,为老年群体提供生活照料服务、精神关怀、法律资助、医疗护理等养老服务。

2.以"医养结合"为主的养老产业园

浙江老年服务产业园是一个拥有医养结合以及养老企业孵化特色的产业园,在这个产业园中,除了有养老服务企业之外,还设置产学研、养老产品博览等中心。青岛养老产业园是绿城房产、华夏人寿保险、青岛政府、北京大学第一医院多方共同打造的养老产业园,该产业园最为显著的特色是建设大型综合三甲医院,具有国际化水平,可以让老年人的养老与养生需求得到满足。

(三)园区信息化发展现状研究

园区信息化发展具有区域集中性,集中在珠三角、长三角以及环渤海地区,在众多产业园区中,发展建设时间早且名气较大的是:

第一,苏州工业园。现如今,该工业园区冶金构建了涵盖数据中心,智慧政务等软硬件完善的平台架构,能够有效实现园区管理、电子政务处理、企业应用、社会资源整合创新分享应用等。该工业园区信息化建设的特色是非凡城市SIP,设置有专门的APP,不管在哪个地方,都可以获知园区发布的信息、服务。

第二,上海漕河泾开发区。这一开发区是我国第一个完成了无线网络、3G网络、光网全面覆盖的高科技性园区,实现了全方位一卡通服务,与此同时,还具备办公楼与智能化监管的功能。

四、异地养老行业发展存在的问题

(一)缺乏异地养老行业标准

我国在养老服务建设方面的发展时间短,各方面有不成熟的情况,尤其是在养老服务标准方面出台的文件政策很少,大多是用语言进行简要描述,缺乏实质性内容,不能够发挥政策文件的指导价值,特别是在异地养老行业标准方面更是鲜有涉及。与此同时,涉及异地养老的文件,在内容设置上过于分散模糊,还需在系统和统一化建设方面加大力度。因此,异地养老在发展过程中规范化程度较低,无法供给高水平养老服务,同时服务内容不够具体。

（二）市场化程度低，产业链条尚未形成

很长一段时间以来，在满足老年群体的养老需求方面，主要是借助公办养老机构或医疗机构满足其需求，没有实现集中化的市场发展，还需在市场化建设方面加大深度。产业发展建设过程中，分散性强，不具备井然有序的产业规划，同时存在结构失衡的情况。比如，供养型养老机构的发展速度快，但护理型机构发展速度慢，结构设置不合理。养老产品开发生产涉及大量上游和下游产业，比如上游的有远程医疗科技、物联网、视频监控技术等，下游的有家政服务、老年教育等。虽然涉及的上下游产业很多，但这些产业属于刚刚起步的阶段，行业间的交流互动很少，急需构建异地养老产业链，构成产业网。

（三）适老化设计不够深入

在开发养老产品方面，国家尚未得到统一标准，因此设计生产出来的养老产品在质量方面有很大的差异，同时还有不稳定的缺陷。在设计产品时，没有把老年群体的个性化需要作为根本依据，产品设计的针对性差，真正能够满足老年人实际需要的产品少之又少。一方面，老年人群体的身体素质明显下降，各项机能会随着年龄增长而退化；另一方面，老年人对信息科技的了解和使用能力低，因此在产品设计和普及方面要把适老性作为根本原则。老年人的心理状态不稳定，心理素质差，容易出现孤独、抑郁等消极情绪，因此专门开发了交友平台，但平台在人文关怀方面有很大的缺陷。

（四）数据共享与分析工作有待进一步完善

在大数据时代，数据已经成为至关重要的资产与财富，同时还是老年人核心价值中的重要组成部分。政府以及企业在推动信息化发展的进程中，构建了不同种类的业务体系，但各个系统在独立运行时形成了数据孤岛，数据之间的隔阂和分离问题非常严重。在发展养老产业的过程中，会运用到大数据提供的多种信息，而当前的相关数据信息没有到达共享的发展层次。

（五）养老服务分散、低效，缺乏专业的复合型人才

现有的养老服务呈现出过于分散的缺陷，主要表现在老年群体往往难以在同一地点享受多元服务，这给他们带来了诸多不便，同时降低了养老服务效率。就养老服务人才建设而言，具备专业综合素质和得到专业教育培训的优秀人才数量少。在信息化建设的过程中，养老服务需要大量懂得信息技术操作的人才作为支

撑，但这类复合型人才非常缺乏，无法适应养老服务专业化建设的需要。

五、发展异地养老产业园的必要性

（一）加快制定异地养老行业制度、标准

异地养老产业园把大量专门研究异地养老的学者和专家凝聚在一起，他们对异地养老产业认知较为深刻，研究过程中获得了很多的突出成果，可以为异地养老顶层设计、法规建设、服务标准构建、评估机制建设等多方面提供智力支持。

（二）有助于形成养老产业链，提升市场化程度

养老产业园把大量孵化企业凝聚在一起，并利用多元化服务，有效增强了企业竞争力与存活率。同时，还让产业之间、企业之间的关联更加密切，园区把上下游的养老企业进行了互动聚集，能够极大程度地推动完整养老产业链的构建，提高市场化发展水平。

（三）推动产品适老化设计

养老产业园区强化了政府、专家、老年群体间的互动与联系，能够实现养老行业诸多信息数据的即时交互。在设计养老产品的过程中，关注老年群体身心实际需要，有效促进了养老产品的人性化与合理化设计与生产。

（四）培养专业型复合人才，提供老年服务新基地

养老产业园区培训中心积极组织建立培训班，考虑到园区中专家、学者的优势和有利条件，为相关从业人员提供全面系统以及专业性强的教育培训，组建一支综合素质过硬的工作队伍。园区聚集了多元化养老服务进行有效聚集，与此同时，还借助信息化技术方法，保证服务效率与质量，将园区打造成为让老年人尽享高品质养老服务的基地。

我国在养老业的发展建设方面，还处在起步的初级阶段，但是，国家非常重视，并在很多地方开展了试点探索。目前，我国已经建成的养老产业园主要有两种模式，其一是以养老产品研发为主，其二是以医养结合为主。而在园区信息化建设进程集中在我国的珠三角、长三角以及环渤海地区。

我国在养老行业的发展建设中已经获得了一定的成果，但是，在行业发展中存在着很多缺陷，主要体现在尚未建立完善的行业标准、未建立系统全面产业链、缺乏适老化养老产品研发设计、存在数据孤岛问题、缺少综合素质过硬的人才等。为

了有效解决以上问题，养老产业园要立足实际，结合存在的问题，提出针对性的应对和解决方案，具体包括：构建系统完善的养老行业制度与标准；积极推动养老产业链建设；设计满足老年群体个性化需要的适老产品；加大教育培训力度，打造一支复合型和综合型人才队伍。综上，构建养老产业园已成为必然趋势。

第五章　承接京津养老产业园区集群的路径研究

第一节　环京津养老服务产业发展的基本原则

国家在建设养老服务产业的过程中必须秉持因地制宜的原则，同时要把握重点，但是这项工作具有较强的难度，需要综合考虑诸多因素，尤其是要和市场经济发展相适应，要符合养老服务业的改革建设规律，同时还要实现经济效益与社会效益的双赢。

一、市场决定与政府调控相结合的原则

养老服务产业要想获得更好的发展，除了要把握好市场化规律之外，还必须确保政府能够充分有效地发挥宏观调控的职能，落实二者结合的原则。第一，在建设养老服务设施的过程中，政府要发挥支持与引导的作用，鼓励与扶持兴办养老服务产业的主体，同时注意在法律法规、政策、制度等诸多领域，给予优惠支持。在经济与政策层面，国家要加强对老年群体的保护力度，有效消除不良经济因素，有效创设能够助推养老产业长远建设的优质社会经济环境。第二，政府要充分发挥协调作用，对各个部门的工作职能进行协调分工，同时从整体上做好规划。就养老服务业自身建设而言，需要与市场经济高度契合，并把市场作为根本依托，发挥市场在资源配置中的决定性价值。所以，在打造养老服务产业的创新发展模式时，要特别注意：强化政府在宏观领域的管理协调；促进投资主体多元化；依照市场化运营规律，实现自主与多元经营；构建符合市场体制的管理与运行机制。

二、经济效益与社会效益相结合的原则

要把养老服务产业进行分类的话，具体可以将其划分成生产性与服务性产业

两大类。因为养老服务面向的是老年人这个特殊群体，所以在产业发展建设中需要整合服务性和生产性物流产业。针对类型不同的产业而言，选用的指导原则也要体现出差异化，妥善处理盈利与公益间的关联。从原则层面上看，服务性的养老服务产业主要涵盖的是老年群体的照料、卫生、精神、护理、保健服务等，不管是哪项内容都带有明显公益性，这也决定在推动养老服务产业发展的过程中，不可以最大化地获得经济利益，要考虑和兼顾社会效益。另外，发展养老服务产业，必须将老年市场的多元化需要作为重要根基，结合老年客户群体的实际需要，进行产品的研发和服务的提供，尤其是要考虑到老年群体所处年龄阶段和收入差异。另外，养老企业在供给养老服务时，要注意做好经济与社会效益的协调工作，不可以把唯一的关注点放在经济利益的获取方面，要最大化地减少和老年群体的冲突与矛盾，并做好相关的预防与服务工作。

三、因地制宜与因人而异相结合的原则

因地制宜以及因人而异是发展养老服务产业必须要严格遵守和落实的原则。在区分时，重点考虑养老服务地域、种类、需求特征，与此同时，还要考虑不同阶段保证政策与目标设定的针对性与合理性。特别需要说明的是，针对城乡以及不同地区的养老服务产业政策，要避免过度强调一致性，要强化对农村养老服务政策的研究和调整，认识到城乡在养老服务方面极度不平衡的现状，要努力解决这样的失衡局面。第一，考虑到老年群体在收入和养老需要方面存在着很大的差异化，所以在养老机构建设方面要划分不同的档次，实现高中低档的结合。针对收入水平较高的老年人，可以着重为他们提供内容丰富、高品质以及高端的有偿服务；针对中低收入水平的老年人群体，着重为他们提供价格低廉的有偿服务；针对生活极度困难的老年人，则要坚持无偿的福利型服务。就当前这个阶段，在推动养老产业建设方面，要把重点放在中低档养老机构建设方面，同时适当发展高档机构。第二，结合投资主体多元化，发展多种所有制以及多种经营形式的养老机构。目前，应该适当发展国有养老机构，并把发展建设的侧重点放在民营与股份制机构方面。第三，结合城乡差异，以养老需求的差异特征，构建城乡有别和协调互补的养老机构。因为城市和农村在养老服务业发展方面的差异非常明显，同时还存在着发展不均的情况，所以必须构建城市与农村养老机构的合作整合机制，缩小城乡差异，实现养老资源的优化配置。

第二节 环京津养老服务产业发展的主要目标

我国在建设养老服务产业时，秉持的目标是要面向老年人全体，发挥政府主导作用，引导社会与民间资本的参与，进而构建竞争力强且拥有产业规模，可以满足差异化养老需要以及能够实现经济效益与社会效益共赢的养老服务体系。承接京津地区，缓解中心城市老龄压力亦如此。

一、养老服务对象社会化

为了提高对人口老龄化和社会发展的适应能力，养老服务业面向的对象必须是全社会的所有老年人。因为考虑到城乡差异突出的问题，必须着力改进农村养老落后的局面，实现城乡统筹协调。一方面，要积极推动社区养老，完善基础设施以及服务网点，打造综合性和一体性的服务网；另一方面，力求最大化地发挥驻地单位服务设施的辐射功能，并对各项后勤保障设施资源进行科学化应用。另外，在打造城市化的养老服务机构时，要把握好针对性原则，考虑到老年群体的经济与消费能力、养老需要。尤其是面对低收入水平的老年群体时，必须降低服务价格或者提供无偿服务，针对这一过程中产生的资金缺口，可以通过全社会联合募捐等方法予以解决。

二、养老服务内容多样化

把老年人差异化的需要作为根本立足点，推动多元养老服务业建设，让老年人的基本生活需要得到满足，也让他们更高层次的精神需要得以满足。考虑到老年人的不同年龄和差异化的身体素质，在提供服务时要注重层次性。第一，针对不具备生活自理能力的高龄与失能老人，给予他们全托性的照料。第二，针对基本可以实现生活自理，但存在照料需求的中龄老年人，须为其提供日间照料等形式多样的服务。第三，针对可以有效实现生活自理而且身体素质较好的低龄老年人，需要了解他们在精神文化方面的需要，并为他们创造多元化的条件，促使其老年价值和余热的发挥。第四，针对特殊群体的老年人，如残疾老人等，一方面，要积极构建层次丰富的救助服务网，由政府保障他们能够拥有基本物质生活保障；另一方面，社团组织以及相关企业要积极为他们提供多种服务与支持。

三、养老服务主体多元化

首先,结构方面要实现服务主体的多元化。适当发展国有养老机构,不再新办国有独资机构,重点建设民办以及股份制养老机构;功能方面,政府要充分担当以及发挥政策引导的积极作用,强化监管,尽快制定行业服务标准,指导非政府组织提供养老服务,把服务市场推向福利性与营利组织。

其次,针对养老服务资金,基本性的养老经济从政府方面获取,而产业化养老服务则借助市场竞争机制收取服务费,确保养老服务福利性实现,同时也保证产业化的有序建设。政府要分析老年人口规模,考虑物价的改变,并以此为基础调整财政收入,加大对非政府组织建设不同形式养老机构的支持力度,保证经营方式多样。政策方面要给予优惠以及财政补贴支持,结合自主经营与自负盈亏原则,为老年群体提供不同层次的服务。

四、养老服务队伍专业化

要想从根本上提高养老服务的质量以及效率,健全养老服务体系,最为关键的策略就是要加大对服务团队的教育培养力度,完善人才培养体系。第一,构建专业化行业协会,对就业资格认证工作进行处理,并构建资格认证的系统化制度。制定从事养老服务人员必须满足的专业化标准,落实持证上岗,同时开展定期教育培训,加强职业正规化建设水平,不仅让养老服务工作变成一个能够得到社会尊重的职业,还可以增强从业者的价值认同感,让他们可以更好地做好养老服务工作,实现个人价值。第二,考虑到老年群体存在的多元养老需要,培养拥有良好专业素质,同时还在实践方面拥有丰富经验的社工人才,推动养老服务业进入专业化和规范化的发展轨道。第三,全社会要形成强大的合力,积极提倡和鼓励广大人民群众加入志愿者团队,在整个社会中形成关爱与帮助老人的良好氛围。

第三节　促进环京津高端养老服务产业发展的路径

在前面的论述中我们已经了解到,政府在积极扶持与激励民间资本投入养老服务产业,让非政府组织直接提供养老服务,利用市场化的服务供给模式,带领我国突破养老困境,缓解老龄化压力。而要让养老服务产业拥有更大的发展活力,除了要有各方的协调以及力量整合之外,还必须积极提出针对性策略。

一、制定正确的产业政策

为了让高端养老服务业步入健康可持续发展的轨道，政府方面除了要积极制定出台产业化政策之外，还要真正把建设养老服务产业纳入国家中长期规划中，要建立健全有关法律法规体系。

第一，完善支持养老服务业建设的政策。其一是用地政策。各级政府在土地规划与管理的过程中，要注意在编制规划时统筹安排建设养老服务设施与活动场所的用地，除此以外，要选择环境优良、交通条件便利、接近服务社区的位置。依照国家的有关法律法规条款，对得到民政部门批准建设的要优先完成土地划拨；应实施有偿方法供地的，要适当减免出让土地的资金。另外，各级土地行政主管部门要加大对养老机构建设的扶持力度，并主动为其办理土地使用证明。其二是财政政策。把养老服务产业纳入财政预算体系中，并加大补助支持力度。在得到民政部门的有效核实后，为特殊老年群体发放专门的养老补贴，减轻他们的养老压力。加大对民办养老机构的优惠支持力度，给予政策上的优惠，同时把标准床位数量当作参照依据，实施一次性补贴。其三是税收政策。在当前已经拥有的优惠政策基础上，增加下面几项重要的税收优惠政策：针对有经营许可证同时在审定之后确认合格的养老机构，免征服务类项目营业税；针对在安置城镇下岗失业人员比重方面与规定相符的养老机构，给予再就业工程建设的税收优惠；针对进口先进服务设施与医疗设备的养老机构，国家根据规定给予一部分税收优惠。其四是医疗卫生政策。把符合标准的卫生服务机构纳入医保定点机构，把服务项目纳入医保支付范围，并构建层次多样的医保体系。就农村广大地区的老年人群体而言，需进一步健全县乡村的三级医保服务网，构建以及全面贯彻落实城乡医疗救助制度。其五是民政政策。针对利用养老服务机构非法牟利行为，根据情节严重程度取消优惠待遇并追回资助费用。其六是行政事业性收费政策。免除养老服务机构的有关行政费用，针对用电、用水、通信等方面的业务收费，可结合居民标准收费。

第二，科学设计制定养老服务产业中长期规划。首先，考虑到老龄人口规模与社会经济改变方面的实际情况，在展开充分调查论证后，对老年群体的差异化养老需要开展定性与定量研究，并以此为依据制定养老服务产业的结构、布局、组织等领域的规划，确定产业建设目标和重点，并将其纳入社会经济发展的中长期总体规划中。其次，发展规划需要和不同地点的建设规划、土地利用规划、其他产业规划，保证一致性以及协调性，与此同时，立足实际，在中长期规划指引下，制定出城镇农村养老产业发展规划、人才培养规划等不同主题的内容。最后，要对规划内容以及要求进行全方位的落实，避免出现盲目发展的问题。对现有机构的改建扩建，也必须符合规划给出的要求与标准。

第三，健全与养老服务业有关的法律法规体系。首先，健全法律法规与部门规章。在这一领域，我国可以对日本的做法进行一定的学习与借鉴，结合我国老年群体的实际情况，并考虑到养老服务业的发展现况，研究并出台养老服务机构资助管理办法、服务质量标准、产业运营监督等不同领域的法律法规。其次，要全面增强执法力度。注重为老年群体提供优质、全面的法律服务支持，构建法律援助网。基层要特别注意设置保障与维护老年群体合法权益的机构，社区则设立服务老年群体的法律咨询网点，让产业步入规范健康的发展轨道，同时形成强大的合力，共同保障老年群体合法权益不受侵害。最后，要增强法律监督力度。相关部门需要对有关法律法规的落实状况进行监督检查，查看是否有效保障了老年群体的权益，以便维护整个产业的秩序。

二、建立多元化投资体制

为了加快养老服务产业建设和发展的步伐，必须在投资体制建设方面加大力度，保证体制的多元化。其中要拓宽资金筹集渠道，构建长效投入机制，结合城乡差异，健全城乡投资体制，同时还需要积极吸纳外资支持。

首先，拓宽资金筹集渠道，构建长效筹资机制。各级政府在产业投入方面，必须充分发挥引导和激励作用，同时必须考虑到社会经济发展水平和老龄规模。第一，政府直接投资。政府的直接性投资应用的主要范围是福利性养老机构以及基础养老设施建设，另外，为特殊老年群体提供养老补助也是从政府资金中划拨的。第二，吸纳民间资本投入。政府方面要充分发挥自身职能，制定实施有关的优惠政策，对行政手续进行简化，并激励以及引导民间资本投入养老市场。在投资比例的调整方面，政府需要逐渐减少投资比重，利用政策调控的方法完成投资调整。民间资本的投资比重需要逐步增加，加强对非国有投资服务机构的建设力度。第三，征得银行信贷的支持。要让养老服务产业拥有丰富的资金支持，需要特别注意构建稳定性强的银企合作机制。对于不具备较强偿还能力的民营企业，银行可以投资贷款，并适当延长期限，增加低息关照。第四，激励社会组织、个人、企业等为养老机构捐资，并建立专门的发展基金，保障长效投资机制的建立与有效落实。

其次，要构建城乡有别和协调互补的养老投资体制。在我国广大的农村，政府是养老投资的主体，把关注点放在建设基本养老服务机构与设施方面。与此同时，要对农村养老市场进行广泛调研与分析，挖掘其市场潜能，构建自费型机构与项目，给予经济实力较强的农村居民以及返乡养老人员多样化的养老服务。而在发展城市养老的过程中，在投资方面，需要将民间资本投资作为主要部分，把关注点放在发展自费型机构与项目方面。就养老服务产业的长期建设而言，要让城市与农村在投资和产业发展方面拥有稳定水平，前提条件就是要让城乡老年人基本养老需要得到充分满足，在此基础上可以发展高层次需要，满足他们日益增长的养老需求。

最后，要加大对外资投入的吸引力。经济全球化在逐渐深化，国际之间的互动和经济往来变得更加密切与频繁，外资也成了我国养老服务产业建设当中不可或缺的资金来源。各级政府要特别关注外资的引入，以便推动养老服务业的健康发展。与此同时，还要规范养老服务业建设，提高节发展质量，增强对外资的吸引力。可以说，二者存在着互相依靠的关系。具体而言，可以有效研究和制定吸引外资的优惠政策，吸引越来越多的国外投资者和经济发达地区的投资人投资与发展我国的养老服务业；可以利用和国外企业、慈善组织等进行合作的方法，进行新型产业建设，符合条件的机构就能够享受到有关优惠。

三、健全养老服务人才培训体系

加大养老服务人才队伍建设力度，打造规范全面的培训体系，并将教育培训纳入制度。除了依托院校，对不同层次的专业化服务人才进行培养，还要提高对志愿服务组织的重视程度。另外，国家要在激励政策建设方面加大落实力度，保证养老服务团队的稳定化发展。

第一，利用院校教育方法培育层次多样的从事养老服务的优秀人才。要发展养老服务业，丰富的人才支持是根本和重要动力，而在解决专业人才培养方面，院校等教育机构的作用必不可少。首先，要强化教育资源的整合，彰显自身优势价值。在人才培训活动中，要把院校的各项人才教育资源和行业中存在的资源进行紧密整合，有效打破专业和既定条件的局限性，构建专业素质过硬的研究服务队伍，组织研究机构与大量的专家学者加大对有关学科理论的研究总结力度，掌握养老服务产业建设的市场需要特征、人才培养要求的内容。其次，专门设置针对养老服务的专业和课程体系，健全教育标准。以北京劳动保障职业学院为例，通过学科和专业建设的方式编写出版了大量专业性教材，并打造了十几门专业核心课程。这些课程有效填补了我国在培养养老服务人才方面教材稀缺的空白，与此同时，在人才培养方面有着极大的指导借鉴价值。最后，完善培训系统，全面提高指导教师的综合素质。在这一领域，可以加大对日本经验的借鉴力度，建立从中央到地方人才中心构建的政府培训机构，完善职业培训，制定专门的培训制度,同时增加各个院校之间的互动,让广大指导教师的专业素质和教育教学能力得到发展。

第二,利用政策保障的方法增强养老服务人才团队的稳定性。首先,国家方面要积极出台落实激励性政策。一方面,要增加养老服务人员的福利待遇,提高他们的爱岗敬业意识,减少人员流动;另一方面,要强化执行,加强对基层养老服务者的综合培训。其次,国家要搭建养老服务人才展示聪明才干的平台。养老服务产业建设方面的人才,要有技术型和管理型人才,所以在人才培养过程中,要落实分类和分层培养的原则。分层培养,强调的是国家为养老服务人才提供学历提高和晋升平台。最后,计划政策执行。在这一领域,我国可以加大对日本与德国经验的学习与借鉴力度。其中,日本会为学习老年护理服务的学生提供无息贷款支持,并鼓励他们进行资格认定;德国会为学生提供学习养老服务课程的费用,与此同时,学校方面还会安排学生和实习单位签署合同,并给予实习学生报酬。

第三,完善志愿者服务组织。对志愿者服务工作进行规范建设,对完善养老服务人才体系意义重大。首先,对志愿者注册工作进行规范化管理。一方面,要强化对志愿者的教育培训,指导及树立正确服务观念,全面增强他们的专业知识和专业技能。另一方面,要完善志愿者注册档案的管理,做好服务需求登记档案建设,构建志愿者人才储备库。无论是对志愿者服务组织,还是个人和服务对象双方都要签订协议,对双方的权利义务进行明确规定,同时需要明确纠纷处理的方法与原则。其次,完善志愿者服务奖励机制,具体而言可以选拔优秀志愿者,并建立专门的奖项,开展正规的表彰宣传活动。最后,提高广大公民服务观念。提高公民责任意识以及服务观念的重要作用在于,让全社会形成巨大的合力,充分承担社会责任,为养老服务产业建设贡献力量。

第四节 构建老年消费市场体系

一、发挥商业保险优势

要考虑我国的国情,积极建设以商业保险为代表的第三支柱,以便提升老年群体的购买力水平,缓解产业需求不足的问题,与此同时,有效扩大个人养老资产储备量。就政府而言,通过商业养老保险建设能够显著降低政府在财政方面承担的压力以及经济负担;对个人来说,养老保险的发展可以有效转移以及规避人口老龄化影响下的健康、长寿、通胀等风险。保险行业的一个显著特征以及独特优势，就是有助于分散风险，不管是资金储备还是缩减阶段，商业保险都能为老年人提供实质性的帮助，除了可以保障他们退休后的刚性经济支出，还能为他们提供多种养老金储蓄类的产品，让他们的养老需要得到最大化的满足。所以，要对个人养老计划进行合理安排，积极推动商业养老保险建设，并把养老保险当作提升养老资产储备的重要手段，实现个人与政府的双赢。

二、培育老年消费市场刺激老年消费欲望

我国拥有非常广阔的老年消费市场，同时市场潜能很大，企业在开发设计老年产品时，不仅要关注质量与价格，更要关注产品是否与老年消费者的需要相符，以便有效培育和扩大老年消费市场。在发达国家，老年消费市场已经到了非常发达的阶段。例如，美国有专门为老年人设计的能够在雾天出行的夜光伞、防疲止痛鞋；韩国专门设计了针对老年人的定位手机；日本设计了针对老年人的防暴手杖，确保老人稳定行走，同时维护他们的安全。我国老年人在高层次养老方面的要求也在逐步提高，这也促进了老年消费市场的发展与扩大。商家在研发和生产针对老年人的养老服务与产品时，需要注意学习西方发达国家的相关经验，提高消费品运营的针对性，培育老年消费市场，刺激老年人的消费积极性。

三、正确引导老年人的消费观念和消费行为

我国的养老服务产业是否可以拥有持续性发展的活力，与老年消费者的消费理念以及行为有着非常紧密的关联。年龄和收入水平不同的老年人群体，在消费的产品和养老服务的需要方面，差异也是非常明显的，而这些差异会随着老年人自身背景的改变而发生变化，进而构建了需求多样以及规模巨大的老年消费市场。而要让老年人传统保守的消费观得到彻底改变，首先需要让广大老年人意识到，要想提升整体生活质量水平，进行适度消费是必不可少的。首先，要加大媒体宣传力度，增强宣传范围以及影响力，让越来越多的老年人树立正确新型消费观。其次，做好对老年群体的消费教育，规范老年群体消费行为。在具体的消费教育中，需要着重提升老年群体维权意识，强化对他们的基础文化教育和法制宣传教育，保障老年群体的合法权益不受侵害。最后，在普及消费知识的同时，运用多元化的方法加强对老年群体合理消费的引导。

随着老年人口规模的扩大以及人口老龄化速度的加快，我国养老现状不容乐观。面对这样的发展压力，我国必须积极推进养老服务产业建设，这是考虑到我国国情做出的选择，在这一过程中，要注重发挥老年群体的重要作用，与此同时

还需要得到政府方面的引导以及全社会的普遍参与。在对养老服务产业发展现况以及有关制约因素进行分析，获得的结论如下。

第一，考虑到老年群体在需求层面的服务方面的特征，结合服务对象差异，可以把养老服务划分成高中低端。低端养老服务的主要承担者是政府，主要是为失能、高龄、孤寡老人提供养老保障；中端养老服务影响的是所有老年人，不过从实际上看，针对的是位于夹心层的老年群体；高端养老服务针对的是拥有较强经济实力，能够利用购买服务满足自身养老需求的老年人群体。低端养老服务是纯福利性质，中端养老兼具福利与市场性质，而高端养老服务则实现了完全意义的市场化，利用增强竞争实力的方法提高收益。

第二，要加强对老年消费市场的培育，并在这一进程中发挥政府、企业与其他社会力量的作用，落实优惠政策，推动市场开发，强化养老服务业建设的制度与政策保障。健全市场运营机制，推动产业化速度的加快。革新消费观念，完善和创设优质消费环境，让老年人的合法权益得到保障。

第三，要想让我国的养老服务产业拥有优质保障和发展环境，必须秉持正确的产业发展原则，明确发展目标，同时要注意健全产业发展的支撑体系。具体而言，要从以下几个方面着手：第一，制定维护养老服务产业稳定持续进步的政策，强化政策支持，完善法律法规，打造健全的政策监管系统。第二，加强能给养老服务工作人员的教育培训，强化志愿者服务组织。第三，打造老年消费市场，考虑并且满足老年群体的多元需要。

第六章 秦皇岛养老产业园区建设构想

第一节 我国老年人的居住环境需求

满足人类生存发展的最基本和必要需要就是居住环境。随着人口老龄化速度的加快，我国在老龄群体居住环境的研究分析领域开始不断加大力度，更是得到了全社会以及各级政府部门的重视。出现这一现状的重要原因，就是老年人居住环境和城乡规划、经济发展、家庭结构、老龄群体、身心健康等多种因素存在着极为紧密的关联。老年群体退休之后，很多方面都会较以往发生极大的变化，如心理角色、社会地位、活动场所、交际范围等，特别值得一提的是，老年人在退休后活动范围显著缩小，开始在家庭和社区范围内活动。所以，关注老年群体的居住环境，包括住宅内外环境、周围环境、社区基础设施、适老设施服务等，是愉悦老年人身心，丰富他们物质与精神文化生活，提高他们整体生活质量与人民生活满意度的重要因素。针对回归家庭与社区的老年人群体，除住宅之外，社区需要有健全的公共服务设施。这是因为，这些设施以及提供的公共服务，是提升他们晚年生活水平以及中国质量的关键要素。所以，切实解决老年人居住环境方面的问题，与国际社会提出的人道主义问题不可分割。

一、老年住宅质量

从改革开放到今天，已经有40年的时间。在这40年中，社会经济发展速度不断加快，整个社会的结构也发生了极大的改变，再加上政府部门增加了对老年住宅建设的关注度以及支持度，老年人居住质量、住宅环境、配套设施等多个方面都得到了优化。在我国步入老龄化社会后，开始有越来越多的老年群体提升了对老年宜居城镇与环境的需要，同时也促进了不同形式适老住宅的产生。

（一）老年住宅结构

国家特别注重经济建设，在经济发展水平方面获得了很大程度的提升，同时也让居民收入以及整体居住环境设施等显著改善，城建设施改善情况非常明显，建成了大量具备综合现代设施的成套楼房，城乡在住宅结构方面也显现出了很大的变化。特别是农村住宅结构在总体质量和水平方面改善明显，具体见表6-1。

表6-1 中国农村住宅建筑材料构成

年　份	钢筋混凝土结构（%）	砖木结构（%）
1990年	1.22	9.84
1995年	3.10	11.91
2000年	6.15	13.61
2005年	11.17	14.12
2008年	13.40	14.89
2009年	14.51	15.11

要想了解老年住宅的质量水平，可以找准的重要指标就是老年住宅结构。老年住宅在设计建造方面，必须考虑到老年群体的身心状况，满足他们对住宅卫生、安全、舒适度等方面的诸多要求。通过相关数据的统计分析发现，目前中老年居民建筑中砖石结构建筑占到66.4%，远远高于用竹草木等材料建立的墙体结构，而钢筋混凝土结构占到11.9%。砖石结构是传统老年住宅的结构表现，而伴随着国家建筑事业的快速发展，钢筋混凝土结构的老年住宅所占比例呈现出逐年上升的趋势。

中华人民共和国成立后，总共开展了六次人口普查活动，在最后的两次普查问卷中特别调查了居民住宅情况。因为第六次人口普查获得的各项数据在本书创作时，还未公报结果，为了提升数据的准确度，2000年普查数据在年龄变量上选择了大于50岁人口家庭住房状况，这些中年人在2010年年龄恰巧是60岁，因而大致能够体现出老年人如今居住住房结构的大致情况。

（二）房屋产权和居住空间状况

就城市的老年群体而言，改革开放之后，各级政府开始将很大数量的公有住房分配给了职工，同时以低价卖给职工，让大量城市国有企事业单位中的职工拥有房屋产权。所以，如今房屋有自主产权的比重达到了75.3%，另外，产权属于老人子女的占到13%。只和配偶同住老年人的房屋是自有产权所占比重最高达到了80.6%。而将近20%的独居老人的居住房屋产权是属于子女的，比重显著高于其他居住方式老年人。和他人同住的老年群体，12.6%的房屋是租住房。就农村老年人而言，现居住房屋是自有产权所占比重最高，占到55.9%。此外，41.6%的老年人房屋产权是子女，其他产权形式的房屋在农村地区占有比重很少（本文中得到的数据，除了有的进行了特别说明之外，其他都来自中国老龄科研中心2000年和2006年全国老年人追溯数据）。

在改革开放政策的推动之下，经济增速很快，城乡住宅的人均面积增长速度也非常惊人。1978年，城市人均居住面积是6.7平方米，而在2006年则变成27.1平方米。农村人均居住面积从1978年的6.1平方米，到2009年的33.6平方米。在这30年的变化中，中国人在住房与居住的条件方面，改善情况是十分明显的，具体结果见表6-2。

表6-2 中国城乡人均住宅建筑面积

年 份	城市人均住宅建筑面积（平方米）	农村人均住宅建筑面积（平方米）
1978年	6.7	8.1
2000年	20.3	24.7
2006年	27.1	30.7
2009年	30	33.6
2017年	31.6	34.1

就老年群体居住形态而言，城乡独居老人的人均居住面积显著大于另外居住方式的老人，为58.2平方米和61.2平方米。三代同住老人人均居住面积最小，大约是20平方米。具体数据见表6-3。

表6-3 2006年老年人家庭平均住房　　　　　　单位：平方米

	城 市	农 村	平 均
独 居	58.2	61.2	60.5
只与配偶同住	36.5	34.7	35.3
与子女同住	21.8	33.2	30

（续表）

	城　市	农　村	平　均
隔代同住	22.3	31.5	27.8
三代同住	18.8	21.2	20.7
与其他人同住	26.1	29.7	28

老年家庭户的住房面积大于70平方米的占到56.8%，大于100平方米的比重占到31.9%。独居老人人均住房面积显著大于另外居住方式的老人；三代同住，老人的人均住房面积最小；除了只是和配偶同住，农村老人的人均居住面积大于城市老人。

超过90%的城乡老年人都有单独居室，其中城市老年人群体中要高于农村。城市独居老人拥有单独居住房间所占比重最高，三代同住老人的单独居住房间所占比重最低。在农村，隔代同住老人有单独居住房间比重最高，独居老人有单独居住房间比重最低。

中国对第五次人口普查中获得的数据资料进行分析，我们可以看到，大于70岁的老年人中，居住在平房中的人数比重是22.1%，另外18.3%的老人住在老式住宅。老式住宅大都没有无障碍设施以及电梯等，会给老年人的居住生活带来不便。伴随着老年人身体素质下降以及老年人年龄的增加，这样的住宅建筑显而易见已经不适合老人居住生活，急需对其进行有效改造改建，从而改善老年群体的居住环境和居住条件。

二、老年住宅内部与外部设施

（一）老年住宅内部设施

在社会进步以及老龄化程度加深的背景下，整个社会开始把老年问题当作了社会热点与民生问题。特别是在老年住宅方面，开始有大量的老年人提高了对居住质量与条件的要求，同时也希望在住宅室内拥有非常齐全的设备。

在中国家庭步入老年住宅当中，设置有专门洗浴设施所占比重为23.9%，市镇分别为49.1%与31.8%，而农村设施拥有率仅为13.7%。

在中老年人住宅中，小区统一供给热水所占比例处于极低水平，仅为3.3%。家庭自行安装热水器的住户，市镇县分别占到51.8%、35.7%和13.9%，尚未安装热水器的家庭占到75%，县镇分别占到56.6%和18.4%。

在老年住宅中，占据重要地位的就是厨房，因为厨房是满足基本居住要求以及保障生活的重要空间。中老年家庭拥有厨房所占比重是85.4%，独立和合用厨房所占比重分别是83.5%和1.9%。另外，还有14.7%的老年家庭户是没有厨房的。

厕所同样也是老年住宅中不可或缺的组成部分，在完善老年住宅功能方面有着极大的价值。老年家庭户在厕所使用方面的具体情况见表6-4。

表6-4 中、老年家庭户厕所使用情况　　　　　　　　　　　单位：%

地 区	独立使用 抽水式	邻居合用 抽水式	独立使用 其他样式	邻居合用 其他样式	无
合 计	16.9	0.5	52.5	3.1	27.0
市	11.9	0.4	5.1	0.7	4.5
镇	2.8	0.0	4.8	0.6	3.4
县	2.2	0.1	42.6	1.8	19.2

资料来源：全国第五次人口普查数据计算，年龄为50岁以上的中老年人

城市老年住房的内部设施体系中，基本上实现了自来水的全面覆盖，同时80%以上的住房中设置有煤气或天然气、室内厕所，不过有接近50%的城市，老年住房中没有设置暖气设备，尤其是三代同住家庭。

农村老年住房的内部设施体系中，50%的住房中覆盖了自来水，25%的住房中有煤气或天然气，而室内厕所比重仅为20%，室内暖气比重仅为10%。

（二）老年住宅周围外部公共服务设施

就城市老年群体而言，周围基本上都建设了商场、诊所、医院等。据全国老年人追踪调查数据显示，约77.72%的老年住宅周围设置有金融机构，主要是银行与信用社，但是农村在这一方面却非常缺乏，只是占到了25.66%。在城市中，住宅周围有公园与运动场的，占到43.14%，但是农村绝大多数的地方都是没有公园和运动场的。就农村老年群体而言，住宅周围基本上都建设有商店，不过诊所和医院的比重很低，低出城市13.59个百分点。

三、老年人对住房满意度

通过对中国老龄科学研究中心得到的调查数据进行总结调查，发现城市老年群体对住宅的满意度是48.32%，剩余的则是一般和不满意，占到51.48%。而农

村则在这一方面略高一些，高出 3.29 个百分点。在城市居住的老年人，在住房方面的满意度低，其原因主要有以下几点：第一，可使用住宅面积小。第二，住宅区以及周围的环境质量低。第三，住宅的建造质量低，且不具备良好的配套设施。渴望可以优化住房条件的老年群体，大多是住在城区，拥有较多子女，身体素质好，收入水平高以及年龄较低的老年人。而这样的结果也表明，城乡老年人有 50% 以上都对当前居住环境不满意。一方面，传统陈旧的老年住宅在设施的设置方面，均没有考虑老年群体存在的特殊需要，伴随他们年龄的增长，以及身体衰老程度的增强，原有住宅中的落后设施已经不能够满足他们的需要。另一方面，生活水准的提升，让越来越多的老年人想要改善居住环境，想要迁移到拥有优质环境和便捷交通的地点。还有一部分老年人会更倾向于选择购物方便，住宅设施齐全以及距离子女家庭较近的位置。所以，要计划构建具备完善设施的老年宜居养老社区，让老年群体的实际需要得到满足。

四、老年人对住宅环境需求的一般特点

（一）老年人对住宅需求的特点

通过对老年人的住宅环境、需要进行分析，可以发现他们在环境和需要方面的特征主要有以下几个特点表现。

1. 对家庭及亲人的依赖

大部分的老年群体都渴望可以和子女儿孙共同居住生活，对家庭和子女的依赖性较强，至少是选择在隔壁或者是附近居住，以便得到在经济方面的供养、生活方面的照顾以及精神方面的支持。对于和老年人共同居住的年轻子女而言，并非完全是负担，既能得到老人对家庭与孩子的关心照料，同时还能让老年人安享晚年生活，满足他们的亲情需要。今后在建设老年宜居养老社区的过程中，需要着重关注和考虑的应该是老年群体的居住意愿。

2. 对熟悉环境的依恋

老年人家庭结构占据主体部分的是空巢家庭，而这类家庭更加渴望在心灵以及情感上得到安慰和照顾，同时也希望与亲友邻居等进行密切联系，进而弥补退休后的失落感，消除孤独感。绝大多数的老年人都特别喜爱多种多样的社会实践活动，同时这些老年人也会主动积极地投入到社区的文体活动中，在这样的环境下，他们能够有效发挥余热，进而得到社会认可。因此，老年宜居社区在规划和住宅设计方

面，需要特别注意考虑老年人的这些特征实际意愿，设计一些老少户住宅、中低层和小户型老年住宅等。绝大部分能够实现生活自理，且拥有一个健康身体的老年人，都会更加倾向于独居，但也会希望和子女住得较近，以便能够彼此照应。在很多经济欠发达国家中，由于家庭收入少，购房和住房都非常困难，更是不具备老年社区与住宅的条件，所以存在着三世甚至四世同堂的情况。受到生活习惯、思维、行为处事方法、文化水平、喜好等多个方面的差异化影响，常常会因小事导致家庭矛盾。再加上居住空间有很强的局限性，年龄层不同的家庭成员难以按个人爱好选择生活，会进一步加剧老年人、青年人和隔代间的矛盾冲突。

3. 老年人行动不便产生的对住房及环境的特殊需求

高龄、残疾、生活无法自理的老年人因为本身不能有效活动，肢体存在障碍，所以会在居住质量、设施、周围环境等方面存在特殊要求。第一，辅助设施要求，主要指的是扶手、轮椅、升降设施等。第二，公共场所与公共建筑可接近性要求，如老年疗养院、老年大学等。第三，无障碍环境要求。正是因为这些要求的存在，决定他们渴望的老年住宅要和普通老年人住宅有差别。

4. 老年住宅及其居住环境设计需要适应老年人特殊性需求

从本质上看，老年住宅产品在设计方面存在的特殊性，实际上就是他们的居住生活特征。只有把握好了老年人的身心特点，才可以真正设计出符合老年人居住需要的住宅与环境。

（二）老年人身心变化的特点

在进入老年阶段之后，老年人的身心会伴随他们年龄的增长而衰退，也就是机体老化，通常有以下几个表现。

1. 身体功能的变化

老年人的各项身体器官功能因为退行变化的影响而发生改变。随着脑功能水平降低，记忆力、智力和体态技能等情况会明显下降，与此同时，还会出现头发变白、皮肤皱纹增加、反应迟钝、行动力差、弯腰驼背等情况。

2. 感觉功能的变化

老年人在感觉方面的退行性改变是非常突出的，就温度感觉而言，老年人在低温感觉方面会非常迟钝，所以会有一部分老人常常在室内温度明显下降后，也感觉不到寒冷；视觉能力以及敏感度逐步减退，特别是明暗感觉能力降低，需要很长的适应时间；老人受到眼睛晶体硬化、睫状肌功能下降等情况的影响，会出现生理性老年远视，使他们在工作生活等方面遇到极大的障碍，并带来一系列的不便；在听觉方面会出现明显的退化和衰老，甚至会出现神经性耳聋；在嗅觉、味觉、平衡感等诸多方面也会显著下降，且呈现出迟钝的特征。

3. 心理特征的变化

老年人心理特点和青年人差异非常显著。第一，老年人心理功能改变。主要体现在智力、记忆力与个性改变这几个方面。第二，老年人心理活动改变。主要体现在社会、经济、家庭、个人等因素改变上。第三，心理与精神改变。主要体现在健忘、焦虑、猜疑、心理多变等方面，而这也常常会称作是空巢综合征。另外，念旧同样也是老年群体在心理特点方面的一个显著特征，他们常常会渴望与朋友和同事进行一些联系。

4. 老人的日常生活结构的变化

从生理学层面进行分析，当人步入老年阶段后，身体机能逐渐退化，各项功能明显下降，这都表现出老年人身体虚弱，行动力差，体力水平明显下降。

一般而言，大于65岁的老年人，在生态机能方面只可以达到20岁年龄的50%，但是发病率却高出五倍。所以，老年群体对居住环境的要求主要是安全、舒适、健康、便利，这也应该成为我们在设计老年居住环境时的根据。具体见图6-1所示。

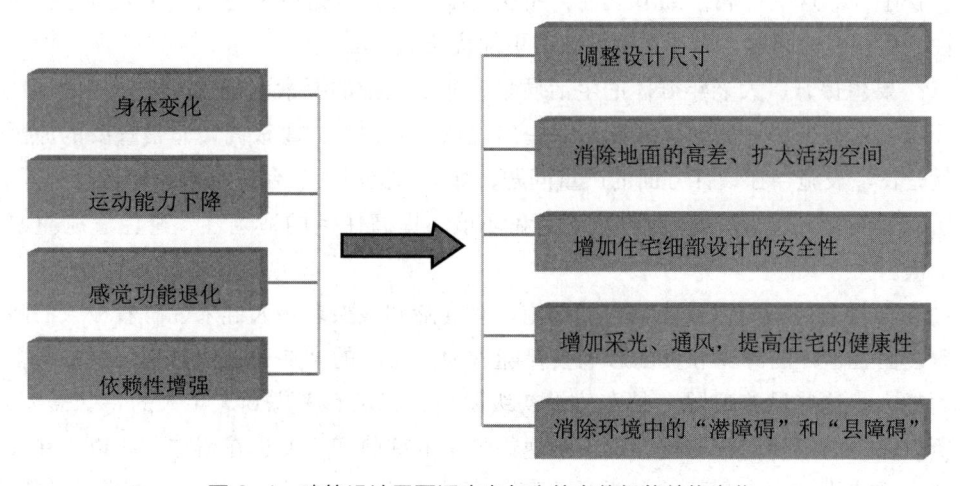

图6-1 建筑设计需要适应老年人的身体机能结构变化

（三）如何提升老年人生活质量

通过对上面的数据和有关论述进行研究可以清楚地看到，当人在步入老年阶段后，伴随年龄的增加，不管是肢体方面，还是在感官、智力、适应环境能力等诸多方面，均会有不同程度的衰退表现。在年龄增加的过程中，对于公共场所以及住宅中的一部分设施，在他们青壮年时不会理会的地点，在身心方面都会产生障碍，如台阶、楼梯等。首先，老年人的脚力交叉，苦于爬楼梯，走坡路，更是深感难度巨大，更加渴望住宅环境中的各项设施是无障碍的。老年群体最容易出现障碍的地点通常是厨房与卫生间，而这两个地方在设计时必须要考虑他们的安全。老年人在蹲便时身体需要过度弯曲，因而会加大血管与心脏的压力，特别是在有便秘的情况下，他们往往需要通过憋气的方法增加腹压，而瞬间会出现上半身血压快速上升的症状，甚至会发生心绞痛、脑出血等，威胁他们的生命。另外有一部分老年人患有关节炎，在下蹲时会产生极大的痛苦，所以常常无法有效使用蹲式便器。假如能够在便器设计方面换成坐式马桶的话，那么在生活方面就会更加省力，也不会加大腿部的承受压力，进而减少意外事故的发生率。

通过对当前的商品住宅设计情况进行分析，可以发现在设计方面忽视了老年人的安全方便以及适用等方面的要求，同时缺乏适老设施。例如，住宅中的厕所和厨房中的地板没有防滑功能，室内家具和墙面没有扶手，因而很容易造成老年人在这两个场所出现意外事件。而为了降低意外事件的发生率，需要在设计老年人环境与住宅时，需要把安全和方便作为重要的出发点。除此以外，建筑间要用连廊贯通，合理设定楼梯台阶高度，并在地面应用防滑材质的地板，在洗手间安装扶手等。这些都属于细节设计，而这些细节设计都是在考虑到老年人身心特殊性之后注意的问题，以便让他们获得更加优质的生活。

要想提升广大老年群体的生活质量，非常关键的要素就是要改善他们的居住环境。据数据统计，老年人在住宅中出现意外死亡的比重极高，非常重要的原因就是住宅设施存在设计方面的严重问题，如有浴缸溺死、台阶坠落、地板滑倒等。所以要特别注意精心设计老年住宅和环境，提高住宅的适老性，避免悲剧重复上演。

大量公共场所以及住宅中的设施，对高龄和残疾老年人群来说有着极大的障碍，而且这样的障碍和负面影响会伴随着他们年龄的增加和身体器官问题的增多而增大。这些设施实际上是在建设初级阶段，就没有考虑到老年人的特殊需要，所以在他们年龄增加的过程中，给他们带来的威胁和不便也在增加。所以，在公共设施建设方面，需要注意设计无障碍通道和设施，选择耐磨防滑的地面材料。

而在居住建筑过厅，可以提供轮椅、担架等，从不同的角度和层面出发，有效发现和消除老年群体意外事故的安全隐患，保证宜居养老社区的顺利有序建设。

老年人存在特殊需求的重要目的是他们在身心方面产生了极大的改变。所以，在今后要注意开发具备一定科技含量的老年日常生活辅助用品，适当提升高龄与残疾老人的活动力，提高他们的肢体稳定与协调能力，对他们的骨关节进行牵引，进行肌力训练，使他们的机体功能得到显著改善。

在人口老龄化的发展过程中，家庭结构日趋小型化，老年人的传统经验正在遭受现代科技进步的挑战，而老年人也在逐渐失去以往受尊敬与供养的地位。城市化发展以及工业化建设都减少了家庭成员对家庭单位的依赖，而完善的社保制度以及社会福利事业的建设，让人们在社会依赖性方面大幅提升。

在工业化建设以及城市化发展的过程中，开始有越来越多的青年群体迁移到城市以及进城务工。老年人在农村进行农副业的生产，或者是为子女照顾孩子。这就导致了老年人和子女的空间距离增大，同时也从客观方面削弱了家庭养老中的巨大作用，让以往的单一家庭养老模式，转变成为社会化养老。

作为照顾日常生活以及给予精神关怀的模式，究竟是大力推动老年福利设施建设，让所有的老年群体都能够进入老年福利机构，还是让老年群体得到家庭成员的照顾呢？这个问题实际上是在很多国家老龄化发展过程中，必须要面对和解决的问题。在养老问题逐步加剧的社会背景下，这两种方法中的任何一种显而易见都是不够全面的，所以，探索并且总结出介于二者间道路的模式开始受到了大家的关注，越来越多的人开始关注这一方面，进而保障老年群体，在这样的养老模式中，既能得到福利设施的服务，还能享受与家庭成员共同生活的亲情支持。在这样的情况下，居家养老这样的新概念被提出，而且这个概念和上面提到的两种模式是不同的。居家养老概念，实际上是在健全社保制度体系之下，老年人在自己熟悉的家庭当中生活，而社区为家庭提供必不可少以及专门化的服务，给予更加全面的照顾。在这样的模式支持下，老年人并没有离开自己赖以生活的家庭，与家庭成员共同生活居住，可以享受到亲情的关照，并尽享天伦之乐。与此同时，老年人还能接受到来自社区提供的专门化服务，有效减轻了家庭成员在照顾老年群体方面的多种负担，也进一步保障了老年群体享受优质的护理服务。

社会给予老年人生活方面的帮助以及服务，满足他们的生活需要，最终通过社区来进行具体的落实。在人口老龄化速度逐步加快的过程中，老年群体开始越来越依赖社区，和社区的互动也在增加。我国老年人因为传统思想的影响，特别注重亲情、邻里与地缘关系，对于久居的家庭以及社区会产生浓浓的依恋之情，所以通常情况下，不愿意轻易离开这样的环境。要让身体状况不佳、行动能力较差、不能得到家人有效照料的老年人,在不脱离熟悉环境的前提条件下,足不出户就能享受社区给予的多元化养老服务支持,免受奔波,同时又动员社会资源,利用社会化的人际关系资源完善适老服务,积极发展居家养老模式已经迫在眉睫,同时也成为解决国家养老问题的一项重要策略。

养儿防老是中国老年人具备的一个非常普遍的观念,现如今,这样的观念已经在悄然发生着变化。老年群体究竟会更加青睐哪一种养老方式?和其所属群体的关系非常紧密。文化水平高,中级以上职称,月收入水平相对较高,身体素质好,生活自理能力强的老年人,常常会更加青睐拥有浓郁家庭氛围的老年公寓,甚至有很多老年人已经把老年公寓当作了最为理想的养老场所。

目前,我国在发展居家养老模式以及改善社区服务方面还存在很多的缺陷与问题,政府提供的服务质量与项目较少,且质量有待提升。与此同时,政府方面还在制度建设方面有所缺陷,亟须在管理上进行规范,在服务队伍建设方面加大力度。受到这些因素的影响,社区服务有停滞不前的表现。结合京津地区的实际情况,秦皇岛承接京津地区异地养老具有必然性,前面也分析了,这也同时具有可行性。笔者认为,根据区位优势,秦皇岛具有很强的承接京津地区开发异地养老产业园的潜质与生态效应,下面将进行详细阐释。

第二节 秦皇岛市产业结构的调整和生产要素的集聚

如今,京津冀三地协同发展已经被纳入国家战略体系中。而要实现京津冀协同发展的目标,必须在社会经济建设、生态保护、产业布局等多个方面提高要求和建设标准,以便实现三地的可持续发展。在京津冀三地中,河北省是疏解北京非首都功能的核心承接地,更是未来很长一段时间内推动河北经济建设的驱动力。对河北省土地展开科学合理的测算,评估其综合承载能力,是发挥其承接地功能的前提条件和根本保证。

一、河北省土地综合承载力

(一)研究区概况

1. 区域现状分析

从区域位置上看,河北环抱京津地区,地处东经113°27′~119°50′,北纬

36°05′42°40′之间，总面积约18.85万平方千米。河北省下辖11个地级市、41个市辖区、20个县级市、103个县、6个自治县。11个地级市分别是：石家庄市、唐山市、秦皇岛市、保定市、邢台市、邯郸市、张家口市、沧州市、承德市、廊坊市、衡水市。截至2013年底，总人口数为7 333万人，实现生产总值28 442.95亿元，增长7%，GDP综合占京津冀三省市比重的45.37%；人均国民生产总值为38 788元，增长6.4%，低于北京的54 833元，低于天津的59 323元，低于京津冀人均国民生产总值的18617元；地方财政一般预算收入为2 295.62亿元，增长10.1%，占京津冀比重的28.56%；全社会固定资产投资为23 194亿元，增长17.97%，占京津冀全社会固定资产投资总额比重的59.21%；城镇居民人均可支配收入为2 226.75元，低于北京的22 337.18元，低于天津的6 753.07元，低于京津冀平均水平的9 696.75元；农民居民人均纯收入为9 187.71元，低于北京的7 913.47元，低于天津的6 164.89元，京津冀平均水平为4 692.79元；城镇化率达到48.11%，低于北京38个百分点，低于天津33个百分点。

2. 自然资源概况

（1）地形地貌条件。河北省的地势特征是东南低和西北高，其中西北部的主要地形是山地，而中部以及南部绝大多数是平原，从整体地貌上看多样且复杂。海岸线总长度为487公里，河北西北部坝上高原是内蒙古高原的一个部分，占到河北省总面积的8.5%，平均海拔为1 200~1 500米；燕山与太行山脉海拔，通常在2 000米以下，占到全省总面积的48.1%；华北平原海拔低于50米，总面积占到全省面积的43.4%。

（2）气候条件特征。河北省的年降水量为300~800毫米；四季分明，年日照小时数为2 400~3 100小时。河北省处在温带季风气候带，显著的气候特征就是夏季炎热多雨，而冬季寒冷干燥，春天风沙较多，秋天气候凉爽。从降水量的分布情况上看，全省水量分布非常不平均，年变化率很大。河北省有两个多雨区，一个是太行扇的东侧，另外一个是燕山南麓，它们都是季风的迎风坡。另外也有一个地点，降雨量非常少，那就是张北高原，因为它更加偏向于内陆地区，常常会出现极端的天气，夏季暴雨，春季干旱少雨。

河北省的总面积大约是1 888.48万公顷，而不同土地类型所占比重也有着很大的差异，结合2014年获得的数据显示：耕地646.85万公顷、林地435.37万公顷、园地57.49万公顷、牧草地81万公顷、其他农用地86万公顷、居民点及工矿用地147.76万公顷、通用地10.23万公顷、水利设施12.11万公顷、未利用土地355.17万公顷、其他土地56.51万公顷。河北的水资源总量是238亿立方米，滦河淮河流域面积占到总体面积的91.4%，而内陆河和辽河的面积仅占到总体面积的8.6%。

3. 社会经济概况

现在，河北省已形成纺织、汽车、新能源、医药等优势产业为主导的布局，有很多行业以及产品在国内处于领先地位。例如，河北省的纱产量在全国占到第四位，建材玻璃和卫生陶瓷产量居全国第二和第一位，钢和生铁产量居全国第五和第三位。除此以外，河北在化学医药工业发展方面也极具优势。

在国家的交通网络体系中，河北省的地位是非常重要的，是北京去往全国的必经之路，而如今的河北省交通网络体系已经非常完善，形成了海陆空运整合的综合交通网。有全国25条主干线铁路都通过河北省，全省的铁路货运周转量在各省中占据第一位；有全国的27条公路干线经过河北省，公路货物的周转量在各省中占到第二位；高速公路里程在各省中占第三位。河北省拥有着非常便捷顺畅的海运条件，有黄骅港、天津港、唐山港、秦皇岛港等，另外还有大量正在建设的大出海口。唐山港以及秦皇岛港都位于全国前八大海港中。

石家庄民航航线已经发展成47条，秦皇岛山海关机场有28条航线，邯郸机场在2007年已经建成通航，在2010年唐山三女河机场也建成通航。另外，首都机场以及天津的国际机场都能为河北者所利用。

河北省拥有非常丰富的旅游资源，有大量全国重点保护文物单位，其中的保定市更是河北省的第一文物大市。享有国家历史文化名城称号的有河北保定、山海关、邯郸、正定、承德。除此以外，河北省还拥有六个国家5A级景区，分别是保定安新白洋淀、保定涞水野三坡、承德避暑山庄、唐山清东陵、邯郸娲皇宫、石家庄平山县西柏坡。

4. 生态环境概况

根据《2014年河北省环境状况公报》给出的河北省各市空气质量排行，各市空气质量排行由好到差分别是张家口、承德、秦皇岛、沧州、廊坊、衡水、邯郸、唐山、石家庄、邢台和保定。2014年，全省的平均优良天数是152天，和上年相比增加了23天，同时重度污染以上天数也比上年减少了14天。而张家口、承德以及秦皇岛这三个位于空气质量排行榜前三位的城市，空气质量优良的天数都大于200天，而其余均在160天以下。承德和秦皇岛市总共出现六次酸雨，而其他地方没有出现过。全省各大水系的氨氮浓度水平较高，出境断面水质优于入境断面水质。从整体角度上进行分析，河北省在生态环境建设方面必须要提起高度重视。

2015年，河北省努力贯彻新的《环境保护法》，开展了面向大气水资源和农村的三个生态攻坚行动，并健全"源头严防、过程严管、后果严惩"长效机制，增强目标责任制、奖惩考核制以及监督检查制，大力解决影响可持续发展和威胁广大人民群众身体健康的环境问题，竭尽全力打造优质的京津冀生态环境支撑区。

（二）土地综合承载力

自然资源子系统主要包括水资源和土地资源承载力。

土地承载力受多种因素决定，主要包括人均耕地面积、建设面积以及城市建设用地面积。唐山、秦皇岛、邯郸、衡水、张家口这几个城市在发展建设中的扩张速度很快，耕地面积较小，所以单位面积要承载的人口数量很多；从整体上看，城市建设用地也在不断增大，但是用地扩大的速度是始终落后于人口城市化的，绝大多数的河北省城市都是在较小的面积上承载大量的人口。

水源承载力也受到多种因素的决定，分别是人均供水量、生活用水量以及单位土地水资源。秦皇岛的单位土地水资源很多，但是居民的生活用水量极高。确保水资源供需平衡，保证各地在水资源承载力方面处于稳定水平是非常关键的。

通过对水资源以及土地资源承载力和各自权重进行计算，就能获得自然资源子系统承载力的相关数据。经过测算了解到，各市自然资源承载力承担的压力很小，不管是在土地还是水资源方面都是非常丰富的，也有着极大的挖掘潜能；河北省各市的自然资源承载度，有着分布不均衡的特征，绝大多数集中在北部。

在计算获得社会与经济承载力后，根据各自权重，就能获得社会经济子系统承载力相关的数值。通过计算发现，整个河北省各市的经济社会承载力都处在可承载的状态，同时有着极大的发展潜能以及拓展空间。而在诸多城市中，唐山、张家口以及石家庄的整体承载度是较小的，同时挖掘潜能也小。唐山和石家庄的社会经济已经发展到了较高水平，所以再次挖掘和拓展的潜能已经很小。张家口是因为自然环境条件较为严峻和恶劣，因此也不具备较强的发展潜能。

在计算出绿化与工业影响环境的承载力，并掌握了各自权重之后，就能计算获得生态环境子系统的承载度。通过计算发现，生态环境较差，已经存在超载状态的有石家庄、唐山、邯郸、沧州、廊坊；处于可载状态的有秦皇岛、保定、张家口、承德、衡水；处于满载状态的有邢台。

从土地的综合承载度方面看，唐山已经处于超载状态，而剩下的城市都是可载状态。

(三) 河北省土地综合承载力制约要素分析

河北省的土地综合承载力，包括三个子系统的共同支撑，分别是社会经济、自然环境以及生态环境。这三个部分是否能够实现有效的协调以及具体的协调程度，会直接影响河北省的土地综合承载力。现在将进一步对制约性要素进行研究，为针对性建议的提出提供根据，进而保证河北省可以步入可持续发展轨道。

结合木桶理论，河北省的土地综合承载率水平会受三个系统中最薄弱的环节决定。根据这样的理论，把河北省各地市在系统展开排序，并取 α 值最高的子系统作为影响该地市土地综合承载力的限制因子，见表6-5。

表6-5 河北省各地市土地综合承载力限制因子分析

城 市	自然资源承载度	社会经济承载度	生态环境承载度	限制因素
石家庄市	0.7185	0.6158	1.2430	生态环境
唐山市	0.8504	0.7531	1.9520	生态环境
秦皇岛市	0.9684	0.4280	0.8010	自然资源
邯郸市	0.8068	0.4416	1.1180	生态环境
邢台市	0.4654	0.2603	0.9614	生态环境
保定市	0.4896	0.2606	0.8650	生态环境
张家口市	0.6949	0.5886	0.6922	自然资源
承德市	0.5921	0.2739	0.5995	生态环境
沧州市	0.5052	0.4675	1.4831	生态环境
廊坊市	0.5443	0.3815	1.6654	生态环境
衡水市	0.5917	0.2517	0.8932	生态环境

通过对表6-5进行分析，可以了解到石家庄、唐山、邯郸、邢台、保定、承德、沧州、廊坊、衡水的限制因素为生态环境因素；秦皇岛、张家口的限制因素为自然资源因素。利用状态空间法分析三个子系统承载度，可以得到：

（1）河北省大部分市土地综合承载力都在可载状态，同时还具备较大的承载潜能。在自然资源承载力这一方面，秦皇岛承载度最大，而邢台承载度极小；就社会经济承载力而言，唐山最高，衡水最低；就生态环境承载力而言，唐山超载最严重，承德生态压力最小。

（2）如今河北省土地综合承载力主要受社会经济因素影响。

（3）如今石家庄、唐山、邯郸、邢台、保定、承德、沧州、廊坊、衡水9市的限制因素为生态环境因素；秦皇岛、张家口2市的限制因素为自然资源因素。

（四）河北省土地综合承载力提升策略

在测算评估各地土地综合承载力水平的过程中，会受到很多因素的影响，而且不同地点影响因素也各不相同。不过从总体上看，都可以划分成软约束和硬约束这两个方面。硬约束指的是水、土地资源等无法实现突破的因素。这些都属于刚性约束，突破难度极大，同时，如果选用了不恰当的方法，极有可能会出现适得其反的情况，并影响到科学发展观的落实。接下来将结合这一原则，为河北省土地综合承载力的提高提出建议。

1. 优化土地综合承载力结构，发挥整体优势

自然资源、社会经济、生态环境这三个部分是土地综合承载力的组成要素，不管哪一个要素属于薄弱环节，那么就会成为木桶的短板进而限制到整体，从而影响到整体优势的发挥。面对这样的现状，必须将分析和关注点放在短板因素方面，首先突破短板要素，并利用系统结构的优化，从根本上提升综合承载力水平。运用综合性的方法，把侧重点放在解决短板方面，提升土地的综合承载力以及整体效能优势。在本次的研究地区中，需要特别注意对土地资源进行科学分配，以及恰当利用的是唐山市、秦皇岛市、邯郸市、张家口市、衡水市；要特别关注合理利用土地资源，同时必须要节约和保护水资源，合理规划水资源利用的是秦皇岛；张家口市需要特别关注的是强化道路运输能力发展，在交通网络建设方面加大力度；唐山市要把侧重点放在调整经济产业结构方面，另外还需要在绿化建设方面加大力度。

2. 优化产业结构转变增长模式，降低承载力负荷

之所以强调要对产业结构进行合理化调整，想要达到的重要目的是要降低承载力的负荷与压力。一方面，需要促进单位产值资源与能源的消耗量，促进产业升级换代；另一方面，要加强对新技术和新方法的应用，减少废弃物排放，有效降低对土地、水资源等多种资源的消耗与浪费。

落实产业聚集发展，合理集中布局以及实施集约用地的准则，对各项用地进行科学节约的安排，对产业布局进行改进，有效挖掘和拓展土地利用的潜能，开发还没有得到有效利用的土地。

人口是影响一个地方土地承载力的关键要素,所以要考虑到土地开发的差异性特征,并对人口分布进行合理的引导以及科学化的布局。要引导农村人口本地城市化,加强对农民工群体的社会保障知识,与此同时,有效疏解大城市病的问题,在城乡用地方面进行合理规划。

有效推动循环经济建设,减少对废水废弃物的排放,同时减少和控制污水与污染物排放,实现废物再利用。彻底改变过去粗放经营的经济发展模式,对各项能源资源进行科学合理的使用,降低废物废气等的排放量。

改善交通,完善交通网,全面增强交通运输的整体效率。具体而言,要加强对国内外优秀经验的学习,优化交通路网结构,适当增加路网密度,保证道路客货运输整体能力的提升。另外,要在全社会范围内激励广大市民乘坐公共交通,实现节能环保的同时,让道路运输更加顺畅有序。

3. 充分调动各主体积极性

在促进区域城市承载力提升的过程中,发挥重要作用的四个主体分别是政府、企业、社会组织以及广大人民群众。在这四个主体中,如果只是单纯地依靠其中一方,或者是其中的几方都是远远不够的。正确的做法是要发挥四者的优势作用,对土地综合资源进行科学经营,从根本上提升土地的综合承载力。

政府要在政策法律法规方面发挥好引导作用,努力改善和优化社会环境,增强处置土地承载力的能力;企业要充分发挥自身优势,积极支持和推动产业结构调整,节约用地,优化土地资源利用,同时企业方面要提高思想认识,将可持续发展作为重要的发展观念,真正承担起服务和建设社会的责任;社会组织在社会中介方面具备优势作用,所以社会组织可以从多个方面与角度加强和其他主体的联系,进而提升土地综合承载力;社会公众要不断提高个人综合素质,主动积极地参与到土地综合承载力的提高中,通过规范自身行为为社会建设做出贡献。简而言之,只有实现四个方面的协调处理,才能真正促进社会的持续性进步。

4. 大力推动节能减排,提高生态环境承载力

"十三五"期间,在保护生态环境方面得到了一个非常重要的战略机遇。改革工作正在全社会领域全面推进,同时依法治国也在深度实施,生态文明的体制机制逐渐完善,给环境保护工作提供了技术、法制、政策等多个方面的支持。经济转型、供给侧改革、提供生态产品供给,使污染物的新增排放压力得到了有效缓解。人民群众越来越认识到保护生态的重要意义和价值,整个社会也在逐步形成生态保护的合力。同时我们也看到,我国在工业化以及城市化建设方面的任务还

没有真正完成，生态环境的保护工作仍然任重道远。由于经济下行压力增加，使发展和保护之间的矛盾更加显著，很多地方环保减少了投入，又加大了环境质量和环境治理改善难度。区域生态环境的分化态势非常明显，污染点状分布在逐步扩张，很多地方的生态系统稳定性大幅降低，也增大了统筹协调工作的难度。我们要应对全球气候变暖的态势，发展"一带一路"倡议，要在环境方面承担更大的责任，并参与到全球环境治理中，这对我国来说是一个很大的挑战。

这些政策构想需要从以下几个方面着手推进落实。

（1）增强区域互动，构建科学化的排污权交易制度。《河北省主要污染物排放权交易管理办法（实行）》明确要求，要进一步完善健全污染物的排放权交易制度，大力激励和推动产业结构调整以及转型升级，彻底消除粗放运营模式，注重在调整产业结构的过程中，运用市场化手段，全面增强企业参与节能减排社会建设的主动性。在增强生态环境保障质量的前提条件下，激励跨区域实施污染物排放权的有效交易。

（2）建设污染源监控系统。构建重点污染源的动态监测和动态化管理数据系统，加快污染源自动监测体系的建设步伐，把侧重点放在重要污染源的治理方面，实现多种重要污染物的自动检测，实现对污染治理设施的自动自主采样以及视频监督。继续健全独立第三方自动监控制度，增强监控的规范性以及合理性，最大化地发挥监控体系的价值。

（3）将治理污染和市场化进行紧密整合。拓展融资渠道，促进投资主体多元化，实现运营主体以企业为主，充分发挥市场的作用，增强污染物处理能力。继续健全环境税费调节机制，利用监控系统中给出的数据支持做好应对和处理，尤其是要构建反映资源环境成本的价格机制，给出合理化的排污收费标准，促使越来越多的企业自主自发地参与到排污权交易市场中，有效购置污染物处理的设施。

（4）积极推动环保技术的研发推广力度，构建专门的环保技术研发部门，完善污染治理长效机制。这其中，政府方面要切实发挥引导作用，积极制定相关政策措施，加强对环保科技的引导与支持，同时要注意公司、企业和院所共同为污染处理的改革创新做出努力，尽早实现环保技术研究成果和实践的对接，保证科研成果的市场转化。

（5）完善自然资源与生态环境警戒机制。联合预警预报机制，在当前工作实践中有着非常普遍的应用，能够形成对资源环境发展情况以及风险情况的预估，因而能够在河北省调整区域发展策略的过程中提供重要的依据。

加大土地立法力度，将行政约束和法律监管进行有效整合，完善土地管理的效率和方法；健全有偿使用土地的制度，积极发挥实诚机制在土地资源配置中的巨大作用，保证土地资源能够从粗放利用转化到集约利用；加大土地保护和土地整治的工作力度，有效防止土地内部和周围的环境与生态污染与破坏；构建水源安全保障体系，维护水源使用和管理安全。

在前人研究基础上，把河北省作为研究对象，将土地综合承载力研究作为基础，整合河北省实际状况，开展实证性研究是解决河北省发展中问题的重要措施。不过土地承载力研究是一个庞大复杂的工程，所以其中仍有很多不足之处。笔者对于河北省土地承载力进行分析目的是对承接京津异地养老做基础分析，为环京津异地养老产业园区的建构做铺垫。

二、秦皇岛城市发展战略定位

（一）秦皇岛的区位特点和差异化的战略要求

秦皇岛位于河北省的东北部地区，南面濒临渤海，北面依靠燕山，西面靠近北京市和天津市，东面与辽宁省相邻。秦皇岛处在东北与华北经济区的结合部，还处在环渤海经济区的中部。秦皇岛距离韩国首都首尔只有700公里，距离日本只有1 200公里，这样的地理位置，使秦皇岛成为众多地区的出海口。而唐山和天津等对秦皇岛构成了近距离的强力挤压，让秦皇岛在发展过程中，面对着极大的压力和挑战，可能会出现被边缘化的风险，在这样的情况下怎样实现突围，成了秦皇岛在发展建设中亟待解决的战略问题。

需要注意到的是，在最近的两版总体规划中，把秦皇岛发展轴指向南方，这样的安排显而易见有着很大的问题。事实上，在推动秦皇岛建设的过程中，也需要把东三省纳入考虑中，因为在秦皇岛的整个住宅市场中，1/4是东三省的消费人群。可以看到，这样的购买率是非常惊人的，忽视了具备如此巨大购买力的人群，显而易见是存在很大缺陷的。假如秦皇岛区位考虑东三省的话，那就变成了中间区位，而不再是非终端区位。结合区域理论中给出的论述，这样的条件在发展优势上会远不及以往。所以，怎样进行不利条件的转化就是当前秦皇岛在发展定位中需要着重以及客观处理的问题。在区位上的劣势条件，是非常值得关注的一个问题。而我们必须看到，秦皇岛处在制造业凹地，但站在发展消费经济的层面上进行分析，却因为这一条件的存在，拥有了相对优势，怎样将相对优势进行放大和合理的利用，让周围地区的消费购买力流入秦皇岛，就成了战略定位中需要重点关注的问题。

由此可见，秦皇岛在城市建设与发展过程中，需要将差异化战略作为首选，利用差异化的方法强化优势地位，和周边城市与地区进行密切的合作互动。

(二)城市发展面临的诸多问题

很长一段时间以来,秦皇岛在发展经济领域面临着大量的缺陷问题。问题存在是客观的,因为不管是哪个城市,在发展进程中都会遇到不同程度的问题。在研究发展战略这一重要内容时,首先需要准确客观地聚焦问题,增强对问题的客观全面认识,以便及时发现其中的根源和疏漏,进而提出针对性的解决方案,获得共识。此处,笔者将着重对城乡发展中常见问题展开论述。

1. 秦皇岛的人口问题

在城市规划和研究体系中,人口规模是其中的重要内容,但并不一定是城市发展战略的重点。一般而言,人口演变趋势才是城市发展战略的重要问题,如老龄化问题。所以,在城市发展战略研究的进程中,我们只是对城市人口规模展开一般性探讨。

从整体的角度上看,通过对长期以来获得的数据进行整合分析,可以看到秦皇岛人口数量的改变极为有限,这也证明城市吸引力明显低于发达地区城市。因为如果城市有较强吸引力的话,会让大量的移民进入城市,让人口成为促进经济增长的一个重要动力。人口的情况和城市经济增速快慢有着密切的关系,同时还和产业结构有关。但是从整体角度上看,城市人口规模的改变是非常轻微的。就人口演变趋势而言,人口数量的过快增长并不现实。而且秦皇岛的环境承载力较低,即经济基础是服务业,需要的是数量稳定且富裕的城市居住人民,不适合大幅扩大人口规模和城市规模。所以显而易见的是,人口增速过快,会影响到财富聚集,进而影响到秦皇岛的未来建设。只是其中制造业和非常居人口增加并不在控制的行列。

2. 城市低水平开发严重

在当前的秦皇岛城市发展过程中,低水平开发是一个非常明显并且长期存在的问题。例如,城市的建筑设计、岸线管理产业利用、旅游服务、工业建设等领域水平很低。大量低水平开发的现实状况,只要在国内或区域内展开对照,就可以发现。可以说,这是城市经济增长水平低带来的严重后果。在很多领域,秦皇岛还属于尚未开发地区。

3. 城市定位的重心摇摆不定

在秦皇岛城市的发展建设中,并不缺少城市定位,实际上,秦皇岛是尤为重视城市定位的。在很多城市都没有涉及和解决这个问题时，秦皇岛就已经出现了城市定位。但是从定位中可以发现，秦皇岛的定位中心摇摆不定。也就是说，在人文资源得到关注时，秦皇岛会把重心放在发展服务业上。在国内兴起港口投资热潮时，秦皇岛会把城市重心定位为港口。在国家在提倡工业致富时，秦皇岛在城市定位方面又转到了工业领域。而这些情况也证明，秦皇岛城市定位并没有达成共识，而且也没有和产业进行真正意义上的融合，所以产业发展受到阻碍之后，城市定位根基就立马会被动摇。

4. 农业经济处于睡眠状态

秦皇岛的农业面积较大，以四县而论，总面积占到城市面积93.5%，但是四县的经济量只是全市总量的39%。秦皇岛是我国最早沿海开放城市当中的一员，但是在农村经济建设方面，却很落后。这样的差距即使是对照安徽，也有着非常突出的缺陷。因为安徽县域经济在全省经济增长的贡献率方面达到了43%。由此可见，农业经济的睡眠状态制约了秦皇岛经济的快速发展。

5. 产业基础相对薄弱

秦皇岛生产的工业产品品种超过了一千种，其中大约有超过30种已经达到了国际先进水准，170多种达到国内先进水准。秦皇岛在工业门类设置方面是很齐全的，拥有的工业产品种类繁多，从中能够看到秦皇岛有大而弱的工业体系，不具备重点，也缺少核心竞争实力。通过对2005年获得的数据进行分析，可以看到，秦皇岛的工业产值只是占到了河北省的5%，这样的比例是非常低的，是河北省工业凹地。从整体角度上看，秦皇岛产业业态发展速度慢，且不具备清晰明确的思路。

6. 港口与城市无法有效互动

很长一段时间以来，秦皇岛城市在发展建设的过程中，大力提倡的是港城互动，但是具体实施中的效果却是有限的，城市污染严重，污染物每年就达到了6万吨。导致以上问题产生的原因主要有：第一，秦皇岛没有建立临港工业体系，无法在港城互动中形成配套和综合效益。第二，秦皇岛经济体量和港口不相称问题较为明显，不能够支撑如此大的港口。当前国内发展好的港口城市在GDP上，通常会达到千亿元以上。而秦皇岛基本属于煤炭运输专业岗，但是秦皇岛并不生产煤矿，无法直接受益，要谈到受益的话，只能是间接性的。但在以往的计划经济条件下，间接受益的获得也是很难的，并没有建立间接受益的体系配套。

7. 县域经济发展缓慢，拖累了城市经济发展的步伐

秦皇岛的青龙、昌黎、抚宁、卢龙四县经济增速很快，把2005年经济总量作为衡量标准的话，预计到2020年，能够到达719.54～945.15亿元。这样的速度与规模无法解决问题，县域经济占据的土地面积大，但是土地单位产值却处于较低水平。按照这种情况发展的话，会使秦皇岛的发展受到拖累，影响城市经济的整体排名。

上面提到的问题只是概述性的，并不是问题全貌，但概述性问题是研究城乡发展战略的基础，是揭示与解析问题的开端。

（三）城市发展的战略性问题

1. 秦皇岛发展建设中的7个问题

通过实地调研，发现很长一段时间以来，秦皇岛在发展建设中的问题能概括为7个方面，而这7个方面也是未来秦皇岛城市建设的关键点，将会直接关系到城市定位、产业发展、城市布局、港市互动、岸线布局。我们强调这些问题是关乎全局和未来的战略问题，其原因如下。

（1）秦皇岛的城市定位的不确定性，显示城市在发展问题上没有取得共识。城市定位会伴随外部宏观经济的变化而发生改变，而城市定位是制定城市规划的根基所在，所以一旦城市的定位发生改变的话，那么城市整体的经济建设都会受其影响。甚至会引发重复建设、低水平开发等多种多样的问题。

（2）作为中国第一批沿海开放城市，秦皇岛发展速度慢于其他沿海开放城市。和环渤海经济区以及周围城市的发展情况进行对比，秦皇岛在发展的总量以及速度方面都处于不利地位，产业结构特别是工业结构的设置不够合理是重要原因所在。秦皇岛321型产业结构形成，并非是城市经济发展从内质上走入高水平工业化的标志，只是因为秦皇岛的农业欠发达，工业基础薄弱，港口交通运输等在产业体系中占主导造成的。秦皇岛的整体工业化建设质量和水平很低，从整体上看，工业体系还在原始分散的状态下发展着，工业经济水平在省内外都排在靠后的位置，缺乏较强的竞争力。再加上农业经济的睡眠状态，发展现状非常明显，旅游业等也有着很多的不足。

所以明确产业发展方向，确定优势产业，并积极发挥优势产业的带动作用，调整产业结构，是促进秦皇岛城市快速发展的关键和当务之急。

（3）从城市空间布局方面对秦皇岛进行分析，可以发现布局失序问题非常明显，同时在定位和实际发展方面的矛盾突出。工业区包围城市，让现有的空间组

团不能实现密切的关联，县区功能定位不够明确，有非常严重的同质化问题，使地区建设过于分散混乱，进而让秦皇岛的优质资源禀赋并不能显现出优势。

（4）秦皇岛长期以来，将"港城互动"作为战略目标。从客观角度来看，这个战略要想进行全面实施的话会遭受巨大的考验，而且本身的缺陷也是非常明显的。其中非常重要的一点是缺少临港工业体系的协调配合，港口和城市产业衔接度很差，港口对城市缺少直接贡献，使港口效益并不能成为城市经济发展的效益。

（5）秦皇岛市县二元结构明显，落后的县域经济影响了整个城市的发展速度和经济效益。秦皇岛市区的经济发展速度很快，但是这样快速的发展现状无力拉动农村经济发展，城乡之间的经济互动性很差，怎样对县域产业的方向和结构进行确定，怎样促进县域经济增速提升，怎样加强城乡互动建设已经是影响秦皇岛市经济建设步伐的关键。

（6）秦皇岛目前的岸线布局现状导致岸线效益低下。秦皇岛有126千米海岸线，而海岸线资源是一个城市非常宝贵的资源禀赋。在海岸线利用方面，利用产业化的方法能获得最大的价值回报。港口建设是实施产业化利用的形式，但是因为专业港口以及缺少临港产业这两个方面的限制，使港口在产业化利用方面水平较低，不能获得较高的价值回报。而且这样的利用形式对秦皇岛来说是非常有限的。所以，岸线价值怎样运用其他方式进行有效发挥成了关键。

2. 解决上述问题的策略

从整体的角度上分析，上面提到的关键问题，存在着互相依存与制约的关系。就岸线问题而言，岸线涉及港口、产业、空间等多个方面，并不是孤立问题。城乡经济发展也是这样，和城市定位与产业建设有着非常紧密的关联。所以，解决这些问题需要有一定前提条件，尤其是要做到协调资源，凸显重点，提出体系化以及系统化解决策略。下面我们从以下几个方面进行着重研究。

（1）从区域角度看城市发展战略

一个城市要想获得好的发展，其必须要拥有的基础就是外部区域经济发展，这也是重要的前提条件。每个城市都不是孤立存在的，都在一定地域范围的城镇体系中，同时还与该体系中的大小城镇有着非常紧密的关联。不管是哪一个城市的发展，除了城市本身拥有的条件外，还必须具备外部区域条件，包括区域中的自然与社会资源、产业发展条件、政策、文化环境等。所以，在对城市发展进行研究时，不能利用就事论事的方法，应该扩大研究领域，在区域统筹的前提条件下建设，最终实现共赢和共同繁荣。

站在区域层面上进行分析，城市发展战略需要有竞争合作意识，并且要合理处理竞争和合作之间的关系。这样的竞争合作意识需要在定位、资源、产业等多个领域进行有效体现。例如，有的地点已经具备了某个产业基础，但是是否就要大力对这个产业进行建设呢？要解决这个问题，需要站在区域甚至更大范围上去分析，用合作和竞争的眼光来看待和处理，必须要服从自上而下和从宏观到微观的战略研究框架。

（2）区域增长极的概念及其借鉴意义

增长极理论是法国著名经济学家弗朗索瓦·佩鲁提出的概念。在他看来，空间发展和部门发展是相同的，增长并非是同时出现在全部地点，而是会以不同强度，首先出现在某些增长点或增长极之上，接下来会利用多种渠道扩散，形成对整体经济的差异化影响。

布德维尔又给增长极下了一个简单定义：增长极是城市区内配置不断扩大的工业综合体，并在影响范围内，引导经济进一步发展。可以说布德维尔把增长极概念进行了拓展，让增长极拥有了确定地理位置，处在城镇或附近中心区。这样增长极就拥有了两个确定性的内涵，第一层含义是作为经济空间上某种推动型产业，另一层含义就是作为地理空间上产生增长中心。

这样的增长具备推动和增长中心意义上的增长含义，而在之后学者研究增长极时，基本上都会将他给出的定义作为基础。

增长极对周围区域经济发展的影响有正面和负面的区分：第一，扩散作用，属于增长极的正面效果。受到核心区快速发展的影响，利用各种资源的流动，对其他地区起到辐射带动以及推动作用，提升其他地区的就业机会，扩大农业产出，提升周围地区劳动生产率以及消费水平，带领周围地区经济的快速发展。第二，极化作用。这个作用属于增长极的负面效果。要素流动具备优区位集聚规律，会让大量的资源流入吉化地区，构成非常显著的规模和外部经济，而要素的收益率水平会快速增长。但外围地区的经济发展水平低、收益少，大量的资源又流入其他地区，会导致这里的产业无法有效起步和发展，形成极大的贫富差距。

在研究现代区域经济的进程中，增长极理论的应用非常广泛，而且成了区域发展的重要指导理论，其包括的主要观点是：区域经济建设主要凭借的是条件优质的少数地区与少数产业，因此要注重将少数区位条件优良的地点以及产业培育成经济增长极。增长极的显著特征是支配和创新，会支配周围区域，产生吸引和扩散的作用。主要包括技术创新和扩散，资本集中和输出，规模效益扩大，凝聚经济效果凸显。增长极吸引效应最为明显的表现就是大量生产要素聚集到极点，扩散效应最为明显的表现就是生产要素外移。在初级发展阶段，应该把吸引效应作为主要内容，等到增长极发展到了一定程度之后，可以再加强扩散效应。

就目前而言，河北省正处在高速发展周期之中，但秦皇岛经济发展现状和这样的周期非常不协调，和省内的其他地区相比，在多个经济指标方面是连年退步的；同时发展思路不明确，思想与行动存在矛盾，进而出现了建设混乱、无序等问题。所以，秦皇岛要站在全局和战略角度，对城市发展情况进行科学把握。正确确定总体目标以及发展战略，在形势认知以及思路确定方面实现统一；战略性调控产业结构，把握产业和环境之间的关联，同时解决好战略支撑产业方面的问题；调控城区整体布局，合理确定功能区的划分，提升建设层次；调整岸线的整体布局，最大化地增强岸线功能价值；优化城乡布局，实现城乡紧密互动；对港口腹地和临港产业进行科学化建设，提高港城互动有效性。

（3）区域内各城市的发展趋势

近年来，河北省的工业经济增速很快。2005年，河北省三大产业的增加值分别是1 453.9亿元、5 324.2亿元、3 338.5亿元。所有财政收入已经突破千亿元，增长了33%，生产总值突破万亿大关。2006年，钢铁工业成为拉动河北省工业增长最为主要的动力，同时本年的增加值占到全省增加值的1/3，位列全省38类工业行业的首位，也促使河北省成为全国著名的钢铁大省。站在区域层面上进行分析，河北经济有高山和低谷的划分。然而，秦皇岛市经济就位于低谷，缺乏竞争力，落后特征非常明显。如果按照如今的增速，唐山等城市到2020年GDP完全有可能突破万亿大关。但是秦皇岛如果依照当前增速的话，到2020年可能只达到2 700亿（注：根据秦皇岛"十一五"规划）。

笔者在成果分析中特别指出，秦皇岛处在工业围城中，而区域中的周围城市大多是制造业或者是属于工业城市。秦皇岛在众多制造业城市的包围圈中，就成了工业凹地。不过，在对事物进行分析时，必须做到客观，也就是要一分为二地进行看待。在消费经济的角度上进行分析，秦皇岛的这一特征反而可以变成一种相对优势。因此，最为关键的还是秦皇岛在未来城市发展定位方面必须区别于周围城市，利用差异化定位的方法，提高对资金的吸引力。

（四）城市的功能定位和规模

1. 秦皇岛新的城市发展定位与主要内涵

笔者对秦皇岛城市发展的定位是绿色经济休闲文化产业城市。绿色经济并不排斥工业与制造业，但是一定会设置生态环境标准，保证绿色经济目标的达成。休闲文化产业拥有很大的发挥以及拓展空间，和当前秦皇岛已有资源是极为吻合的，与此同时也是能够实现产业化的领域，更是秦皇岛未来最为关键的战略性产业。房地产、旅游、交通、大学等行业都和休闲文化产业密切相关。新的城市战略定位和已有定位的差异是非常明显的（见图6-2）。而在以往的城市定位中，在外部环境出现改变和宏观环境拥有新趋势之后，秦皇岛在城市定位方面就会摇摆不定，始终也没有明确，进而威胁到了城市运营和可持续建设。

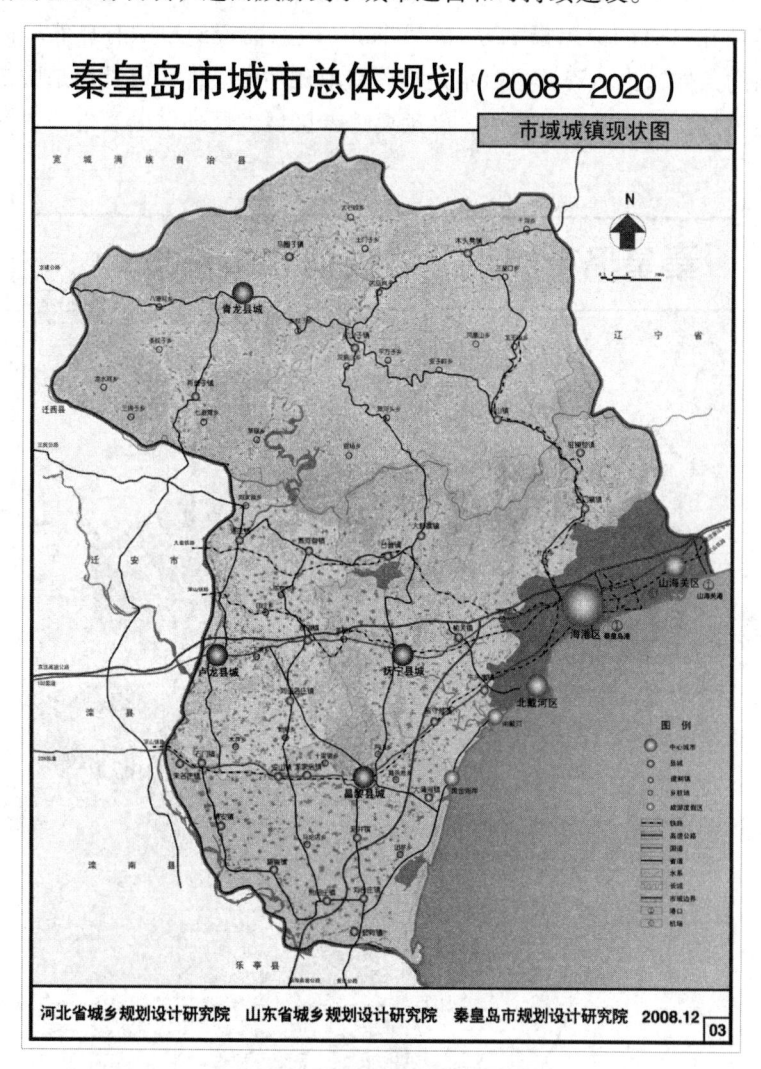

图6-2 秦皇岛市域城镇现状图

（1）85版规划：以能源中转、休养、旅游、建材和出口加工工业为主的海港城市。
（2）94版规划：以发展工业、商贸为主导，旅游业为特色的枢纽性港口城市。
（3）01版规划：我国著名的滨海旅游、休闲、度假胜地，环渤海地区重要的综合性港口城市。

因为城市战略定位极具价值和影响力，我们在对城市进行定位前，首先要展开对原有定位的分析和研究工作。通过对秦皇岛在以往定位中获得的结果，再参照其他城市，可以发现秦皇岛市有关人员对发展定位理解不深。城市定位必须立足实际，找准自身特征，明确自身的发展方向与方针。其次，城市定位时，需要把出发点放在自身的资源禀赋方面（见图6-3）。而资源禀赋有自然方面，也有社会方面的条件，当然资源禀赋不是唯一获取成功的条件，但是却是城市定位的根基所在。另外，在城市发展中，必须要思考区域发展环境以及市场竞争的相关情况。

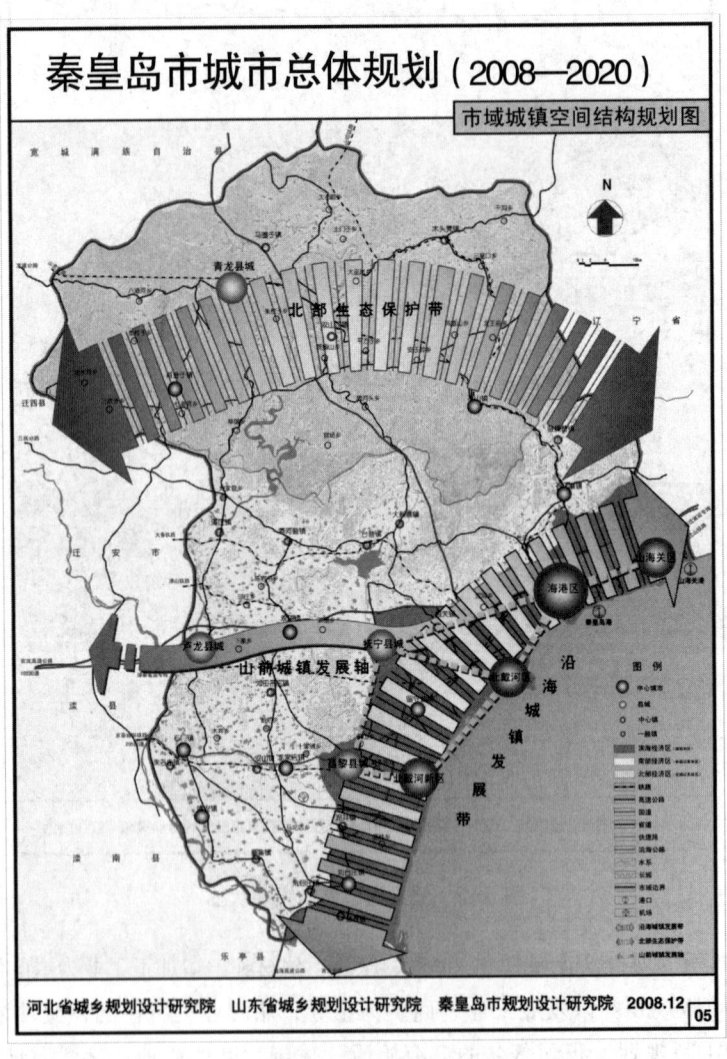

图6-3　秦皇岛市域城镇空间结构规划图

秦皇岛资源禀赋条件简单来说就是山、海、林，这样的条件是河北省其他地点不具备的自然资源禀赋。因此，秦皇岛在未来的发展规划中，需要把重点放在两个方面，其中一方面就是用产业化方法展现出山海林的最大化价值；另一方面就是要对工业与服务业的发展情况进行有效平衡。在城市战略定位中提出的绿色经济，事实上为工业项目建设保留了空间，也预设了前提，提供了远景。休闲文化产业同样有着很大的发展空间和潜能，属于大文化概念，更是产业概念。只要是与文化有关的项目都可以涉及，而且都围绕着消费开展，这是实现产业化的关键。秦皇岛和其他城市相比，最为明显的优势就是能够探寻到差异化定位，并有望成为中国未来消费增长极。笔者相信，秦皇岛城市定位——绿色经济的休闲文化产业城市能够有效解决现实问题，体现了市场前瞻意识，并且符合中国发展趋势。

2. 绿色经济的概念及其制造业的发展

绿色经济把市场作为根本导向，把传统产业作为根基，将经济和环境和谐共处作为目标构建的新型经济形势，注重实现环境保护、生态优化、经济发展等方面的和谐统一，把大量有助于改善环境的技术手段变成生产力，增强资源配置的效率和质量，推动资源的有序供给，进而获得了可持续发展的动力。从整体上分析，绿色经济是一个过程，是节能降耗的过程，更是实现环境效益和经济效益共同增强的过程。

在推动工业发展的过程中，引进怎样的产业并非是最主要的，这是由市场决定的。但是，在这一过程中必须要重视一个问题，那就是保护生态环境，推动绿色经济建设。在绿色经济的大背景之下，在建设制造业时，需要积极转变传统的增长模式，加强对绿色制造技术的应用，最大化地减少多元能耗。秦皇岛在调整产业空间后，在推动工业发展方面会有更大的空间，如此工业便会增加引进幅度。但必须要有一个前提条件和基础，那就是引进的工业要与生态环境标准与要求相符。

3. 休闲娱乐文化产业的发展前景

根据秦皇岛城市发展的未来战略定位，需要了解休闲娱乐文化产业这一类产业的价值以及经济空间。西方国家在文化发展过程当中的主流就是休闲，而休闲所要追求的是获得高品质的生活，同时追求高品位的文化。1999年第12期的美国《时代》杂志当中就指出在知识经济到来和发展的过程中会以极高的速度发展变化，而在2015年前后，发达国家将会步入休闲时代，彼时休闲会成为人类生活当中不可或缺的要素。而美国权威人士也给出了预测，下一个经济大潮就是休闲娱乐和旅游业，而且这样的浪潮会席卷全世界。专门提供休闲的产业在2015年已主导劳务市场，在美国的国民生产总值中将占有一半的份额，新技术和其他一些趋势可以让人把生命中的50%的时间用于休闲。《时代》杂志一向以敏锐反映未来趋势著称，它的观点在发展数据上也得到了证明。现如今，与好莱坞等为代表的文化产业，已经在美国经济当中不断扩大比重；日本的娱乐业运营收入已经超过了汽车工业产值；韩国电子游戏产业已成为21世纪核心产业。由此可见，发达国家是非常关注消费产业建设的，并且在发展文化产业方面获取的收益远远超过了工业。

美国整体的经济发展模式是依靠消费的驱动作用，如今休闲产业已经成为美国首要的经济活动，有关部门得到的统计结果表明，美国人把1/3时间用于休闲，把1/3收入用于休闲，有1/3的土地用于休闲。而中国的情况是怎样的呢？就目前而言，中国公民已经有1/3的时间是在闲暇中度过的，休闲已演变成为社会经济文化的突出现象，同时也将要变成全新的经济增长点。与之相伴而生的就是休闲消费。休闲消费是生活方式中的重要组成部分，还是消费生活的一种高级表现，更是新时代消费文化特别重视的关键点。休闲生活消费对休闲产业起到了极大的带动作用，也让我国在休闲产业发展建设方面开始加大力度，并实现产业结构的升级换代。

区域中除了我国首都北京外，都是以制造业为主的城市。而在制造业占据主体地位的区域，伴随着经济增速的加快以及工业化程度的增强，一定会让服务需求逐步增大。而这恰好是秦皇岛发展休闲文化产业的巨大空间以及良好机遇。目前，国内的娱乐消费市场已经具备了一定的规模，但其中的问题也是非常明显的，主题单一问题最为突出，因而难以有效满足人们的多元娱乐消费需要。对于这样的现状，秦皇岛可以构建多主体的综合性休闲娱乐项目，有效利用和发挥好秦皇岛在资源方面的优势，把秦皇岛发展成区域性休闲文化产业中心，促建秦皇岛经济的有效增长。

4.秦皇岛未来城市定位

秦皇岛城市定位，把重点放在了绿色经济以及休闲娱乐文化产业方面，提倡工业和服务进行平衡发展，增强产业发展效率和质量。

通过对秦皇岛城市定位进行分析我们可以发现，秦皇岛和黄金海岸管理区建设正朝着区域性特色文化产业群方向迈进。种植园经济的快速发展让越来越多的投资进入贫瘠乡村，极大程度上活跃了乡村经济。所以，秦皇岛城市的新定位概括了城市未来发展方向与重点,揭示了工业和服务业之间的关联,在发挥秦皇岛资源优势的基础上,为城市长远建设提供了机遇,同时也与我国和区域的发展大趋势相符。

三、秦皇岛城市产业发展战略

(一)秦皇岛未来的主导产业及其在城市发展中的作用

在秦皇岛,总共有两个主导性的产业,分别是休闲娱乐文化产业和种植园经济,而旅游业和房地产等行业的关联本身就是非常密切的,所以这样的蔓延式发展趋势是必然的。未来的工业和传统服务业将会何去何从呢?事实上,这一问题在城市定位中已经获得一定解决。主导产业属于地理经济学的概念,而通过对城市定位进行分析,能够发现绿色经济本身就强调要发展工业,所以工业仍然是秦皇岛产业结构体系中占据突出地位的一部分。工业发展会和秦皇岛的绿色生态存在一定的矛盾,也会和周边区域的发展产生一定的冲突。因此,较为理想的实践方法就是要划分空间,让工业和制造业尽可能地集中,让旅游业和种植园经济尽可能地集中,按照业态以及产业属性进行合理规划,让城市有序健康地建设。

在大量城市研究中,往往是结合城市资源或者是意愿,直接给出城市主导产业。这样的做法实际上有着很大的缺陷,而且可靠性很差。在秦皇岛城市发展战略的分析中,我们利用倒三角模型,从宏观、区域到城市,再到产业,导出最可行、最优选的主导产业。而方法不同,那么最终获得的结果也会有很大的差异。研究成果表明,休闲娱乐文化产业以及种植园产业是秦皇岛的主导产业,而房地产业、旅游业以及绿色工业则是支柱产业,其他的传统服务业是重点产业。种植园经济在调整城乡的整体经济结构方面有着极大的作用以及影响力,极具战略价值,因此也要将其纳入战略产业体系中。在明确主导产业后,整个城市发展都会拥有明确的方向(见图6-4)。因为种植园经济将会成为秦皇岛未来的战略产业,所以强调的并非是规模,应该是去规模,也就是说,种植园经济发展的关键点不是产业化,是将其转变成为成功产业链条,变成经济模式,让种植园经济发展和文化产业联系起来,引发投资热潮。

种植园经济属于主导产业,休闲娱乐产业也是如此,既有利于推动投资与消费,又能彻底改变整个城市的面貌。秦皇岛的休闲娱乐产业有一个核心创意,那就是整合娱乐概念。其目的是构建综合娱乐效应,让游客日益增长的多元需要得到满足。在整个产业链上,休闲娱乐文化产业能够和很多其他产业进行密切合作与协调配合,并形成供应链效应。而旅游业在秦皇岛的发展当中,始终占有重要地位。随着滨海地区旅游项目的开发和旅游环境的改善，在全市范围的旅游空间开发和拓展的大背景之下，旅游业将会成为推动秦皇岛经济发展的重要产业元素，并带动整个产业结构的调整。当前，房地产产业正处在过渡阶段，正是物业升级的初级时期，整个秦皇岛的房地产市场状况较为优良。实际上，秦皇岛房地产的投资规模即市场体量较小，鉴于新区开辟和空间结构整合调整，会引发房地产建设高潮，因而会导致土地价格有序上升，那么房地产业就会逐渐成为秦皇岛的一个支柱产业类型。

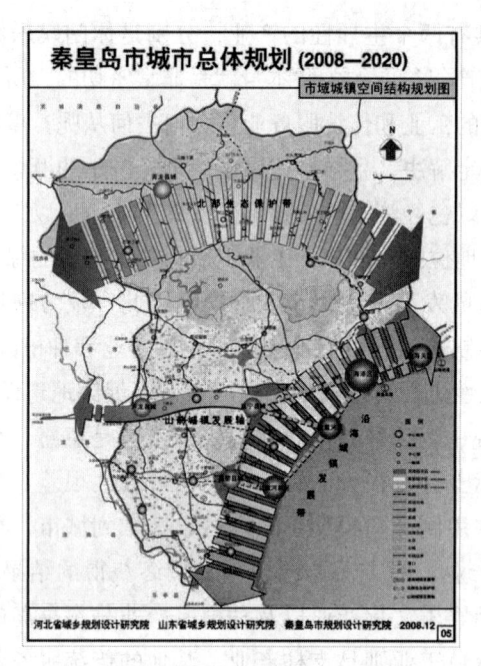

图 6-4　秦皇岛市城市总体规划图（2008—2020）

（二）种植园经济的概念、特征及其发展

1. 种植园经济的概念和基本特征

种植园是一种新型经济模式，而经济模式就会涉及产业链、规模、效益、核心竞争力这样的概念。就规模以及效益而言，除了要强调规模，还必须保证受益人群要大。就核心竞争力而言，要构建集团经济，就要提升关键的竞争力。种植园经济有两个重要的特征，一是文化密集型行业，葡萄酒行业和文化产业高度融合；二是劳动密集型行业，种植园经济属于劳动密集型产业类型。在这样的经济模式之下，农民并没有失去自己的土地，唯一发生改变的是他们的收益形式。园

区化种植园经济，让农民的收益来源得到了扩大，分别是工资收入、资产收入和政府的补贴收入。

从未来发展潜能上看，秦皇岛适合种植葡萄的土地面积有1 300平方千米，比波多尔要多出200平方千米。如今，昌黎总共有33.3平方千米种植葡萄，卢龙和抚宁分别有20.7平方千米和2.07平方千米。从总量上看，这样的数字是很惊人的，不过葡萄种植面积只占适宜种植面积的4%，所以潜在的空间能够达到90%以上。就拿昌黎县来说，2005年全国葡萄酒产量是3.6亿千克，而昌黎产量为6 700万千克。2006年，昌黎葡萄酒产值占全国的26%。把葡萄作为生产原料的话可以生产出大量的产品，而在当前我国市场上非常有名的有干红、干白、白兰地、香槟酒等。在这些产品当中，既有平和的葡萄酒，也有烈性酒，还有发泡酒等。而秦皇岛仅有干红这一个品种。显而易见的是，葡萄酒市场以及产品还没有实现全方位的挖掘，大量的细分市场拱手相送。在这些领域，只要增强科研力量，就可以快速形成产能以及构建品牌。

秦皇岛的葡萄种植主要分布地是昌黎、卢龙和抚宁这三个县城，其中前面两个是最为主要的种植区。所以，在实际发展当中，必须要特别关注下面几项内容：在沿海高速路以北的仓里以及如龙两县，规划1 300平方千米适合葡萄种植的土地，把这整个区域或者是一部分打造成为种植园经济农业项目园区；把黄金海岸管理区当中的一部分发展成为种植园园区，剩下的部分则作为种植园经济的组成部分，承接旅游和衔接其他产业。因为种植园经济产业园区的整体面积和规模会直接影响城市投资强度，影响城市经济发展目标是否可以成为现实，所以在空间安排上宜大不宜小。城镇是园区不可或缺的组成部分，所以种植园经济也需要与小城镇建设整合起来。秦皇岛要打造的绿色城镇化应该是工业区+种植产业园+乡郊自由种植区+新的城市中心区。

2. 种植园经济与农村经济的关系

很长一段时间以来，秦皇岛城乡经济二元化的特征非常明显，而在党的十七大报告当中，提出要"以城带乡"，进而推动乡村经济建设。假如不存在科学合理的方法，"以城带乡"的发展将变成简单的城市对乡村的"输血"建设，而这样的发展策略会严重制约城市建设。笔者相信，在秦皇岛的城市战略发展与研究当中，把种植园经济作为重要依托，完全能够在调整产业结构上成为典范城市。

给出这样的依据主要有以下几个。

首先，种植园经济是秦皇岛未来农村发展的突破口，更是重要的农村经济增长点，能够为农民增收提供重要动力。就当前昌黎等地乡村自发葡萄种植而言，确实能够让农民的收入水平获得提升。

其次，种植园经济因为种植园土地与项目交易会产生投资潮。长时间以来，农村经济发展当中最为欠缺的就是投资，一旦产生投资热潮，就能够从根本上解决农村发展当中的突出问题，改变农村经济的发展面貌。

再次，种植园经济广泛推广，涉及大量产业的整合发展，而旅游业会以此为根基，得到高水平的发展，同时加工、运输等行业会为推动。

第四，将大规模城乡建设作为根基，昌黎、卢龙等的城镇建设效果不令人满意，出现的问题很多，整体建设也没有达到较高水平。在种植园经济的推动和影响之下，城市化和城镇化建设速度将会加快，很多问题将会迎刃而解。

当然，在发展种植园经济的过程当中，也会不可避免地遭遇政策上的瓶颈。这是因为种植园经济的发展，强调葡萄种植园要实现产业化，这样才能够让农村投资得到扩大。现如今，昌黎等乡村已实现了土地经营权转让，在整体规划的同时，获得了政策方面的突破，而在这样的情况之下收获理想成绩就在不远的将来。

3.发展种植园经济与城市资源环境、房地产业与旅游业的关系

秦皇岛积极推动种植园经济建设和城市定位有着密切的关联，同时和绿色经济发展关系密切。种植园经济从两个层次上看和绿色经济的关系密切。形态上，园区化种植园有着非常广阔的面积，具备极大的旅游资源，挖掘其潜能，能够实现城市生态上的绿色；在生产过程中，葡萄酒虽然是酿酒行业，但是污染小，冲洗用水能够实现回收利用。种植园经济是经典农业的一个重要类型，能够让土地现状得以保持，控制开发比重，以免出现过度开发的问题。另外，还能够营造优质的环境印象。需要特别强调的是，在推动了种植园经济发展之后，就不能再把葡萄种植园当作是工业旅游项目，要将其纳入文化产业项目建设体系当中。开发过程当中，要凸显高层次和高水平，彰显出秦皇岛旅游资源的独特性。

就产业关系而言，种植园和房地产业经济的协调性很强，有助于房地产业投向乡村。房地产业发展与价值回报关系紧密，而其中关系最大的要素是土地价格以及景观价值。种植园经济建设会引发新的投资潮，而改良景观以及再现乡野风情，能够吸引房地产购买者。所以，要用区域和市场眼光，着眼未来和全局。种植园经济是经典绿色经济，除了能够加快秦皇岛经济发展速度，还能够从整体上优化城市生态，增强景观价值，推动房地产业和休闲旅游业的建设与发展。

4.发展种植园经济与小城镇建设的关系

如今，秦皇岛的昌黎等地已纳入省管县范围，而从经济以及行政方面的关联

上看，秦皇岛市县关系并不会因为省管县而产生极大的改变。实际上，从各县未来发展状况上看，还存在非常显著的撤县并市的可能。受到这些原因的影响，种植园经济与小城镇建设仍然能够在城市一体框架上考虑。如今，秦皇岛的各个县乡城市缺乏完善的基础设施，不具备优质完整和富有特色的城市形象。要转变这样的局面，就必须要做好规划设计，同时要积极吸纳资金的支持。县乡城镇建设只有在兼顾资金与规划设计的前提条件之下，才可以获得大的发展。结合我们的调研资料，县乡城镇建设在资金与规划设计这两个方面的问题都是非常严重的。其中，资金问题最严重。在笔者看来，秦皇岛的昌黎、卢龙地区积极发展种植园经济的一个重要意义就是，能够为县乡建设注入极大的经济活力。在种植园经济的建设当中，可以带来一系列的投资潮，让财富呈现聚集，那么昌黎、卢龙等地区的建设水平就可以有大的飞跃。作为旅游项目的种植园，和城镇建筑设计、房地产等多个行业都能够实现配套发展，实现紧密衔接。未来，葡萄种植园带来的是一片欧洲浪漫风情，昌黎和卢龙县城建设方向要逐步向欧洲风情靠拢，争取打造成为华北大地独有的欧洲风情城镇。未来的昌黎和卢龙两县的种植园经济，实际上已经超越了昌黎和卢龙两县的范畴，这是整个秦皇岛市的总体布局、统筹发展的要求，是河北全省的经济布局要求。

（三）休闲娱乐文化产业的概念、特征及其发展

1.休闲娱乐文化产业的概念和特征

休闲娱乐文化产业是把休闲和娱乐这两个项目作为主要内容的文化产业，是一种消费文化产业。2004年，国家统计局出台了《文化及相关产业分类》标准，该标准有效规范了文化与相关产业统计工作。按照标准当中给出的内容，文化产业包括提供实物型文化产品与娱乐产品的活动、文化服务和休闲娱乐服务、文化管理和研究、提供文化娱乐产品和服务、所必需的设备材料的生产经营、与文化娱乐相关的其他活动。根据《文化及相关产业指标体系框架》的界定，以新闻出版、广播影视、文化艺术为主的行业为文化产业核心层，以网络、旅游、休闲娱乐、经纪代理、广告会展等为主的新兴文化服务业为文化产业外围层，以文化用品、设备及相关文化产品生产和销售为主的行业为文化产业相关层。从这样的政策框架可以看出，创意是核心，只要是产业和创业文化有着密切的关系，那么就可以将其看作大文化概念体系下的文化产业。

产业和利益以及消费总是存在着紧密的关联。只是单一化地发展文化创意项目，通常是难以满足消费者多元要求的，假如在同个区域当中运用多元化的规划方

法时有机串联、合理布置多样化的娱乐项目，实现协调式发展，才可以让多元化要求得到满足。这就涉及整合娱乐的概念。整合娱乐指的是在城市规划级别之上进行创新，实现多个主题的综合以及整合。这是一项重要的系统性工程，无法通过单一市场实现，需要在城市范围内解决问题。现如今，国内已经拥有了具备一定规模的娱乐消费市场，而通过分析研究，发现其中存在的缺陷与问题也是很显著的，基本都是单一化主题，对于游客的多元需求存在很多不适应的情况。所以，整合娱乐概念，应该成为秦皇岛在发展休闲娱乐产业上的核心创意，以便获得综合娱乐效应。

坚持整合休闲娱乐产业，应该将儿童作为起步点，把家庭作为对象，这样除了可以有效吸纳游客之外，还能够创造投资和消费。从产业链上看，休闲娱乐文化产业，还能够和多种产业进行密切配合，进而出现供应链效应，而其中一定会涉及的就是贸易、旅游、玩具、电脑等。整合娱乐的实现，能够让多个业态协同共进，增强以家庭为单位的大规模消费。一般而言，针对大型的娱乐项目，投资商为了给人一种新鲜感，常常选用的是分期投资的方法，逐渐增加项目。这样的娱乐项目建设方法，可以明显提升土地利用率，增加经济贡献。由于分期供应，土地价格有很大的不同，土地价值回报是逐年上涨的。除此以外，娱乐整合理念，强调要设置多元化的主题，分为室外项目和室内项目，因此季节因素的影响性就会大幅度减小。这样的创意设计还能够在很大程度上解决秦皇岛面临的淡旺季问题。对于旅游淡旺季的问题，除秦皇岛会面临这样的问题之外，华北的诸多沿海城市都会面临这样的问题，如今找到解决方案的只有秦皇岛。

2. 黄金海岸管理区与休闲娱乐文化产业的关系

黄金海管理区是秦皇岛城市发展当中的重点区域，可以说主要的项目都集中在了这一地点。这是因为黄金海岸管理区是城市建设的发动机，只有挖掘了黄金海岸价值，才能够让整个城市建设盘活。就经济总量而言，黄金海岸价值极高，假如没有在这一领域加大建设力度，那么整个城市要想获得大的发展是非常困难的。

在黄金海岸管理区建设的过程当中，除要顺应形势发展房地产以及商业之外，需要把重点放在休闲娱乐文化产业、旅游业、产业基地建设这几个重要方面。其中，休闲娱乐文化产业是重心当中的核心，这是因为这一产业存在着整合发展的特点，不是一家投资，而是数家投资，不是一类项目，而是多类项目整合，所以一定会出现多种娱乐投资群项目，构成综合性效应。而这些动辄投资数十亿元、上百亿元、甚至上千亿元的大型娱乐项目，将形成整个黄金海岸建设的大背景。在他人看来，这个地方热火朝天，将来一定会聚集大量客流与商流，进而产生极大的投资与消费空间。这样的模式下，投资商也会不请自来。

正是因为这些原因的存在，黄金海岸的管理区建设才成了秦皇岛城市建设的重中之重。而在发展黄金海岸管理区的过程中，要特别注意把休闲娱乐文化产业作为核心内容，进而让房地产业、旅游业等持续跟进，形成良性运营发展模式。

（四）土地经济

秦皇岛未来建设是以土地和环境资源为基础的，所以资源价值化将是重要问题。房地产是一种资产，养老产业园区的建设也是依托于此的。假如房地产价格下跌，那么资产价格就会下降，从而出现财富流失问题。所以，真正问题并不在房地产价格，因为资产价格上涨是必然的，关键是不能够急于大幅度上升，应该因地制宜，科学调控。房地产和土地经济之间的关系非常密切，而且这样的关系并非偶然。工业发展要有土地，否则就会没有厂房；居民生活的住宅需要土地；文化产业和其他所有的行业都离不开土地资源。所以，城市在土地经济发展方面怎样运作，土地价值回报的高低会决定城市财政健康，影响城市经济。

第三节　秦皇岛地区交通及基础设施

一、传统交通网络与基础设施的建设

城市形成和建设与交通网络和基础设施关系密切。城市交通贯穿城市形成发展的全过程，所以建设交通网以及完善基础设施，会为秦皇岛新区建设打下坚实的根基（见图6-5）。

图6-5　秦皇岛市城市综合交通规划图

我国在建设城市道路方面通常会依照下面的级别划分建设。

(1)快速路,城市道路中设有中央分隔带,具有四条以上机动车道,全部或部分采用立体交叉与控制出入,供汽车以较高速度行驶的道路,又称汽车专用道。快速路的设计行车速度为60～80km/h。

(2)主干路,连接城市各分区的干路,以交通功能为主。主干路的设计行车速度为40～60km/h。

(3)次干路,承担主干路与各分区间的交通集散作用,兼有服务功能。次干路的设计行车速度为40km/h。

(4)支路、次干路与街坊路(小区路)的连接线,以服务功能为主。支路的设计行车速度为30km/h。

这样的划分方法在多个城市建设当中应用非常广泛,在城市发展方面创造的积极效应也是非常显著的,但是其中也有一些问题。在笔者看来,城市交通网络建设在遵循规范的同时,要注意考虑城市实际情况,尤其是要考虑城市的空间布局。世界很多国家在设计道路时,都会在规范的基础之上进行一定的调整。

与此同时,在建设交通设施时,要占用大量土地资源,但是秦皇岛土地资源很有限,岸线土地资源更是非常宝贵,所以在交通发展方面必须因地制宜,尽可能地减少对土地的占用以及对景观的破坏。所以,秦皇岛在规划交通时,可以考虑引入城市道路面积率,通过合理的计算和调整,进行交通网络建设的资源控制,合理利用好宝贵的土地资源。除此以外,秦皇岛在构建交通体系时,要特别注意以下两个方面的问题。

第一,交通建设指导方针不能够以建设密集道路网为主。密集型的道路往往会占用大量的土地资源,也会导致车辆汇集到某点,而大面积的路面和停车会让环境资源被过度占用。

第二,城市空间结构设计需要与交通体系紧密配合,尽可能地少占土地,提升交通效率,最好是加大创新力度,引入先进城市规划理论。

二、秦皇岛未来的交通网络和基础设施的建设

(一)交通体系的宏观组织

利用综合分析法分析秦皇岛的地形和环境,建议构建由南到北层次逐步提升的结构化交通体系。最高等级的是沿海高速公路,区域连接公路次之,组团连接公路再次之。要尽可能地淡化沿海公路,保证岸线的生态环境以及空间的合理分配。此外,市内主要交通建议尽可能地在非枢纽地点选用T形结构,以便与秦皇

岛的城市空间结构形成密切配合。未来秦皇岛空间组织的要点是要争取构建节点间一小时车程的交通体系，强化区块联系，形成沿海到内陆的发展轴向，同时要满足区块空间T形结构要求，保持空间格局。

交通导向会直接影响城市空间布局，道路形式会直接体现城市空间形态。秦皇岛的整体空间显现出沿海岸线的带状组团格局，所以交通体系也要把建设重点放在通过"四横五纵"体系，均衡地构建有机联系方面。"横"指的是由东到西，由北至南，重点建设沿海高速公路、区域连接公路、组团连接公路和沿海公路。"纵"指的是南戴河至海港区、洋河口经留守营至沿海高速公路、黄金海岸两端经沿海高速至昌黎县城、七里海经沿海高速至昌黎县城和卢龙县城。这样的建设方法，在利用原有城市道路的同时，还完善了交通网，与多快好省建设原则相符。

（二）构建结构化的交通体系

国内绝大部分城市基础设施建设属于历史累加产物，很多时候建设新的设施总是对历史的否定。和国内很多城市不同的是，秦皇岛建设范围内的城市几乎是全新的，所以秦皇岛并不存在否定过去的问题。关键是在建设新区时，避免重复他人错误，注意取长补短，有所创新。所谓"结构化的交通体系"，包括沿海高速路、链接路、沿海路、自行车车道和步行道以及各种配套。其特点在于城市规划要将道路、自行车和步行道作为一个系统加以整合考虑，体现了一种结构化的思维和战略概念。不过，创新并非是最终目的，交通体系存在的优势会在未来经济发展过程当中逐步显现。而该体系的建设，除能够从单纯意义上突破交通方面的问题外，还能够形成与产业的密切配合，实现与城市共生的目标。

城市交通网在很大程度上塑造了城市空间结构，所以在开展整体建设前，确定道路交通结构是非常关键的，否则定型之后改造会非常困难。秦皇岛黄金海岸管理区与北戴河的欧式风格相呼应，道路结构采用T形结构的交通处理方式。T形道路路口流量和其方向受单向控制，畅通无阻，就像管道中的"三通"。且T形路口是不间断地通行路面，其利用率可达100%。不过，也有人对这样的构想提出了相反的看法，认为这样的结构设置虽然有助于优化交通组织，但是很容易导致城市当中拥有大量不规则地块，给整个城市景观带来影响。就拿欧洲来说，欧洲城市在道路建设方面普遍运用的就是T形结构，我们能够看到三角形以及多边形的城市空间，在优秀设计师的设计改造之下，也形成了丰富而又优美的城市空间。另外，T形结构的路口很容易规划成小花园，虽然占地面积小，但是却能够有效美化城市。

三、交通体系与城市定位和产业发展的关系

程序发展战略获得的一个重要结果是开发策略,重点是展开策略研讨,解决做什么、为什么做和如何做的问题,则需交由规划与职能部门进行具体实践。秉持着这样的研究原则,秦皇岛城市交通与基础设施建设关键要处理下面几项内容:在效益原则之下,做好"与产业发展相结合""与区块发展相结合""与城市定位相结合",提升交通体系的战略价值。

就产业定位而言,休闲文化产业区道路网络在重点建设方面需要区别于其他区块,应该把更多的关注点放在客流汇集和疏导方面,并预先考虑规划步行系统以及停车场;县域城镇交通要加强彼此的沟通;中央商务区应该更多地考虑交通枢纽的设置,提高服务业发展的便利性。

第四节　秦皇岛的城市空间发展

秦皇岛的未来城市定位是绿色经济的休闲文化产业城市,特别关注的是工业与制造业和休闲文化产业之间的平衡关联,而发展战略研究成果空间布局必须要与这样的平衡关联相符。但究竟怎样才可以实现平衡呢?过度强调发展工业或服务业都是不能达到目的的,因为这是两个极端,并非平衡。需要特别强调的是,这两个极端性的方向是很容易被理解的,但还有一种极端,常常会让人忽视。就资源配置而言,在适宜发展工业的区域发展旅游业,在适宜建设服务业的区域发展工业,事实上也属于极端发展。所以,秦皇岛要特别注意避免走极端的发展形势。

从空间意义上说,工业、制造业与休闲文化产业的平衡发展,实际上就是要适得其所,适合什么就要发展什么,而对于不适合的地方,则必须及时纠正,也就是空间修正。只有这样才能够取长补短,弥补发展过程当中的缺陷与不足,为城市未来长远建设打下坚实基础。实际上,空间布局只是发展战略研究中的城市定位实现方式。秦皇岛城乡一体化发展战略研究正是本着上述平衡的精神来发展城市空间的。

一、秦皇岛城市空间布局的要点和原则

秦皇岛在空间资源利用方面的问题和不足由来已久。归根结底,主要涉及三个方面,分别是有机联系、发展重点以及空间资源矛盾。找到了这一问题,并以

此为出发点进行空间问题解决这个矛盾就能得到明显缓解。举个例子，很长一段时间以来，秦皇岛究竟是要发展旅游业还是要发展工业，在全社会领域上的争议很大，而这个问题本身实际上就是将空间资源冲突作为前提条件。海港区地域空间狭小，是矛盾出现的根源所在。基于此，城市攻坚调整是主要矛盾，在抓住这个矛盾并对其进行妥善解决之后，秦皇岛才能够在城市空间发展上迎来希望曙光。

总体来说，城市的空间布局要考虑土地经济学的级差地租问题、生态环境的承载力问题、产业与经济发展的关系、城市空间之间的合理关系、综合的经济成本，既要能解决问题和矛盾，又能兼顾现在与未来的发展。只有这些问题得到统筹考虑，城市的布局才能称得上是理想空间。土地价格与土地回报考验着一个城市的战略判断力，秦皇岛需要把握好当前发展和未来发展的关系，协调好资源空间，否则发展后劲就会成大问题。

笔者认为，秦皇岛城市空间布局应该在明确各区县资源优劣势的前提下，在把握战略要点的基础上，以产业布局调整为纽带进行一体化布局，寻求差异化发展，强调有机联系，实现互相呼应和支持，减少矛盾和冲突，并以此作为空间布局的基本原则。

二、秦皇岛城乡一体化条件下的空间定性、空间结构和发展

（一）秦皇岛的城市空间定性

秦皇岛的城市特点是沿海带状分布，因此城市的建设重点始终在滨海一带。从城乡一体化的角度看，秦皇岛的城市空间结构可以在产业结构的基础上，分为三个类型空间，即制造业区、消费产业区、弹性发展区。其总的发展轴向是从海岸向北发展，实现岸线的总价值最大化。

种植园经济的开展实际是一次城市产业结构的大调整，在这种背景下，秦皇岛四县及黄金海岸管理区的产业结构可分别按照现有行政区划定性为：①青龙的支柱产业是旅游业，同时作为整个城市的唯一弹性发展区；②抚宁的支柱产业是房地产、商业、旅游业和工业，这一区域是复合性发展区；③昌黎和卢龙的支柱产业是种植园经济、房地产和配套工业，以种植园经济为主，因而这一区域是种植园发展区；④黄金海岸管理区内将建有行政中心和大量的商务、娱乐和休闲设施，投资项目聚集度很高，人口密集，因而是城市的新城发展区。

从城乡一体化的角度说，利用种植园经济的开展实现第一产业的产业化，吸引投资，促进经济增长，解决就业，增加农民收入，势必将在秦皇岛农村地区掀起投资潮，使投资低谷区域转而出现高峰，有力地拉动农村经济增长。农村经济

实力的提高也必将有力地推动农村基础设施和城镇建设的投资，提高城镇化水平，缩小城乡差距，加速城乡一体化进程，使整个城市进入一个健康发展的轨道。

（二）秦皇岛的城市空间结构和发展

秦皇岛市在整体上将被分为工业区、中央商务区、休闲文化产业区和城市休闲居住区四个部分，除工业区主要在海港区周边外，其余的全部位于黄金海岸管理区范围内。它们的功能定位是明确的，互相之间存在着明确而清晰的有机联系。其中，汤河以东并向北，全部划为秦皇岛工业区，解决招商引资的困难，同时因为城市基本定型，改造困难，成本高昂，不如集中定位为工业区，让工业和制造业集中发展；北戴河海滨区块主要是旅游业和服务业环境的优化建设，同时服务于中央；中央商务区设立在戴河以西、洋河口两岸，并向北做轴向重点发展；现黄金海岸区块作为休闲文化产业区，属于投资建设和招商引资的重点发展区域，应尽量节约岸线，争取向北发展；七里海区块将作为城市休闲居住区，以不严重影响环境为条件进行合理、适度规模的开发。秦皇岛市域城镇规模结构规划具体如图6-6所示。

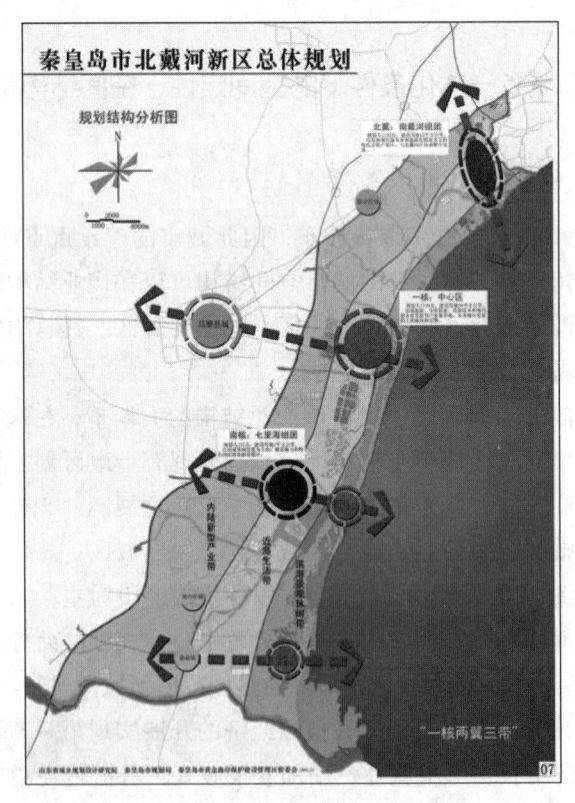

图6-6 秦皇岛市域城镇规模结构规划图（2008—2020）

这样的城市空间结构有几个特点：一是彼此距离比较合适，与功能定位比较匹配，扩大了工业空间、城市中央商务区和产业空间；二是开发空间与经济增长有着很好的配合，空间与投资的关系合适，太小的空间，无法实现投资增长；三是对岸线的利用合理，重点在产业化开发，综合效益较高；四是体现了生态与环保的原则；五是有利于交通网络的建设，建设成本相对较低。

三、秦皇岛市城市空间整合度研究

从发展的角度来看，秦皇岛历史沿革而来的三区四县随着经济发展有必要进行一定的调整。其中，抚宁、昌黎和卢龙有必要撤县设区。这样做最大的原因在于有利于进行资源整合。因为从产业发展的角度来看，与发展工业所不同的是，消费产业的整合力度和严谨度大大高于制造业。从空间角度看，制造业的整合是以千米为单位的，如某一个行业的配套，只要在几千米的范围内就可以了。但消费产业不同，其配套关系有的甚至是以米为单位来计算的。所以，行政区划和区块的设置越紧密越好。

发展消费产业，最好是拥有一套制度、一个空间，这样容易发展起来，投资力量很容易渗透，空间上的配合多于争夺。卢龙和昌黎发展的都是种植园经济，而且有相当部分是在黄金海岸管理区之内，一旦在两个体制或是三个体制中竞争，可能都发展不好，而南戴河又在现在的抚宁县境内，这里是个县却同时作为城市的中央商务区，显然也是不合适的。因此，从空间整合的角度来看，昌黎、卢龙和抚宁在未来撤县并市将是合适的选择。

（一）南戴河作为中央商务区而成为城市服务业中心地

城市行政中心的搬迁在秦皇岛的讨论由来已久，但迟迟未做出最后的决定。笔者认为，南戴河位于秦皇岛带状组团的中央地带，距离左右两翼的发展节点都不太远，有利于作为行政中心和服务中心，向整个城市提供服务性支持。七里河区生态高度敏感，且距离秦皇岛工业区过远，无法向工业区提供服务性支撑，因此中央商务区应选址在洋河口两岸，自戴河南岸向西，从洋河口两岸向北轴向发展，基本呈现一个L形的空间结构。未来，整个城市的行政机关应该迁移到该区块构建行政中心，拉动区块迅速成形。

从开发策略的角度来看，城市行政中心的搬迁也是一种空间修正。秦皇岛城市的中心区原本是在海港区周边，这是"小秦皇岛"概念形成的根源之一。实际上，"小秦皇岛"概念的形成并非是偶然的，城市的行政中心在这里，发展自然也围绕在"小秦皇岛"，各种空间矛盾由此而生。因此，从城市发展角度来看，行政中心的搬迁有利于规划"大秦皇岛"。在学术界，对此的确有一些讨论和争议，大多数问题是由于混淆了技术因素和战略因素而造成的。从战略角度来看，搬迁行政中心是没有问题的，但有的城市在搬迁过程中犯了技术性错误，如空间拉得过大，交通不便，城市其他设施跟不上等问题，造成城市发展的停滞。不过，技术因素与战略因素毕竟是两个不同的因素，在城市行政中心的搬迁问题上，我们不能因噎废食，放弃让城市大发展的良机。

当然，在社会舆论层面，也有一些呼声存在。但搬迁城市的行政中心，是为了城市空间的改善，为了经济的发展，为了城市未来的建设。说到底，还是为了城市居民的远期收益。因此，即使有一些议论存在，但只要城市面貌发生了巨大的变化，城市居民享受到了经济增长带来的好处，各种争议自然会销声匿迹。事实上，中国经济增长曾经长期徘徊在无争议陷阱之中，直到1993年邓小平南行之后，才打破了僵局。在城市创新发展的问题上，除非勇于跨越无争议陷阱，否则只能看着别人超越自己。

中央商务区是一个城市的精神所在，是整个城市的服务业中心。任何一个城市都需要有一个服务业中心地的支持，它将向整个城市提供金融、商业、行政、信息、医疗、交通服务和管理服务等方面的支持，这就要求服务业中心区域必须与工业区、居住区和其他产业区保持合适的距离。笔者认为，如果将城市新的中心设立于七里海地区，将不会是一个上佳的选择。这将使城市服务业中心与工业区形成一个遥远的、长达68千米的距离，并且必将涉及人口的大量非正常移动，有可能形成大量的社会问题。不过，在七里海区域进行适度的、规模有限的开发还是必要的，但这主要是为了满足城市以及投资者的休闲居住需要。

所以，可以认为南戴河作为中央商务区将能改变现有旅游格局重复建设、低层次竞争的问题，形成良好的滨海景观。与现有生态保护区不冲突，对环境影响小。最为重要的是，与现有组团距离相对较近，空间上的有机关系非常匹配。此外，从建设投资和成本的角度来看，南戴河地区的基础设施条件远比七里海地区要强很多，包括交通等设施，基本建设到周边地区，这样整个区域的建设速度会很快，可以因势利导地发展，符合多快好省的建设原则。如果放到七里海，那就等于是要完全凭空去建设一个新的城市了。从国内的发展情况来看，产业开发有这样的成功例子，但作为一个城市还没有成功的例子。

（二）黄金海岸发展休闲娱乐文化产业的方式

在黄金海岸的周围本来就有娱乐区域，并且设置了一部分娱乐项目，不过这些项目带有很强的模仿性，不够独特和创新，也不足以变成增长极，但是能够成为招商引资的重点。因此，可以选用重组方法吸纳资金，增大规模。从总体上看，黄金海岸是休闲娱乐文化产业的重点，区位优势非常突出，距离未来的中央商务区很近，还与"海"和"林"的配合情况很好，交通便捷，风光优美，是发展文化娱乐产业的好地方。

就开发策略而言，建议黄金海岸的现在与未来建成区要尽可能向北做轴向发展，争取做厚。这是因为海岸线资源极为宝贵，属于非可再生资源，因而需要在政策方面约束对这些资源的占用。

除非是规模较大的水上娱乐类项目，否则在岸线处理方面最好是留作景观，也就是尽可能保留岸线，而不是对其进行随意占用。

（三）七里海作为城市休闲居住区的合理规模

七里海在整体情况上有着较强的复杂性，生态比较脆弱，因而不能承受过多的城市人口以及过度开发利用。从海洋动力学的角度进行分析，假如不顾及海洋规律随意过度开发，极有可能改变海滩的整体生态环境，导致沙山移动或完全消失，引起的后果是极为严重的。因此，站在保护生态环境的立场上，我们在开发七里海的过程中，必须秉持保守态度。

较为理想化以及合理的做法是利用七里海地区已经建成的区域，利用新建与改建结合的方法，规划全新的七里海。可以利用并村并镇的政策处理方法，在加快城镇化建设步伐的同时，对已经建成的区域进行科学改造。在规划方面，应该尽可能对建筑规模进行压缩和削减，严格控制建筑规模，减少密度，提高对养殖场土地的利用率，并建设密度低的住宅休闲区，与此同时，要尽可能恢复生态环境以及景观，特别是要恢复水面与水体生态。除此以外，在邻近港口的地区，可以建设规模较小的风情休闲小街，在这些街上提供餐饮、酒吧、酒店等商业性服务。有一点我们需要认识到，推动七里海的发展与建设，不完全是为秦皇岛，一定要着眼于更大区域和更大规模的市场，所以怎样提高七里海档次，是特别需要考虑的问题。

（四）工业区的建设和海港区的功能定位调整

秦皇岛中心城区作为工业区，事实上是历史回归的表现。在秦皇岛的发展历史当中，秦皇岛从发展的开始就是作为工业码头存在，当时的秦皇岛距离休闲度假的北戴河还有很远的距离。假如把汤河以东向北划为工业区，事实上是增大秦皇岛工业腹地，能够在一定程度上解决工业建设当中空间资源不足的问题，还可以明显提升经济影响力，并辐射带动周围落后城镇发展。以原有城市为基础，稍加改造以及调整，秦皇岛就能拥有一个具备完善配套设施的大工业区。从本质上看，这只是发展理念进行了一定调整的表现。

在秦皇岛的工业区中，海港区是不可或缺的组成部分，在其行政区划中，有秦皇岛历史上首个临港工业区。在未来的发展建设中，海港区建设应该把特色锁定为工业经济，把推动工业经济建设当作秦皇岛城市发展的一个支柱。从整体上对秦皇岛工业区进行规划安排，要做好以下几项工作：

（1）在工业区中，要把重点放在合理规划以及建设第一廉租住宅区方面，以便更好地对人口进行安置，为工业区建设和发展奠定坚实基础，让从事工业与服务业的人口，尤其是低收入人口拥有住房保障。

（2）把调整之后的城市产业政策作为重要的根据，工业项目应该集中在这一区块发展，并结合投资强度与环境标准，进行项目主题内容的筛选与确定。与此同时，需要利用压缩、删减以及转移的方法进行周边县域经济开发区的调整，最终将其全部取消。对海岸线附近的经济开发区，要先将其取消，为城市文化娱乐产业建设和可持续性发展留下充足的空间资源。

（3）对于汤河边界，在城市规划建设的过程当中，需要对其实施重点防控。大量的理论和实践证明，仅依靠林带完成空间区隔是不能达到理想效果的，很容易出现空间秩序混乱的问题。

（4）对于该区块的文物古迹以及生态敏感点，需要实施绿带隔离，同时要完善保护与隔离的各项措施。对于工业园区的历史古迹，需要实施保护规划，让国家的文化遗产不受侵害。文化和历史古迹处在工业区中，对秦皇岛旅游业发展来说带来的影响较小。结合旅游部门给出的研究结果，秦皇岛这个城市正快速从古迹游转变为休闲游，这种趋势和秦皇岛的未来定位和城市未来发展在方向上是非常吻合的。除此以外，将部分历史古迹存留在工业区当中，也恰好能够让制造业人口拥有旅游休闲的地点，让城市建设以及工业区建设协调发展。

（五）黄金海岸管理区的价值和地位

黄金海岸管理区在定位方面是十分确定以及简单的，即黄金海岸管理区的经济发展要成为"区域经济的增长极，城市核心区和休闲文化产业中心"。区域增长极主要指的是黄金海岸管理区经济发展速度极快，GDP稳步和大幅度增长，目前已经成为拉动河北省经济发展的一极。城市核心区以休闲文化产业中心这样的定位是由管理区空间格局决定的，从区域上看，这个空间属于核心区，同时这个区域是以休闲文化产业为主导战略产业的。所以，给出这样的定位是合理恰当的，也符合区域资源禀赋的实际情况。

首先，城市发展建设赋予了黄金海岸管理区经济责任，而且管理区在城市未来发展过程中，将会发挥更加重要的作用，并提供城市未来七年的GDP积累。在拥有了丰富资金作为物质基础和根本保障之后，秦皇岛才有可能真正变成河北增长极。在区域人口中，能够产生极大消费牵引力的儿童与青少年比重很高，0~16岁青少年与儿童如今已经成为休闲文化产业的重要客户群，他们有条件成为推动产业建设最关键和重要的牵引力量。另一方面，秦皇岛所处区域中的汽车拥有量呈强劲增长的趋势，因而拉动了城际消费的增长。过于拥挤的交通促使人们离开城市，到可以休闲娱乐的地点，这也会成为黄金海岸管理发展的契机。

从国内休闲文化产业的发展现状上看，产业间的竞争是非常激烈的，但是秦皇岛周边区域却具备相对稳定的特点。周边区域都是制造业的密集区，同时都没有提出要大规模建设休闲产业的计划，所以这会让秦皇岛在发展休闲文化产业方面拥有更加稳定的环境，也拥有更加广阔和稳定的市场。

就产业发展而言，黄金海岸管理区在秦皇岛的地位是不可撼动的。这是因为，黄金海岸在发展建设的过程中，并不排斥除了娱乐之外的其他产业项目，只是会根据类别属性对其进行层次化管理。第一层次是娱乐项目，需要大量的投资，还需要配套开发房地产，要有经常性的循环投资，能够收获非常显著的经济效益。第二层是房地产与商业，是重要的消费领域，和娱乐文化产业存在着非常紧密的关系，是延伸发展区。第三层次是产业基地，能够在此地构建商业楼宇，优化招商引资的多元条件，打造规模大以及设施齐全的产业基地，并搞好创意项目。其重要目的是利用构建产业基地的方法创造、实现、宣传凝聚点，进而让创意产业实现集群化发展。承接京津地区的异地养老产业园区的建立，既合理地利用了秦皇岛地区的区位优势，也有助于秦皇岛地区的产业结构优化与生态可持续发展。在缓解了京津中心城市老龄压力的同时，加深了京津冀地区的联动，在某种程度上带动了环京津地区的发展。

秦皇岛这座城市包括三个重要部分，分别是山海关、海港区和北戴河。北戴河地位非常特殊，所以在对其进行发展建设时，必须秉持谨慎态度；山海关属于国家的历史文化名城，所以在产业建设方面也会受一定的限制；海港区在用地方面有很大的局限性。受到多种因素的影响，秦皇岛虽然位于沿海地区，拥有优越的区位条件，但是发展速度较慢，为了真正实现突破，秦皇岛政府开始突破传统整体规划的约束，对具备战略价值的城市发展问题进行深层次分析。笔者以秦皇岛城市规划研究院和北京安邦咨询公司合作的项目数据为基础，以期以城市的开发资源的利用为切入点，探讨秦皇岛地区承接京津地区异地养老产业园区建设的可行性与必要性。

第七章　养老产业园区集群的可持续发展研究

第一节　产业园区的集群规划

产业是园区生存与发展的根本,也是评判园区发展状况的重要指标,更是园区管理者最为关注的现实问题。当前,促进产业结构转型与升级成为我国产业经济发展的重要任务,传统的粗放型产业发展模式,已经完全不能符合新产业形势的要求。园区该如何创新产业发展理念?怎样转变产业发展模式?新建园区的产业该如何定位?产业集群该如何培育?成熟园区的产业该如何转型升级?产业技术该如何突破?又该如何提高园区产业在产业链及价值链中的地位?

俗话说:谋定而后动。园区产业发展必然也需要智慧的力量。园区产业规划可通过多维度的综合分析,协助园区管理者创新产业发展理念,因地制宜地进行产业定位,明确主导产业方向,建立产业发展体系,制订详细的产业发展路径,设计重点任务和措施,集聚产业要素资源,打造具有竞争力的产业集群,从而带动园区经济健康、可持续发展。

产业规划是指运用各种理论分析工具模型,顺应国内外经济发展趋势,结合园区自身的资源禀赋,对园区的产业定位、产业体系、产业结构、产业链条、空间布局、产业影响、实施方案等,做出较长时间的合理计划。在园区的规划体系中,产业规划需建立在战略规划的基础之上,是对战略规划中产业问题的继承与深化,主要解决园区的产业细分方向、产业发展路径以及产业发展策略三大问题,其最终的目的是打造具有核心竞争力的、特色鲜明的产业集群,带动园区经济乃至区域经济快速发展。

园区产业规划是园区经济发展战略的核心内容,是园区发展相关产业的"路线图"。特定园区的某个产业的快速健康发展,有赖于园区管理者以前瞻性的眼光拟订科学合理的发展规划，特别是一些战略性新兴产业更需要园区管理者规划未来的产业支撑体系，制订切实可行的产业发展路径和扶持培育策略，为招商工作确定方向和框架。

然而，长期以来，多数园区较为重视建设规划的编制和修订，产业发展规划的编制工作相对滞后，或大多停留在一般意义上的定性描述，缺乏从产业链和产业集群发展的特点、产业现有基础条件和要素比较优势上深入分析，产业规划的深度不够，对具体产业的发展缺乏指导性。

园区产业规划编制也是一项系统性的专业工程，既不能为了迎合领导的意愿而随便规划，也不能过于迷恋深奥的理论模型而导致产业规划缺乏前瞻性、实操性与指导性。编制一项具有前瞻性、实操性、指导性的产业规划需要同时具备坚实的产业研究能力、先进的产业规划理念、系统的产业规划方法以及丰富的产业规划经验。

一、养老产业规划的规划理念

制订园区的产业规划也需要具备国际视野及未来眼光，因此"时空观""竞争观""系统观""进化观"等战略规划理念也适用于产业规划。相对于战略规划，产业规划更细致、更具体，因此，它也有独特的规划理念。东滩顾问通过多年的产业规划编制实践，总结了"集群""生态""安全"三大产业规划理念。

（一）产业规划的集群理念

园区发展关键在于产业，产业发展关键在于集聚。国内外经济学家经过长时间的大量理论与实证研究，得出了较为一致的观点：产业集群将是推动未来区域经济增长的"加速器"。产业集群并不是企业的简单集聚，而是以专业化分工和社会化协作为基础，具有竞争和合作关系的企业及相关机构不断地在空间上集聚的结果。产业集群突破了企业和单一产业的边界，具有要素共享、规模效益、产业配套等优势，既有利于企业发展，又有利于提高整体的产业竞争力，因此，园区的产业规划非常注重集群化的发展理念。

世界各国产业集群的形成大多经历市场推动和政府促进两种形式。市场推动的情况多出现在市场经济较发达的国家和地区，集群效应较强；而新兴工业国家和发展中国家则大多是在政府扶持下形成的，规划的痕迹较为明显，集群形成速度较快，但存在诸多不确定性，成功率远低于前者。高质量的产业规划是提高产业集群成功率的重要保证，在集群化理念的指导下，可通过产业链条和产业模块两个角度分析提高打造产业集群的可行性（见图7-1）。

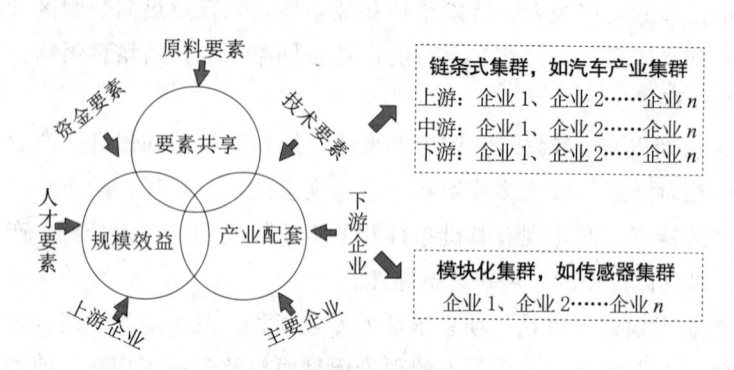

图 7-1　产业规划的集群化理念

资料来源：东滩顾问研究整理

1. 链条式集群

链条式集群是基于特定的产业链而形成的上下游链式关联集群。一般以产业链上多个环节或整条产业链为架构，企业之间存在明显的上下游关联，当某个环节的企业出现竞争优势时，将会带动其他相关企业的发展。链条式集群适合于链条较长、上下游企业关联较大的产业，以化工、装备制造等产业最为典型。

规划链条式集群要做到：首先，对特定产业链进行详细的解构分析，绘制清晰的产业链节点图，并标注各个环节的代表性企业；其次，应定位可以作为园区产业切入点的产业链环节或具有竞争优势的产业链环节；最后，评估园区产业优势环节对其他环节的带动性和依赖性，对带动性较强的环节，可依托市场的力量吸引相关企业集聚，对于依赖性较强的环节，园区应主动出击，招引相关的企业入驻。

2. 模块化集群

模块化集群是基于产业链的某个环节而培育发展的产业集群，它通过共享某些资源（如资本、技术、信息、平台等），自然分解成一些固定的模块，分别集中资源设计、制造特定的产品，然后在行业间展开协作。模块化集群建设以同种类型的企业为基础。大量同类企业因其产品的档次、品种、款式的差别化与多样化聚集到一起，使产业链的某个环节模块化发展，并且带动相关的配套产业及服务业的聚集和产生，进而形成较大规模的产业集群。当前，产业链分工越来越细化，专业的、特色的模块化集群将大规模的出现。

模块化集群适合于产业链条较短，集群内部企业间平行的、共性需求较多的情况。规划模块化集群应首先对该模块的特征进行重点分析，研究相关企业的生产特点、投资特性以及共性需求，然后根据集群企业的特性打造标准化厂房、技术平台、资金平台等生产载体，改善园区的投资环境、提高园区的服务质量，从而促使相关企业集聚发展。

3. 跨产业集群

链条式集群和模块化集群并非严格的泾渭分明，也可以基于某种特定的资源要素实现交叉，从而形成一种跨产业结构集群，某些特殊的产业集群甚至可以实现一、二、三产业的大融合，如法国的葡萄酒产业集群，基于特定的气候及土地资源，形成了葡萄种植、葡萄酒加工、葡萄主体旅游相结合的跨产业集群。显而易见，混合化集群叠加了链条式集群和模块化集群的双重属性，可以实现更大的体量与规模，从而产生更具影响力的集群效应。

（二）产业规划的生态理念

快速的工业化在推动经济增长的同时，也造成了大量的资源浪费与环境污染，经济增长的资源环境代价过大，成为生态文明建设要解决的突出问题。党的十八大后，生态文明建设被推上了前所未有的高度，高消耗、高污染的产业发展模式亟待转型，产业系统代谢是连接经济系统和生态系统的重要纽带，产业生态化成为生态文明建设的重要内容。

作为产业发展的空间载体，园区的产业需要生态化发展，因此，按照生态化理念编制园区产业发展规划至关重要。传统的产业生态化主要指产业之间的耦合关系，废弃物的再利用、资源的循环利用等，东滩顾问根据产业规划的特殊属性，对产业生态化的概念进行了延伸，具体包括产业链条生态化、产业结构生态化和产业环境生态化三个层面。

1. 产业链条生态化

产业链条生态化属于循环经济的范畴，即在园区的产业链条中，上一环节的副产品或废弃物是下一环节的能源或工业原料，提高资源综合利用效率，达到节能减排、生态环保的目的。规划生态化的产业链条关键在于对产业生态链进行准确分析，明确各个产业环节的能源、原材料来源以及副产品、工业废弃物的去向，并最终进行合理的匹配。

以东滩顾问在编制江苏沿海地区××园区的产业规划为例，其遵循产业链条生态化的规划理念，以煤储配中心项目和火电项目为基础，针对基地发展不断增加的用水需求，通过大量的产业生态研究，设计了一条集煤炭供应、电力供应、海水淡化、盐化工于一体"煤电水盐一体化"的生态产业链（见图7-2）。

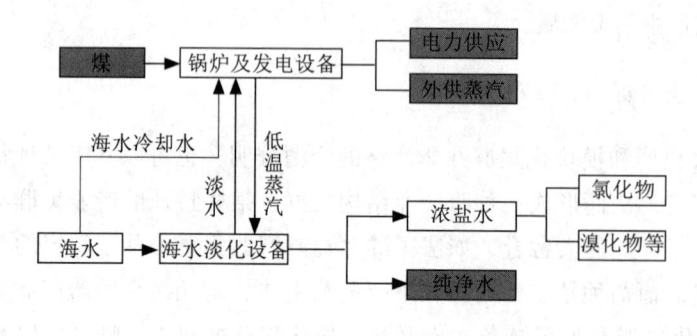

图7-2 煤电水盐一体化产业链

资料来源：东滩顾问研究整理

2. 产业结构生态化

产业发展具有自身的发展规律，因此园区产业规划要在尊重发展规律的基础上，打造一个产业生态系统，该系统既包括主导产业，又包括配套产业，还包括配套服务产业及产业平台等。其中，主导产业、配套产业的确定，需要建立在科学的产业筛选和产业专题研究的基础之上，配套服务产业及产业平台是主导产业及配套产业的延伸，对园区产业发展起到支撑作用。生态化的产业结构可以促进各个产业之间联动发展，有时甚至可以促进一、二、三产业实现相互联动。

比如，东滩顾问在为××生物科技园做产业规划时，综合考虑园区发展条件和产业机遇，经过大量的产业研究，筛选确定了以生物制药（肝素类药物、抗衰老药物、银杏类药物）和功能食品（特殊膳食食品、抗衰老食品、治疗性保健品）为主导，以医疗器械、生物农业为辅，以科技研发、健康服务为配套服务，并搭建生物科技企业孵化基地、长寿研究中心、生物科技产业加速器等产业平台的生态化的产业结构体系（见图7-3）。

3. 产业环境生态化

园区的产业并非一个孤立的集群，为避免出现产业孤岛效应，园区产业应融入园区所在区域的产业体系，增加与周边产业集群的互动性，在与周边产业共同塑造一个区域大生态生存系统的同时，达到产业环境生态化的效果。

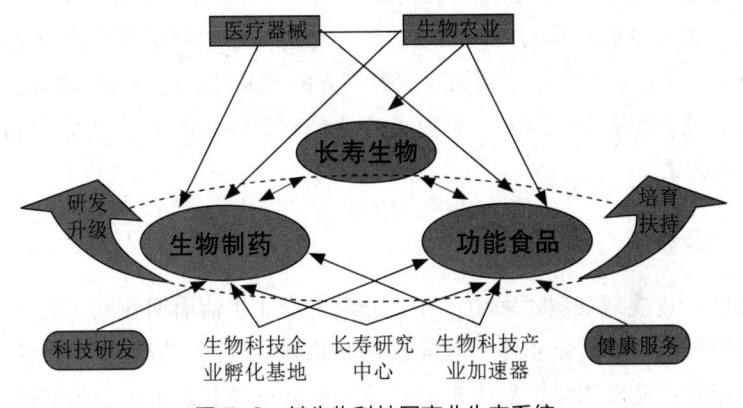

图7-3 某生物科技园产业生态系统

资料来源：东滩顾问研究整理

所在区域的产业体系，增加与周边产业集群的互动性，在与周边产业共同塑造一个区域大生态生存系统的同时，达到产业环境生态化的效果。

又如，东滩顾问在为某汽车零部件产业园做产业规划时，基于园区及周边的汽车零部件产业基础和发展环境，结合当地相关产业层次较低以及园区有科技型研发检测项目入驻等问题与机遇，确定了以研发检测为核心、汽车电子等高端制造为重点、科技金融等生产性服务业为支撑的产业体系，在带动周边地区产业升级的同时，与周边地区共塑区域大生态生存系统。

（三）产业规划的安全理念

园区的繁荣可表现为相关企业的不断集聚、相关产业的高速发展及高效益产出，而企业外迁或倒闭、产业衰退则能看出园区不景气的端倪。产业安全是园区持续发展的最基本的保障，因此，在编制园区产业规划时，产业安全化是不得不遵循的规划理念。或许可以从企业根植性、产业层次性和技术创新性等三个方面来规划产业集群的安全化。

1. 企业根植性

企业根植性是产业能够在园区持续发展的保障。目前，各地园区产业集群众多，但大都属于嵌入型集群，企业之间缺乏联系，这种产业集群往往落地不生根，缺乏根植性，难以形成产业持续的生命力，市场稍有波动便会出现"树倒猢狲散"的局面。在编制产业规划时，可从以下三个方面入手，增强企业的根植性。

首先，强化企业之间联系。积极推动本地的社会文化与外来经营方式和理念的融合，促进投资者与本地生产者之间在生产、服务等多方面进行交流。

其次，加大企业培育力度。无数的经验已经证明本地培育孵化的企业根植性最强，因此，园区应在资金、政策、服务等方面加大对本地企业的培育力度。

最后，改善企业经营环境。良好的企业经营环境是吸引企业投资并增强其根植性的重要因素。

2. 产业层次性

在园区产业规划编制过程中，要充分考虑产业生命周期的发展规律，选择恰当的产业组合体系。既要立足于当前的产业基础，确保区域发展的根基，获取区域发展的能量；又要积极谋划未来的产业发展，布局有发展潜力的新产业，确保区域产业的可持续发展。因此，产业规划要有时序安排，长短期结合发展，从而形成基础型产业—战略型产业—机会型产业的层次体系（见图7-4）。

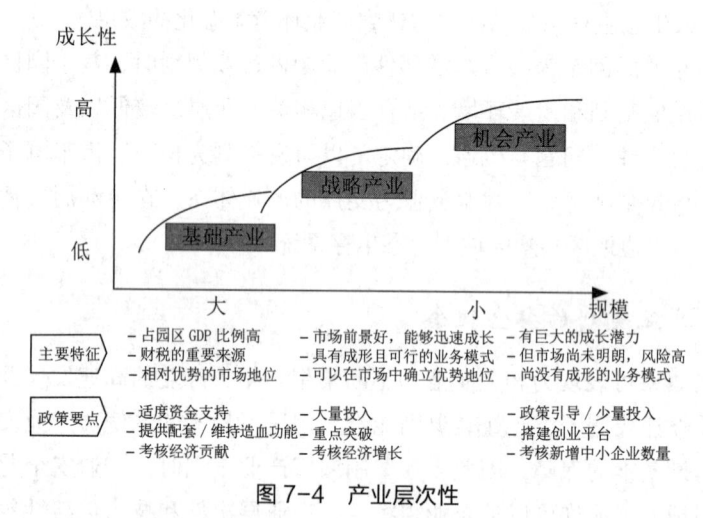

	基础产业	战略产业	机会产业
主要特征	－占园区GDP比例高 －财税的重要来源 －相对优势的市场地位	－市场前景好，能够迅速成长 －具有成形且可行的业务模式 －可以在市场中确立优势地位	－有巨大的成长潜力 －但市场尚未明朗，风险高 －尚没有成形的业务模式
政策要点	－适度资金支持 －提供配套/维持造血功能 －考核经济贡献	－大量投入 －重点突破 －考核经济增长	－政策引导/少量投入 －搭建创业平台 －考核新增中小企业数量

图7-4 产业层次性

资料来源：东滩顾问研究整理

基础型产业是指当前阶段在区域经济体系或某一具体产业中占据较大比例，贡献较大产值和财税，起到基础支撑作用的产业门类；战略型产业是当前阶段在区域经济体系或某一具体产业中比例份额并不占据优势，但市场前景较好并能够快速成长，具有成形且可行的业务模式的产业门类；机会型产业是当前阶段在区域经济体系或某一具体产业中暂未发展或初步涉及，但具有巨大的成长潜力，市场风险较高，尚没有成形的业务模式的产业门类。

3.技术创新性

产业的发展如同人的生命一样，存在着客观的生老病死规律，每个产业都要经历由成长到衰退的演变过程，这是不可抗拒的自然法则，这一进程一般分为初创、成长、成熟和衰退四个阶段。技术创新是在产业进入成熟阶段后，为防止其迈入衰退期而进行的变革，也是对已经进入衰退期的产业进行的"挽救"。根据产业生命周期理论，进入成熟期后，产业虽然仍保持一定的增长速度，但增长率明显降低，市场开拓受阻，这时园区的管理者应充分认识到产业发展已经放缓，需要注入新的血液才能让其重新焕发活力。

至少可以从三个层面促进园区产业加速技术创新进程：首先，组建主体多样化的创新团队，如招引创新型人才、孵化创新型企业、引进高校、科研院所、大型企业研发中心、组建产学研相结合的研发机构等；其次，构建功能多样化的技术创新平台，围绕研发产业链，从研发、小试、中试等环节构建技术创新平台，如数据共享中心、技术促进中心、中试基地等；最后，出台支撑多样化的创新政策，从人才招引、项目审批、创新补贴等方面出台创新鼓励政策。

二、养老产业规划的规划方法

如果要对养老产业园区进行合理规划，那么，园区产业规划涉及细分产业定位、产业发展路径、产业发展策略等多个问题，对园区日后的经营发展至关重要，如同编制战略规划一样，产业规划编制也是一项专业性、系统系、复杂性的工作，其大致包括基础研究和信息框架、结论研究和专题分析两个环节（见图7-5）。

（一）基础研究和信息框架

基础研究是产业规则编制的基础性工作，一般规划编制团队成立后，即开始基础研究工作，重点从区域背景、产业背景、产业基础、发展条件四个维度对研究对象的基本面进行分析，它需要大量的信息资料作为研究支撑。

1.区域背景分析

从区域视角搜寻产业发展机遇，重点研究所在区域社会经济发展现状和趋势、相关规划解读、相关政策解读等，分析周边区域产业与本项目的相关性，挖掘项目发展机遇、潜在价值、掌握区域内面临的竞争和挑战，寻找产业导入或升级的切入点。在区域背景分析方面，产业规划与战略规划有着相似的信息框架。

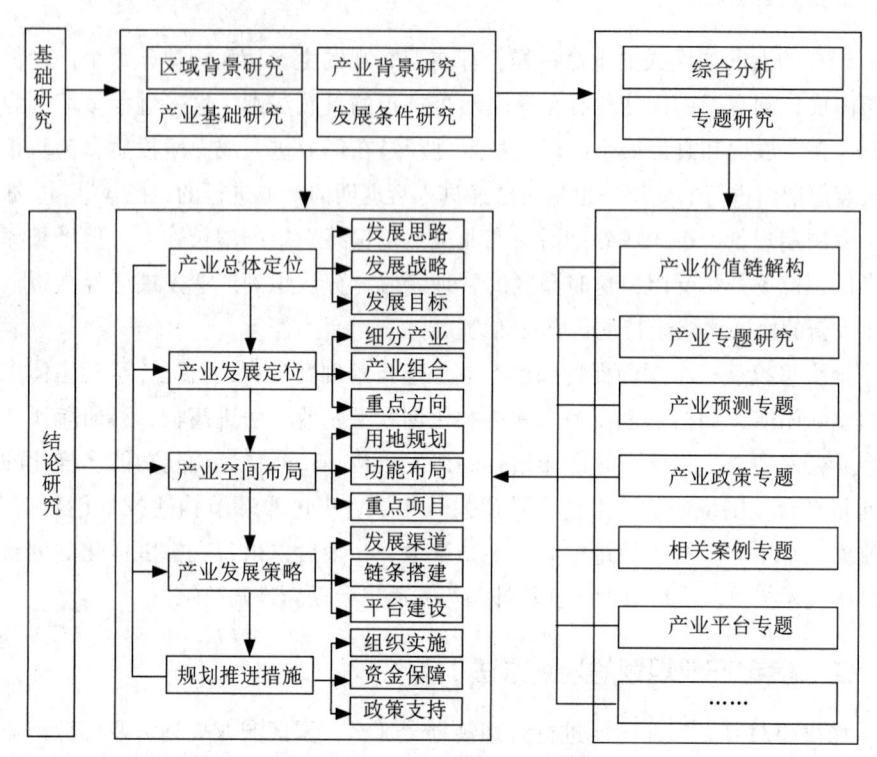

```
基础研究 → [区域背景研究 / 产业背景研究 / 产业基础研究 / 发展条件研究] → [综合分析 / 专题研究]

结论研究:
  产业总体定位 — 发展思路 / 发展战略 / 发展目标
  产业发展定位 — 细分产业 / 产业组合 / 重点方向
  产业空间布局 — 用地规划 / 功能布局 / 重点项目
  产业发展策略 — 发展渠道 / 链条搭建 / 平台建设
  规划推进措施 — 组织实施 / 资金保障 / 政策支持

专题:产业价值链解构 / 产业专题研究 / 产业预测专题 / 产业政策专题 / 相关案例专题 / 产业平台专题 / ……
```

图7-5 产业规划工作流程

资料来源：东滩顾问研究整理

2. 产业背景分析

从产业视角寻找潜在产业方向，深入剖析产业整体发展大势和区域产业发展布局，重点分析城市产业的发展现状、资源要素、市场形势等，为项目的产业筛选和发展路径提供科学依据。

3. 产业基础分析

从产业规模、产业结构、产业资源、产业环境四个层面对园区的产业基础进行分析，研究产业发展的基本情况，诊断产业发展存在的问题，分析产业未来的发展趋势，并对相关的技术平台、人力资源、科研资源、政策环境、创业创新环境等方面进行系统梳理，为产业定位、项目策划提供必要的依据。

4. 发展条件分析

主要了解项目可利用的产业用地的条件，包括区位交通、地形地貌、用地规模、资源要素等。通过对内部条件系统梳理，分析和把握核心优势，为产业选择和发展提供科学依据。在发展条件分析方面，产业规划与战略规划有着相似的信息框架。

（二）结论研究与分析

基于基础研究结论，结合招商为本的目的，产业规划的结论研究主要包括：

1. 产业总体定位

通过对区域（园区）产业发展的 SWOT 分析，考虑产业发展与当地条件的适应性以及与区域的融合性，确定区域（园区）的产业发展思路和产业发展战略，通过总体考虑，确定产业发展的经济和社会目标。第四章讲述的 SWOT 模型、园区价值分析模型同样适合于产业总体定位。另外，实践中一般使用蒙特卡洛模型预测产业发展的战略目标。

蒙特卡洛模型也称随机模拟法，当系统中单个不确定事件的发生概率较为容易确定，但预测相互关联的不确定事件时，系统的可靠性过于复杂，则可用随机模拟法近似计算出系统可靠性的预计值。它是利用计算机，依据概率反复模拟各种相互关联的不确定事件发生的情况，模拟次数越多，结果越精确。

其应用步骤一般为：

（1）根据提出的问题构造一个简单、适用的概率模型或随机模型，使问题的解对应于该模型中随机变量的某些特征（如概率、均值和方差等），所构造的模型在主要特征参量方面要与实际问题或系统相一致。

（2）根据模型中各个随机变量的分布，在计算机上产生随机数，实现一次模拟过程所需的足够数量的随机数。通常先产生均匀分布的随机数，然后生成服从某一分布的随机数，方可进行随机模拟试验。

（3）根据概率模型的特点和随机变量的分布特性，设计和选取合适的抽样方法，并对每个随机变量进行抽样（包括直接抽样、分层抽样、相关抽样、重要抽样等）。

（4）按照所建立的模型进行仿真试验、计算，求出问题的随机解。

（5）统计分析模拟试验结果，给出问题的概率解和解的精度估计。

2. 产业发展定位

在产业总体定位的基础上，结合区域（园区）的外部环境、内部条件和投资动向等方面研究的结论，在综合分析细分产业领域的基础上，系统梳理和筛选适合项目发展的细分产业，确定项目的产业门类组合和重点发展方向。研究产业定位可使用的模型及专题，包括产业筛选模型、区位熵、产业专题研究等。

（1）产业筛选模型

产业筛选模型是解决园区产业定位问题的一套分析方法，旨在从门类众多的产业中筛选并构建符合园区特点的产业体系。该模型可分解为四个步骤：

首先，是构建候选产业集，由于资源禀赋、区位条件、产业基础等因素不同，不同的园区有不同的构建候选产业集的方法。

其次，是候选产业分析，从产业链解析、产业前景分析、产业政策分析、产业布局分析、产业投资分析、产业基础分析等角度展开。

再次，是候选产业评价，从成长性（产业规模、产业贡献、产业带动性、资源支撑性）、可行性（产业转移、区域竞争、产业协同）两个方面，对上述分析的候选产业进行打分。

最后，是产业体系定位，从众多的候选产业中遴选出适合发展的主导产业、配套产业与机会产业。

（2）区位熵

区位熵又称专门化率，它由哈盖特（P.Haggett）首先提出，并运用于区位分析中，在衡量某一区域要素的空间分布情况，反映某一产业部门的专业化程度，以及某一区域在高层次区域的地位和作用等方面，是一个很有意义的指标。区位熵计算公式：
$$Q=S/P$$

式中，Q 为区域的经济区位熵，S 为该区域某产业的产值，P 为该区域全部产业的总产值。一般而言，区位熵值越大，表明专业化水平越高。以 A 产业为例：区位熵 > 1，表明 A 产业在某地区专业化水平超过了总地区水平，属于地区专业化部门；区位熵 < 1，表明该地区 A 产业的专业化水平低于总地区水平，必须从区域外输入产品；区位熵 = 1，表明该地区 A 产业专业化水平与总地区水平相当，基本自给自足。

（3）产业专题研究

从产业前景、产业政策、产业布局、产业投资和产业基础五个方面，对园区候选产业进行专题分析。产业前景部分，重点研究未来的产业规模及发展速度，从总量的角度评价该产业是否适合作为园区的主导产业；产业政策部分，着重解读国家、区域的相关产业政策，从政策的角度评价园区是否可以发展该产业；产业布局侧重于研究区域内产业分布情况，从协同竞争的角度进行产业评判；产业投资以近年来实际发生的投资项目为研究重点，从项目的角度进行产业分析；产业基础则主要梳理园区的产业发展条件，论证园区发展该产业的可行性。

3. 产业空间规划

在对区域（园区）土地调研的基础上，依托产业经济的发展目标，基于产业发展规律和"产城融合"的视角，并考虑投入资金的平衡问题，确定区域（园区）的用地规划、功能布局等，支撑产业发展、盘活土地价值。此部分研究也涉及一些研究模型与专题分析，如园区开发的空间模型、城镇专题研究、基础设施专题研究、相关案例研究等。

4. 产业发展策略

系统研究各细分领域的发展情况，根据细分产业的产业特性和发展规律，结合细分产业的发展形势和投资动向，依托项目的产业现实基础，设计各细分领域发展的具体路径，包括发展渠道和链条搭建。其中，发展渠道主要指产业转移、成果转化、培育孵化、平台建设等，为产业快速推进寻找到较好的切入点；链条搭建主要指从产业集聚角度考虑，为产业链条化的发展提供决策思路。

（1）产业转移策略

产业转移由企业投资最为关注的"市场、成本、资源"三个因素的影响而形成，是产业园区发展的重要路径，中国园区经济多年来的高速增长，主要得益于全球产业转移。近年来，国内外的产业转移方式逐渐多元化，产业园区承接外部产业转移的情况也日渐复杂，面对外部众多的产业转移机会，该如何选择既能够实现园区快速发展，又能够避免亦步亦趋的产业呢？我们认为，园区管理者在考虑承接外部产业转移的过程中，应具备一定的"双向思维"，掌握灵活性，适度而行，方能把园区发展之路越走越宽。

首先，比较优势与跳出比较优势陷阱。借助比较优势原理，通过发挥自己的优势条件，承接国内外产业转移是园区招商的通常做法，这本身无可厚非。然而，任何事情在一定条件下都会走向它的反面。过分依赖比较优势很有可能会将园区经济带进"比较优势陷阱"，失去培育竞争优势的机会。因此，园区管理者在利用比较优势的同时，也应提防步入"比较优势陷阱"。

其次，微笑曲线与克服微笑曲线局限。根据微笑曲线理论，很多园区在承接产业转移时依赖成本优势，主要定位于以生产制造为主的中间环节，"不敢奢望"

产业链条的两端,即前端研发环节和后端营销环节。这样甘心做生产基地的想法是难以持久的。第一,现代产业的可持续发展越来越依赖于研发和营销环节;第二,作为生产基地的成本优势将随着园区的发展而降低。因此,产业园区应克服微笑曲线理论局限,可以选择一两个细分领域发力,实现细分领域的"两端"突破。

最后,产业转移和技术转移同举并重。企业的聚集并不代表园区产业能够持续发展,产业园区要想实现内生可持续的发展,就应该有长远眼光,在承接产业转移的同时,全球抓"药",全方位布局研发基地,通过承接技术转移,吸引发达国家和国内先进地区的科技成果,并将其转化为产业化项目,从而练就园区经济的核心竞争力,打造园区经济未来,构建园区更为安全的产业体系。

(2)产业升级策略

产业升级主要是指已形成一定的产业和企业基础的园区,通过整体规划和专业服务,提升软硬环境的产业蜕变模式。一般而言,主要表现在三个方面,即发展环境升级、发展主体升级和发展技术升级。

第一,发展环境升级。在新的时代条件下,园区粗放式经营已经走到了尽头,集约化发展日益成为共识。园区集约化发展离不开发展环境的升级,它不仅需要做好硬环境建设,更需要做好软环境建设。针对工业企业布局混乱、发展粗放、缺乏统一规划、缺乏配套服务等情况,打造适宜的产业园区环境,提供综合配套服务,乃至于产业专业服务。

第二,发展主体升级。园区产业发展的决定性因素在于人。在产业升级中,园区管理者作为园区的发展主体思想不能落伍,而一定要与时俱进,不断学习和进步,善于把握趋势和机遇,努力成为领域内的行家。园区可以通过支持和提供培训、再教育、考察调研学习等服务,提升园区管理者的经营管理能力和服务水平。

第三,发展技术升级。发展技术升级也称发展驱动力升级。过去,我国产业园区的发展主要依靠要素驱动,凭借低廉的土地成本和劳动力价格等实现产业的发展和升级。随着土地资源越来越稀缺以及劳动力成本的节节攀升,园区产业发展的驱动力迫切需要升级,这将更多地依靠技术创新。创新有难度的园区,也可以通过购买研发创新成果进行商业化,或者外包采购技术服务等方式,实现跨越式发展。

(3)产业价值链解构

产业价值链分析是将产业价值链各环节展开后,对其利润区分布及战略控制点做深入分析。企业应将其价值链向高利润区进行延伸,以获取更高的盈利能力。

而战略控制点是指能对整个产业产生重大影响的关键环节（如电脑行业的芯片），如果可能的话，企业应将其经营范围覆盖战略控制点，或与相关企业结成战略同盟，以此来巩固其在业内的优势地位。价值链分析可以指导产业优化和培育产业集群。另外，在制定产业政策时，价值链分析可以着眼整个产业，如供应链金融、服务外包等。

下面介绍盖洛普路径法。

盖洛普对健康企业的成功要素的相互关系进行了深入研究，并据此建立了一个模型，来描述员工个人表现与公司最终经营业绩、公司整体增值之间的路径。提出"要想影响硬数据，必须管好软数据"的核心思想。硬数据是企业经营的财务结果，在"盖洛普路径"上，可以是"可持续增长""实际利润增长""股票增值"；软数据是人的态度和行为，可以是"发现优势""因才适用""优秀经理""敬业员工""忠实顾客"。

通过调研分析，确定产业发展的关键阶段，可以应用到产业规划中各门类产业发展策略的制订中，并由此描述该产业未来的发展轨迹（见图7-6）。

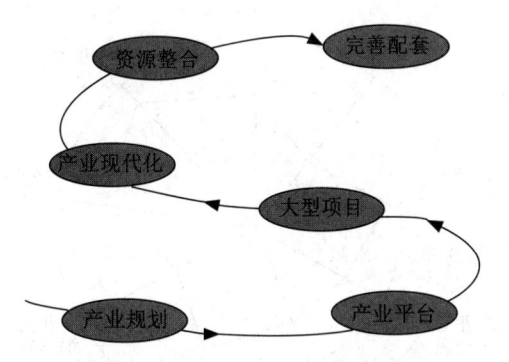

图7-6 产业发展的盖洛普路径

资料来源：东滩顾问整理

一般来讲，对产业发展影响较大的因素主要包括：确立新的产业规划，导入新的产业准入标准；搭建公共技术平台等产业平台；引进大型项目；通过政策措施引导产业升级和现代化；促进产业资源整合和产业链整合；完善产业发展的配套条件，如对应于商贸业发展的消费金融、物流配送等条件。因此，区域产业发展的盖洛普路径可以结合具体情况，将产业规划、产业平台、大型项目、产业现代化、资源整合和完善配套等举措灵活组合，形成区域特定产业的产业发展路径。

5. 规划推进措施

明确产业发展时序安排，明确近中期的产业发展任务；并从规划的组织实施、机制创新、生态环保、政策支持、土地支持、资金保障、人才保障等方面提出保障措施。

下面介绍园区产业发展评价模型。

我国存在数以万计的产业园区，各个园区的产业发展和布局大相径庭。但是，不管怎样，园区和园区之间总有水平高低之分。对于园区产业的发展情况究竟该如何评价呢？借用东滩顾问对于产业园区的研究，笔者认为可以以前瞻性（产业生命周期、产业市场空间、产业技术发展、产业组织形式）、竞争性（产业价值环节、产业发展贡献、产业要素资源）和安全性（长短期安排、产业集中度）三个维度、九个指标为基础，构建园区产业发展评价模型，可采取雷达图的形式，来评估园区产业发展态势，也可以作为确定产业发展定位和策略的重要工具（见图7-7）。

图 7-7 产业发展评价模型

资料来源：东滩顾问整理

以每个指标的性能为基础，结合最好和最差的案例分析确立评分基准，最好的案例指标分值设定为 10 分。每个指标可以根据具体的产业情况进行指标细化，选取合适的细化指标进行分析评价，定性指标的评分按几个档次折合为具体分值，对细化指标评分加权得出其指标分值，绘制园区产业发展的雷达图。最后，可以得到园区产业发展的前瞻性、竞争性和安全性的总体评价情况。

园区产业发展评价模型主要用于产业规划和产业审计。其一，在园区产业规划时，在每一指标的得分下进行相关假设，然后确定实现产业可持续发展所应达到的目标，以此为参考设计园区产业的发展方向和发展路径；其二，随着时间的推移，定期地进行园区产业发展评估，以发现产业变化趋势，推动对园区产业体系的评审和修正。

第二节　养老产业园区开发的策划

养老产业园区的开发运营与住宅地产大相径庭。第一，养老产业园区承担着一部分缓解城市老龄压力的同时，还兼具发展经济、创造税收的使命，因此一般需与政府部门合作；第二，养老产业园区有养老社区以及其他企业，而企业的规模大小、行业属性差别很大，这就决定了园区产业特性必须鲜明；第三，养老产业园区开发者大都持有部分园区物业资产进行租赁，对大多数园区开发者而言，园区运营管理责无旁贷。因此，园区应如何包装、产业该如何定位、项目怎样落地、如何提供服务、提供哪些服务、资金如何平衡等，都是园区运营者必须思考的问题。

竞争一半靠实力，一半靠策划，就像20世纪90年代前后的企业需要"点子"激活商品，现在的产业园区则需要一股策划的力量，解决园区开发可能面临的诸多问题。策划如同杠杆，目标就是支点，要想迅速成功，则必须打造属于自己的长而坚韧的杠杆，同时掌握杠杆的作用原理。

每个工程建设项目的生命周期包括事前论证、事中监督和事后审计三个阶段，事前论证奠定了项目的发展基础，是整个项目成败的关键，然而目前，全国范围内投资建设项目管理体制中的事中监督、事后审计都有相对完善的管理制度，而事前论证的制度建设却较为滞后。

从项目投资的角度看，工程项目的累计投资曲线和经济性影响程度曲线呈反向关系，累计投资曲线逐步上升，经济性影响程度曲线逐步下降，即在事前论证阶段，投资额比较少，但项目经济性影响程度很高。由于人们对项目的重视程度总是随着累计投资额的增加而增强，所以往往忽略了事前论证工作的重要性，这就为项目日后的失误埋下了祸根。

对于养老产业园区开发建设而言，事前论证的缺失，在很大程度上表现为开发策划工作不到位，由此可能导致两个方面的问题：一是"建不建""建什么""如何建"的决策依据不足，导致有些园区项目盲目上马或仓促上马；二是养老产业园区"如何建"缺乏多方案比较,在项目定位、功能目标、项目规模、项目所需资源情况、项目规划设计方案选择、环境影响与生态保护、项目开发组织模式、项目开发建设计划、项目建设时间安排、投资估算和资金筹措等方面缺乏科学研究,少有比较方案,导致项目功能和规模不合理、选址不当、进度失控、投资浪费等问题的出现。这些问题不仅造成了投资有效性不高、效益低下,以及土地资源、人力资源和财政资金的浪费,还留下了不少后遗症。

策划是决策的必然前提。产业园区开发策划是在规划的宏观指导和控制下,依托创造性思维,应用相关理论和实践经验对区域生产要素资源进行发现、创新和重组,实现资源、环境、经济与市场的优化拟合,从而提供园区发展的方法、途径和模式的决策依据,解决园区建设过程中的企业集聚、产业集聚及后续发展等问题。简而言之,园区开发策划是执行各项规划的综合指导方针,是将各项规划落实到土地过程中的统筹安排和部署,解决园区"如何开发",项目"如何落地""如何运营"的详细方案。

养老产业园区开发策划以资源和市场对接为目标,用独树一帜的方法解决园区核心竞争力、形象定位、产业定位、项目设置、商业模式、财务测算以及园区运营管理能力建设等方面的独特性与实际操作问题,从而使园区开发更具计划性、选择性和针对性,有利于高效、快捷地形成园区特色,全面提升园区竞争力,使园区获得良好的经济效益和社会效益。

一、开发策划的策划理念

如同战略规划、产业规划一样,编制养老产业园区开发策划也是一项系统性的工作,只是其更注重对市场形势、资金平衡等方面的研究分析。因此,在战略规划理念、产业规划理念的基础之上,开发策划理念也有其独到之处,依据大量的开发策划实践,可总结出"园区概念主题化""业态组合创新化""项目设置落地化""商业利益最大化"四个园区开发策划理念。

(一)养老产业园区概念主题化

对产品进行概念包装能够提高产品的外在价值,进而提升产品的市场竞争力,产品包装已经是产品生产的一个重要流程,琳琅满目、风格迥异的产品包装令人叹为观止。与产品包装相似,园区包装有利于优化内部环境、集聚要素资源、吸引项目入驻、扩大对外影响等,从而提升园区的市场竞争力,尤其是在园区竞争日益激烈、园区走向日益专业的背景下,园区开发者更应重视对园区进行主题化的概念包装。

园区概念包装应干练、精辟、醒目，应突出园区的主题特色，一般而言，可以从区位优势、产业特色、园区功能、经典案例四个角度进行分析，而大部分情况是上述四个角度的综合（图7-8）。

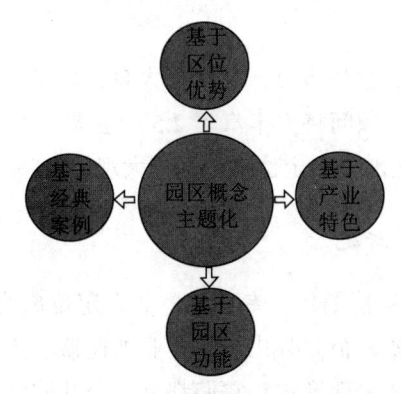

图 7-8　园区概念的包装分析

资料来源：东滩顾问整理

1. 基于区位优势

基于园区的区位优势，综合考虑园区在区域经济所扮演的角色，对园区进行概念包装。例如，结合连云港的亚欧大陆桥东方桥头堡的区位优势，以及中西部地区亟须出海口的现实需求，东滩顾问将连云港徐圩新区包装为国家东中西区域合作示范区；再如，结合盐城新滩片区为淮河流域的入海通道、滨海港为距离日韩最近的深海港口，以及淮河流域整体开放程度较低等现实条件，将该园区包装为淮河流域开发开放先导区等。

2. 基于产业特色

根据园区比较鲜明的主导产业定位，为进一步突出园区的产业特色，从产业的视角对园区进行概念包装。例如，东滩顾问在为华夏幸福基业"肽谷"生物科技园做开发策划时，根据生物医药这一产业定位，结合"研发新药"这一园区使命，将园区的概念包装为"研发梦工程""药业好莱坞"。

3. 基于园区功能

基于园区比较独特的功能定位，从园区功能的视角对园区进行概念包装。例如，东滩顾问在为福建长泰大有善生物科技园做开发策划时，根据其打造欧式福利产业区的功能定位，将其概念包装为"产业乌托邦"；再以北京市丰台区园林创意商务区开发策划项目为例，结合园区功能，将园区包装为"绿色创意港"。

4. 基于经典案例

利用国际知名的园区宣传自己，从而扩大自己的影响力是一种常用的园区概念包装思路。例如，东滩顾问将大丰汽车 2.5 产业园的概念定位为"汽车硅谷"，将青岛市铁山养生度假区的概念定位为"本草大观园""东方普罗旺斯"。

（二）业态组合创新化

随着园区开发越来越精细化、专业化，业态定位成为开发策划的重要内容。标准化厂房、产业综合体、企业孵化器、企业加速器、工业邻里中心、交易市场等都属于功能业态的具体表现形式，它们都有一个共同特点，就是在一定程度上可以进行模块化组织和标准化生产，具有一定的可复制性。

园区开发的业态选择需要考虑可行性，园区开发策划过程中的业态定位则要基于已有的业态单体进行组合创新。标准化厂房、研发综合体等业态单体如同一块积木，业态组合创新的过程就是"搭积木"的过程。在具体的开发策划研究中，可以根据以下几个维度思考园区的业态组合。

1. 参考企业需求

老年人与企业是养老产业园区的主要目标客户，不同类型的产业甚至不同类型的细分产业的企业，对园区物业载体的需求会有很大差异，如以现代服务业、文化创意产业为主导产业的园区选择 LOFT、SOHO 等业态风格，可能更能满足客户需求，科技型创业企业则更偏好孵化器、加速器，流通型企业对交易市场等业态情有独钟，轻制造企业更有意愿选择多层标准化厂房等。因此，园区在选择业态组合时一定要有明确的主导产业定位，并深入研究企业对业态的需求。

2. 参考周边竞争

市场化的养老产业园区在研究目标客户需求的同时，也要掌握周边园区的业态风格，了解市场竞争情况，做到"知己知彼"。园区业态既不能因有市场需求而盲目定位，也不能因有市场竞争而规避定位，它必须建立在综合了解市场供求的基础之上，选择具有平衡性、独特性的业态组合。

3. 参考规划控制

园区的开发，尤其是小园区的开发，大都是建立在已成型的土地利用规划、控制性详细规划或修建性详细规划的基础之上，因此，在研究园区的业态定位时，必须考虑上位规划对园区土地在性质、容积率、开发强度、建筑高度等方面的控制，在违背上位规划的前提下，纵然再具有创新性的业态组合也几乎没有落地的可能。

（三）项目设置落地化

当前园区功能与服务日益受到园区开发商的重视，平台类项目成为园区开发策划的点睛之笔。在开发策划研究实践中，不乏标新立异、夺人眼球的项目被推出，但由于种种原因，这些项目与现实差距甚远，往往难以落地。其实，对于产业园区而言，项目功能属性和收益属性远比项目创新属性重要，因此，只有保证项目的功能性与收益性，项目才有落地可能，而良好的市场需求和明确的投资主体，是影响项目能否落地的关键。

1. 良好的市场需求

需求决定供给，对于项目策划也不例外，一个具有可落地性的项目必然有良好的市场需求作为支撑。这种需求可能来自现在，也可能来自未来；可能来自园区内部，也可能来自园区外部；可能来自园区的企业，也可能来自企业中的人；可能是生产性服务需求，也可能是生活性服务需求。

2. 明确的投资主体

项目建设必须有资金做保证，因此，明确的投资主体是支撑项目落地的另一因素。项目投资主体包括政府机构和市场化机构两种，政府投资建设的项目一般要具有较大的社会公益性，企业投资建设的项目则更注重其经济性，因此，在项目设置时，应首先厘清所设项目的属性，以有针对性地明确投资主体。

（四）商业利益最大化同时兼具社会价值

与传统的以产业聚集带动区域经济，以财政收入、土地溢价收益弥补园区亏损的园区发展模式不同，现代养老产业园区的收益大都来自园区本身，随着大量市场化机构涉足园区开发领域，商业利益最大化成为园区开发策划的工作重点，但是养老产业园有其独特性，它还肩负着社会价值。其中，合理设计盈利模式、科学评估资金投入、准确评价财务收益，是保证收益最大化的基础性工作。

1. 合理设计盈利模式

现实中，园区开发商可以通过销售产品、出租物业、集成服务、资本运作等方式回收资金，也可以通过固定收益模式、利润分成模式、土地补偿模式、配套经营补偿模式等实现盈利，在开发策划实践中，可通过分析园区开发商的综合能力、战略目标、与政府关系等方面，合理设计盈利模式。

2. 科学评估资金投入

投资估算是指在整个投资决策过程中，依据现有的资料和一定的方法，对园区开发的投资额（包括工程造价和流动资金）进行的估计，是正确评价园区投资合理性，分析投资效益，为园区开发决策提供依据的基础，也是园区开发策划的重要环节。投资估算可能包括土地一级开发估算、土地二级开发估算、项目经营估算等方面，需综合考虑业态体量、档次、风格、土地价格、劳务成本、物价水平等多重因素。

3. 准确评价财务收益

财务评价是在国家现行财税制度和市场价格体系下，分析预测项目的财务效益与费用，计算财务评价指标，考察拟开发园区的盈利能力、偿债能力，据以判断项目的财务可行性。财务评价是在确定的建设方案、投资方案和融资方案的基础上进行的财务专项分析。

二、开发策划的策划方法

养老产业园区开发策划是解决园区"如何开发"，项目"如何落地""如何运营"的详细方案，是对园区战略规划与产业规划的深化，如同战略规划与产业规划类似，开发策划的研究大致包括基础研究与信息框架、结论研究与专题分析两个环节。

（一）基础研究与信息框架

基础研究是开发策划编制的基础性工作，一般规划编制团队成立后，即开始基础研究工作，重点从区域背景、市场形势、发展条件、开发主体四个维度对研究对象的基本面进行分析，其需要大量的信息资料作为研究支撑（见图7-9）。

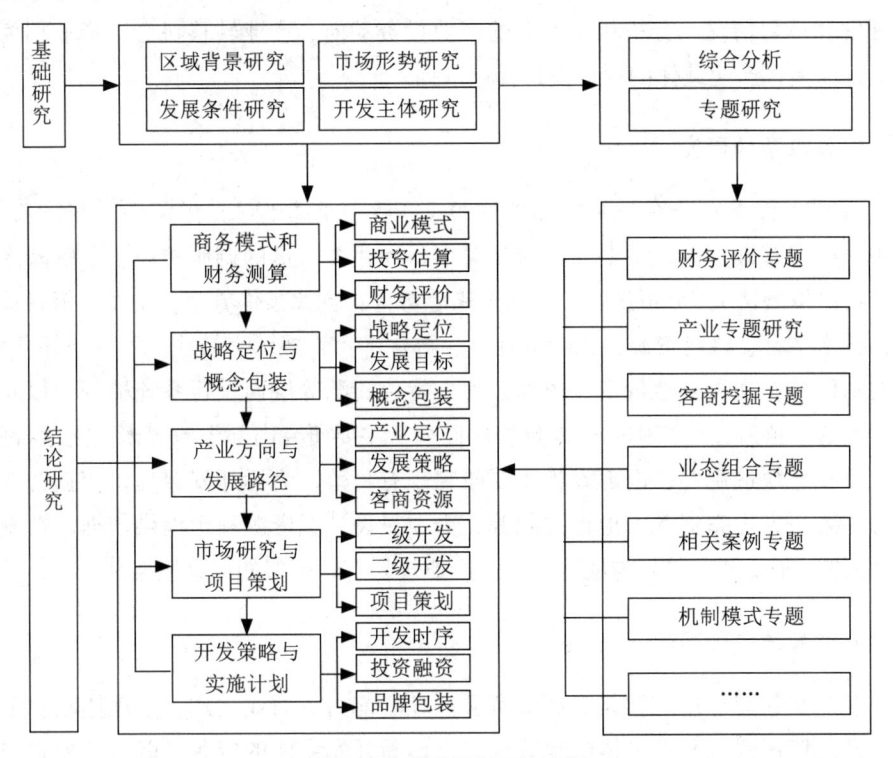

```
┌──────┐   ┌─────────────┬─────────────┐      ┌─────────────────┐
│基础  │──▶│区域背景研究 │市场形势研究 │─────▶│    综合分析     │
│研究  │   ├─────────────┼─────────────┤      ├─────────────────┤
└──────┘   │发展条件研究 │开发主体研究 │      │    专题研究     │
           └──────┬──────┴─────────────┘      └─────────────────┘
                  │                                    │
           ┌──────▼──────┐ ┌──────────┐         ┌─────────────┐
           │商务模式和   │ │商业模式  │         │ 财务评价专题│
        ┌─▶│财务测算     │▶│投资估算  │         ├─────────────┤
        │  │             │ │财务评价  │         │ 产业专题研究│
        │  └──────┬──────┘ └──────────┘         ├─────────────┤
┌────┐  │  ┌──────▼──────┐ ┌──────────┐         │ 客商挖掘专题│
│    │  │  │战略定位与   │ │战略定位  │         ├─────────────┤
│结论│──┤  │概念包装     │▶│发展目标  │◀────────│ 业态组合专题│
│研究│  │  │             │ │概念包装  │         ├─────────────┤
│    │  │  └──────┬──────┘ └──────────┘         │ 相关案例专题│
└────┘  │  ┌──────▼──────┐ ┌──────────┐         ├─────────────┤
        │  │产业方向与   │ │产业定位  │         │ 机制模式专题│
        ├─▶│发展路径     │▶│发展策略  │         ├─────────────┤
        │  │             │ │客商资源  │         │    ……       │
        │  └──────┬──────┘ └──────────┘         └─────────────┘
        │  ┌──────▼──────┐ ┌──────────┐
        │  │市场研究与   │ │一级开发  │
        ├─▶│项目策划     │▶│二级开发  │
        │  │             │ │项目策划  │
        │  └──────┬──────┘ └──────────┘
        │  ┌──────▼──────┐ ┌──────────┐
        │  │开发策略与   │ │开发时序  │
        └─▶│实施计划     │▶│投资融资  │
           │             │ │品牌包装  │
           └─────────────┘ └──────────┘
```

图7-9　开发策划工作流程

资料来源：东滩顾问研究整理

1. 区域背景研究

从区域视角搜寻园区发展机遇，重点研究所在区域社会经济发展的现状和趋势、相关规划解读、相关政策解读等，了解区域相关产业的整体格局、重点领域、重点项目等，分析区域产业与本项目的相关性，挖掘项目发展机遇、潜在价值、掌握区域内面临的竞争和挑战，寻找园区发展的切入点。在区域背景研究方面，开发策划与战略规划、产业规划有着相似的信息框架。

2. 市场形势研究

主要从土地市场、业态市场、产业市场三个层面对产业园区面临的市场形势进行分析，其中：土地市场主要研究所在区域内其他开发区、产业园和项目周边等的土地一、二级市场，为项目一、二级土地开发提供参考；业态市场重点研究所在区域内相关业态的消费形势，为产业载体策划和项目包装提供可行性依据；产业市场侧重于对园区可能发展的细分方向进行分析，了解周边区域的相关产业项目开发和运营情况，分析相关产业的产业投资动向、产业转移机会、产业招商机会等，为具体产业载体的项目设计提供依据。

3. 发展条件研究

发展条件重点研究三个方面的内容，包括产业基础、支撑条件、开发条件。其中：产业基础方面，主要通过对相关项目和相关人员的调研访谈，了解园区相关产业的发展情况，分析产业发展的未来趋势等；支撑条件方面，主要了解目前园区的技术平台、科研资源、投融资环境、孵化平台、展示交易等；开发条件方面，主要从区位交通、土地价值、内部设施、特色资源等层面进行系统梳理，以此确定土地的价值所在。其中，土地价值层面分析主要研究内部土地规模、土地特质，以此寻找地块适用性；内部设施主要研究现有村落，为拆迁安置提供依据；特色资源主要研究生态资源、地形地貌等，为项目设计、资源利用提供依据。在发展条件研究方面，开发策划与战略规划、产业规划有着相似的信息框架。

4. 开发主体研究

从历史沿革、组织架构、相关资源、核心能力、商业模式、管理体制六个维度，系统梳理园区开发主体的运营现状，诊断开发主体的资源、能力、模式与体制，了解开发主体对项目的发展意愿及投资计划，为项目发展定位、开发模式和策略设计提供依据。在开发主体研究方面，开发策划与战略规划有着相似的信息框架。

（二）结论研究分析

1. 商业模式与财务模型

对开发主体而言，养老产业园区开发的最终目的是实现社会价值同时收益最大化，而成功的商业模式对园区开发至关重要。市场化主导的养老产业园区，其商业模式一般都包括两方面内容：一是合作模式的设计，主要解决公司与政府的合作模式，确立其各自的权利与义务关系，确定利润分配机制；二是盈利模式的设计，主要分析其投入成本、收入来源，从土地开发和长期经营层面考虑分析。

综合考虑，实现投入成本最小化、盈利收入最大化。依据商业模式，建立科学的财务模型，对其投入成本、经济利润进行评估，从而从财务角度评价园区开发的可行性。

该部分研究需以投资估算模型和财务评价模型为基础。

（1）投资估算模型

主要包括土地一级开发投资估算、土地二级开发投资估算及园区运营投资估算。

（2）财务评价模型

财务评价模型主要从财务的角度对拟建项目的盈利能力、偿债能力进行分析，该模型大致有下面几项步骤：

第一，选择和确定财务评价数据和相关参数，其中，涵盖投入和产出品财务价格、汇率、利率、税率、计算期、资产折旧、无形资产和递延资产摊销年限、基准收益率等。

第二，对营业收入进行计算，同时，对成本支出进行预估。

第三，编写各类财务评价报表。

第四，计算财务评价指标，开展盈利能力（财务内部收益率、财务净现值、投资回收期、投资利润率）和偿债能力分析（借款偿还期、利息备付率、偿债备付率）。

第五，进行不确定性分析，主要包括敏感性分析和盈亏平衡分析。

第六，编写财务评价报告。

2. 战略定位与概念包装

基于土地核心价值的判断，从区域和产业综合视角考虑，确定地块的战略指导思想，据此提出并详细阐述地块的价值定位（在上位地区的地位和作用）、概念包装（市场形象及形象演绎传播）、发展愿景（地块未来发展目标和蓝图）等，通过高度化的战略定位和有影响力的概念包装，吸引重大项目进入，从而推动和带动经济开发区的开发建设。

3. 养老产业方向和发展路径

基于战略定位，确立开发区养老产业发展的定位原则，并在地块开发条件和相关产业市场形势分析的基础上，确定养老产业的发展方向，并从养老产业生态系统的角度，明确主要养老产业门类，构建养老产业发展体系。详细研究各大产业的发展规律，依托现实条件确定各产业的发展路径，罗列潜在客商资源。

4. 市场研究与项目策划

基于战略定位和产业定位，结合市场形势分析和土地适用性研究，确定项目土地一级开发的方向和规模，如工业用地、商业用地、住宅用地、公共用地等

（需要的话，还要确定重点区域土地二级开发方向和规模，包括业态方向、建筑体量等）；项目策划是在市场分析的基础上，结合土地特质和战略需求，设计包装一些载体性项目，包括土地招商类项目、重点引擎类项目，并就是否参与相关项目开发做出安排。

下面说一下项目策划模型。

项目策划是项目挖掘、论证、包装、推介、开发、运营全过程的"一揽子"计划。项目实施成功与否，首要一点就是所策划项目是否能够吸引资本投入。项目策划需要具备项目挖掘、项目意义、项目内涵、投资主体、开发运营五个要素，其中：项目挖掘主要源自于外界对项目的需求，如项目可满足现实需求、优化现实需求或满足未来潜在需求，现实策划中又可以从区域（区域合作需求、区域引领需求）、城市（公共服务需求、生活性服务需求）、产业（产业发展趋势分析、产业链分析）三个角度对项目进行需求分析；项目意义主要体现在项目的经济性和社会性两个方面，政府型项目一般偏重于社会性，而市场化项目则更注重经济性；项目内涵包括项目选址、占地面积、建筑面积、目标定位、功能定位、市场定位、功能分区、物业配比等方面，应突出项目的关键点和创新点，在进行项目内涵的具体设置时，需综合考虑市场需求、周边环境等因素，采用逻辑推演、案例分析、实地考察、专家访谈等方法，因地制宜、因项目制宜；投资主体从性质上可分为政府和市场两大类，在新的经济形势下，未来的项目投资将会以市场为主，策划时应重点考虑企业已有的成功案例和战略导向；开发运营涉及项目"怎么建""怎么管"的问题，需要在开发模式、运营模式方面给出建议（见图7-10）。

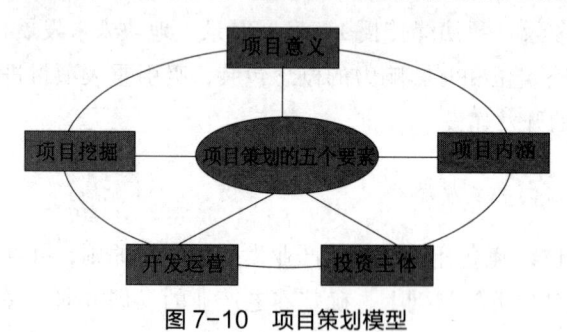

图7-10 项目策划模型

资料来源：东滩顾问研究而整理

5. 开发策略与实施计划

在综合分析开发条件和开发资源的基础上，合理设计项目的开发策略，主要包括品牌包装、项目招商、投资融资、启动区开发等，从而推动项目快速开发。

解构地块开发的总体目标以及各功能区开发的利益诉求，明确各功能区开发所承载的任务目标，并从土地平衡角度考虑产业、生活配套等用地的协调性问题，确定开发时序，并对启动区开发、重大项目建设给出详细的计划安排。此部分常用的分析工具为主体能力模型和相关案例专题。

这里介绍一下主体能力模型。

该模型是由东滩顾问根据多年的园区开发咨询实践而总结出的一套评价、规划园区开发主体能力的分析方法，主要从资金募集能力、产业招商能力、人才集聚能力、园区推广能力、研发支持能力、商业转化能力六个维度展开。该模型可分为三个层次：第一，能力评价层次，即从上述六个层面对园区开发主体能力的现状进行综合评价，这也是基础研究的主要内容；第二，能力预估层次，即根据园区战略规划的目标体系，预估开发主体的能力区间，如需要募集的资金数量、需要导入的大项目数量、需要招募的人才数量等；第三，能力规划层次，即根据园区开发不同阶段的任务要求，规划开发主体的能力建设目标与任务，如园区开发初期应着手培育资金募集能力与产业招商能力（见图 7-11）。

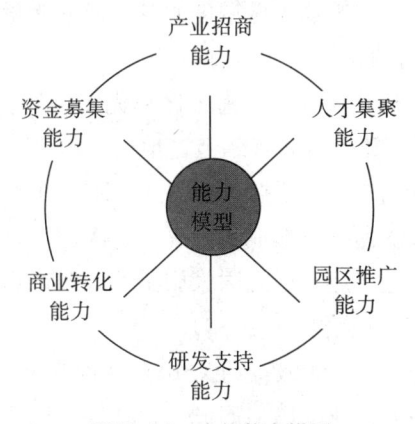

图 7-11　主体能力模型

资料来源：东滩顾问研究整理

针对开发模式、盈利模式、管理体制以及开发主体能力建设策略等问题，需要开展案例专题研究。通过研究国内外典型的产业园区（如新加坡裕廊工业园、美硅谷、中关村、张江高科、苏州工业园等）、产业地产商（腾飞集团、华夏幸福基业、联东集团、天安数码城等）在园区开发、运营等方面的实践，参考其成功的开发与盈利模式，有针对性地借鉴其能力建设、园区运营等方面的成熟经验，相信可以为秦皇岛异地养老产业园区的建立，提供良好经验，在继承的基础上进行创新。

附 录

北戴河生命健康产业创新示范区是我国第一个国家级生命健康产业创新示范区。该健康城规划面积55.4平方千米，区域位置优越，交通便利，陆、海、空立体交通网体系发达。气候条件宜人、自然光优美、周边环境一流，各类配套一应俱全，是我国北方发展健康养老产业最佳区域。北临滨海大学城，南临黄金海岸自然保护区、北戴河国际会议中心，东临南戴河国际娱乐中心、圣蓝海洋公园、沙雕大世界、渔岛温泉度假等滨海旅游度假带。西部为稻田和特色种植园，可作为田园观光区和绿色食品基地。

河北省委、省政府出台《支持沿海地区率先发展的若干政策》，明确提出支持北戴河新区建设国家健康产业发展示范基地。2014年，秦皇岛市被纳入全国首批养老服务业综合改革试点，这里拥有各类疗养院159家、床位3.3万张，医疗、休疗、养生服务网络系统完备，形成生物医药、医药器材、医疗养老、营养保健品等一批骨干企业和特色产业，还有国家旅游综合改革示范区、国家现代服务业综合改革示范区等国家产业支持。

该区域由健康管理、医疗保健、生物医药及医疗器械研发制造、高端养老、体育健身、健康保险六大产业支撑，形成了包括综合服务区、产业创新区、健康管理区、医疗专科区、中医保健区、国际整形美容区、养护抗衰区以及产业技术交流区在内的区域布局。

该项目致力于把国际健康城建设成为国家进一步深化健康医疗改革开放的先行先试区，及我国首个国际医疗旅游服务贸易示范区，建设中国乃至世界著名的治疗中心、康复中心、养生中心、整形中心，打造成为京津医疗功能疏解集中承载地和国际重要的医疗健康休闲旅游目的地。

以下为北戴河生命健康产业创新示范区（国际健康城）核心区规划图示，对于养老产业园的建设具有示范意义。

北戴河生命健康产业创新示范区（国际健康城）核心区总体规划

国际健康城在环渤海地区的位置

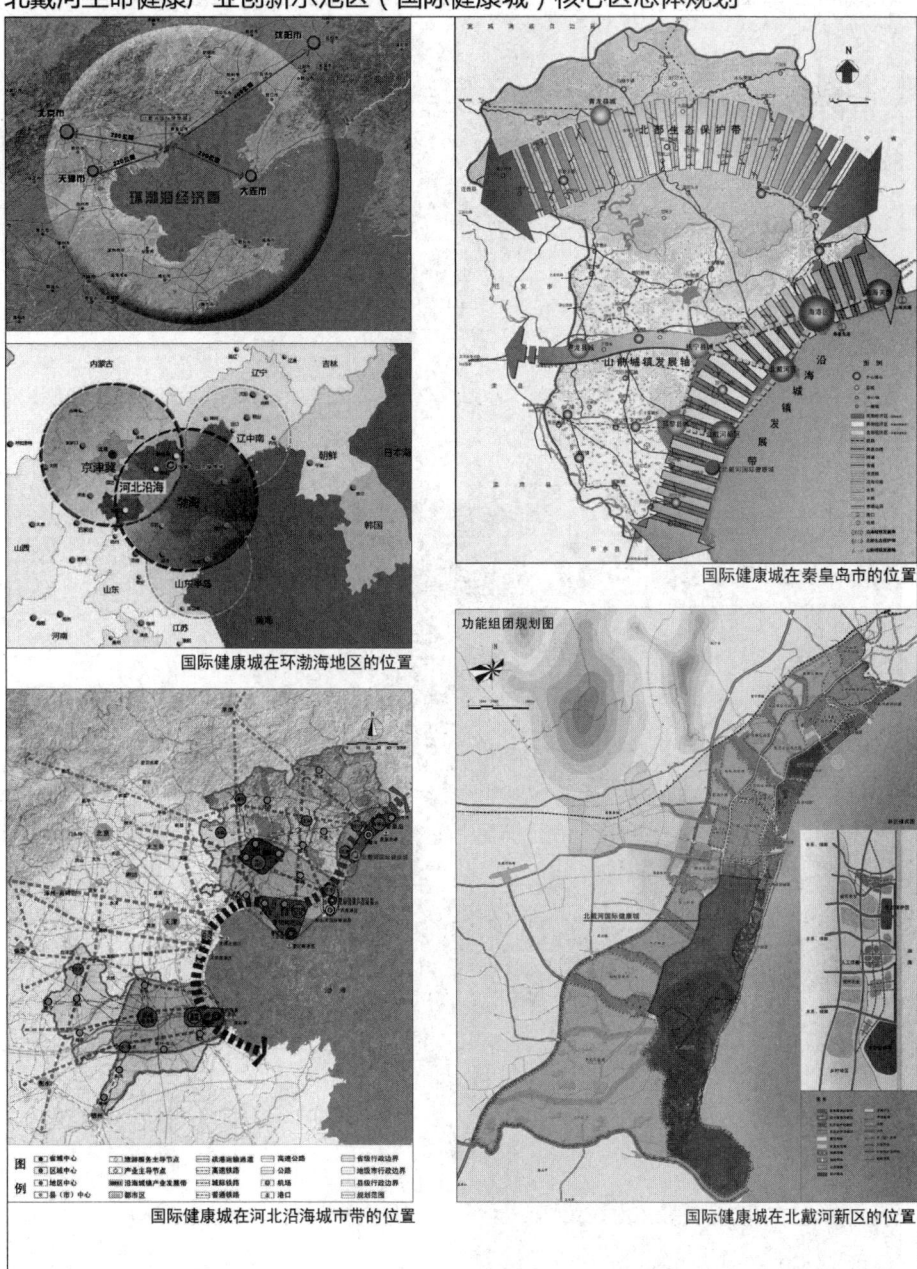

国际健康城在秦皇岛市的位置

国际健康城在河北沿海城市带的位置

国际健康城在北戴河新区的位置

01 区位分析图

北戴河生命健康产业创新示范区（国际健康城）核心区总体规划

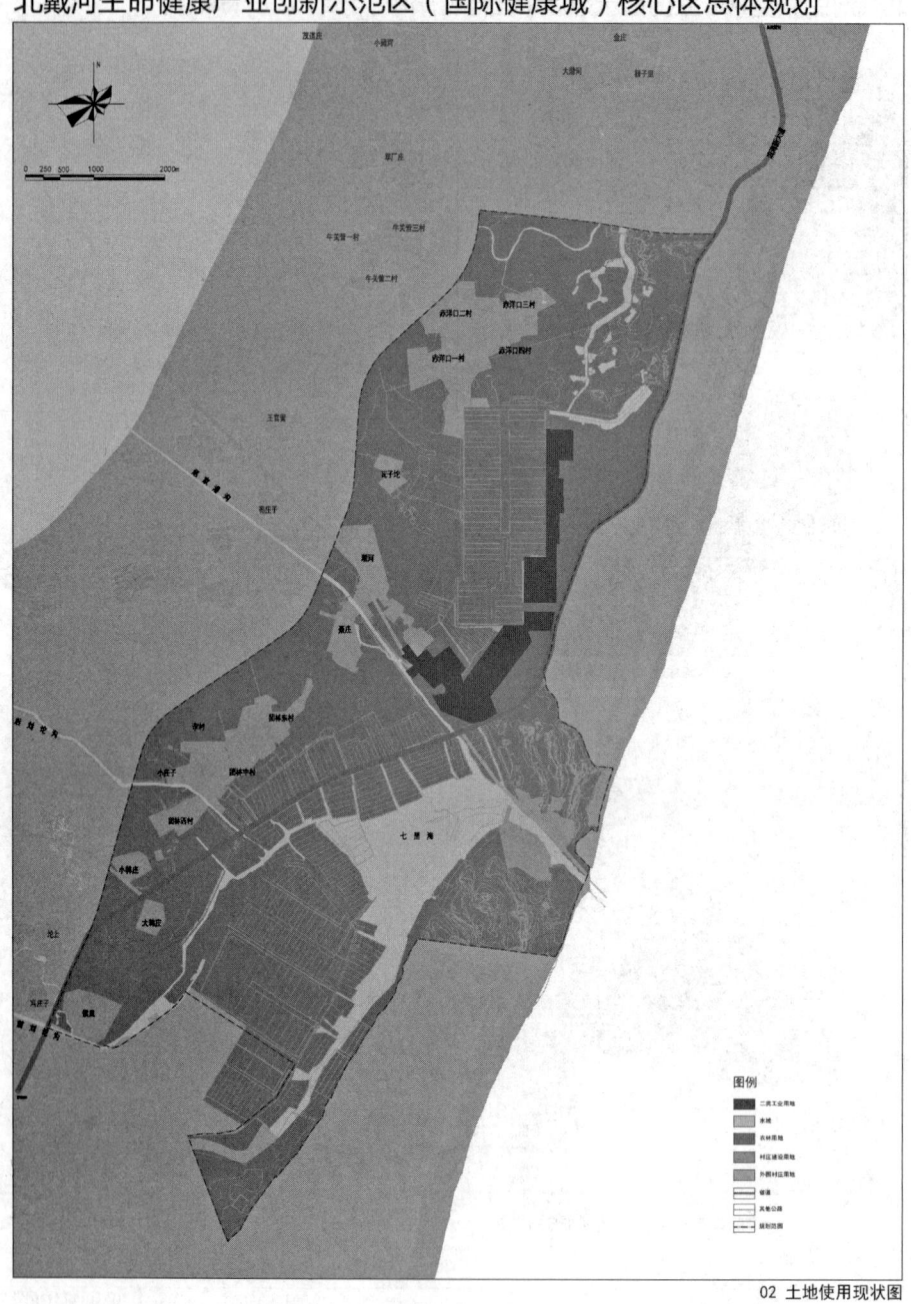

02 土地使用现状图

北戴河生命健康产业创新示范区（国际健康城）核心区总体规划

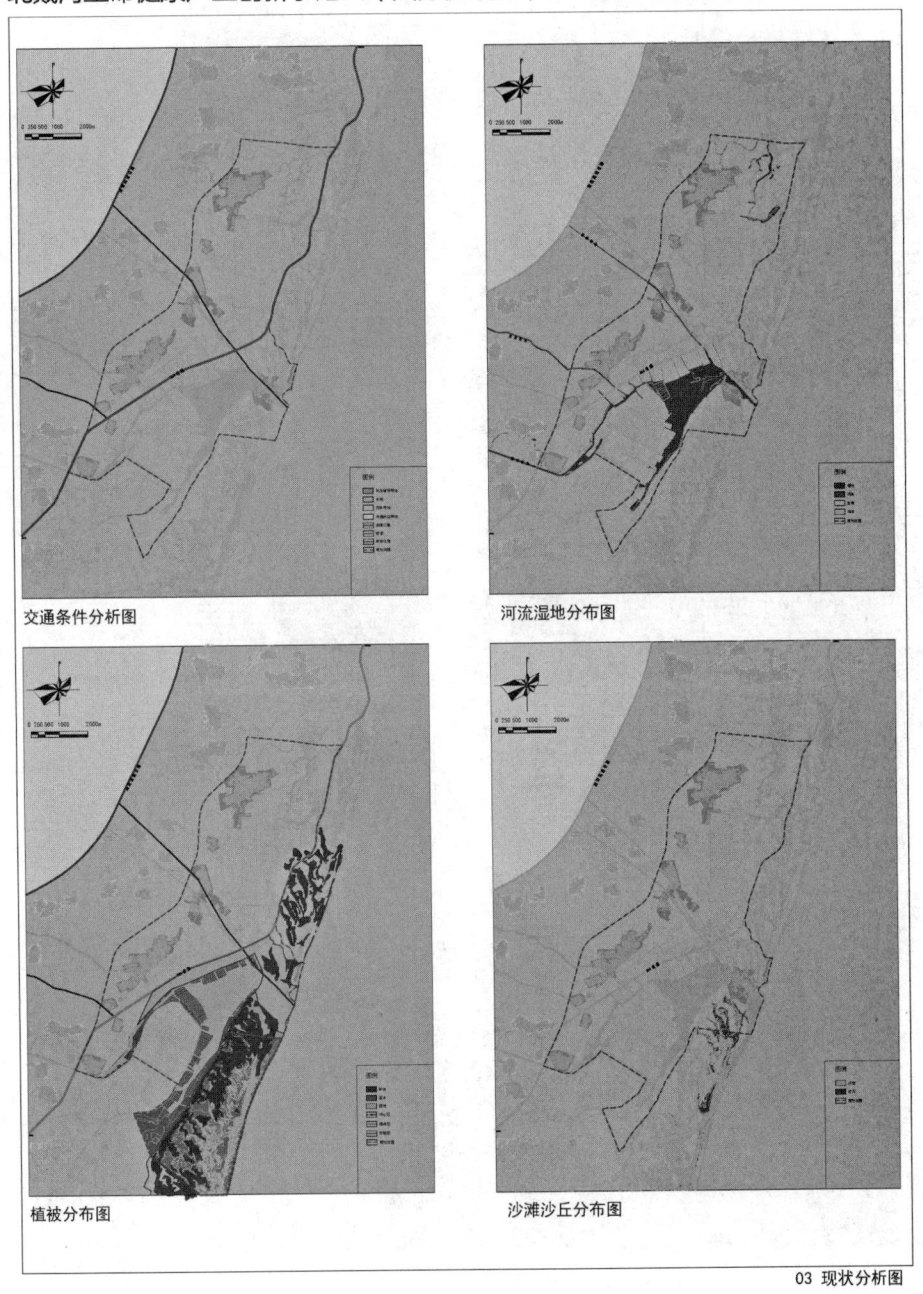

交通条件分析图

河流湿地分布图

植被分布图

沙滩沙丘分布图

03 现状分析图

附录

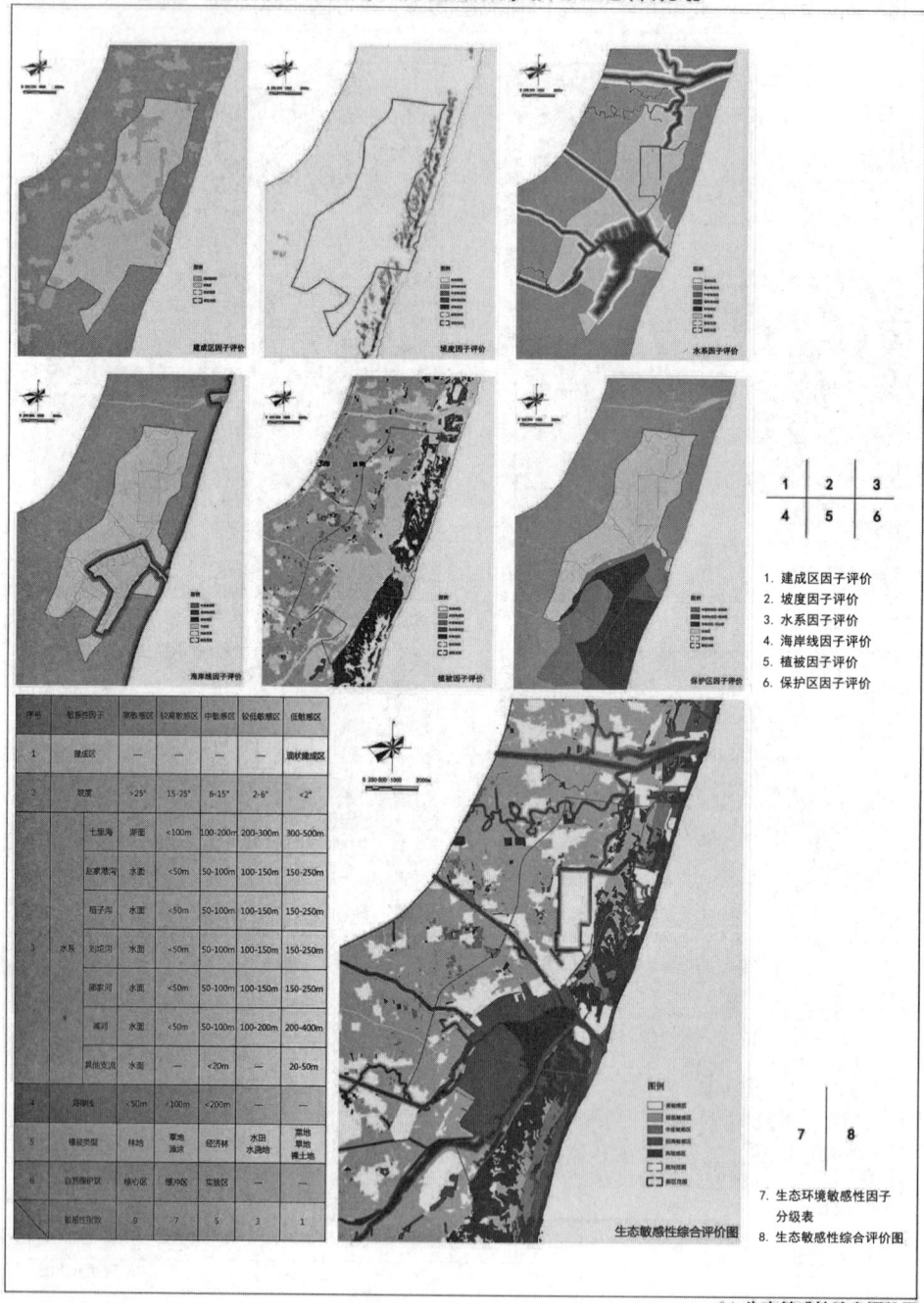

北戴河生命健康产业创新示范区（国际健康城）核心区总体规划

1. 建成区因子评价
2. 坡度因子评价
3. 水系因子评价
4. 海岸线因子评价
5. 植被因子评价
6. 保护区因子评价

7. 生态环境敏感性因子分级表
8. 生态敏感性综合评价图

04 生态敏感性综合评价图

北戴河生命健康产业创新示范区（国际健康城）核心区总体规划

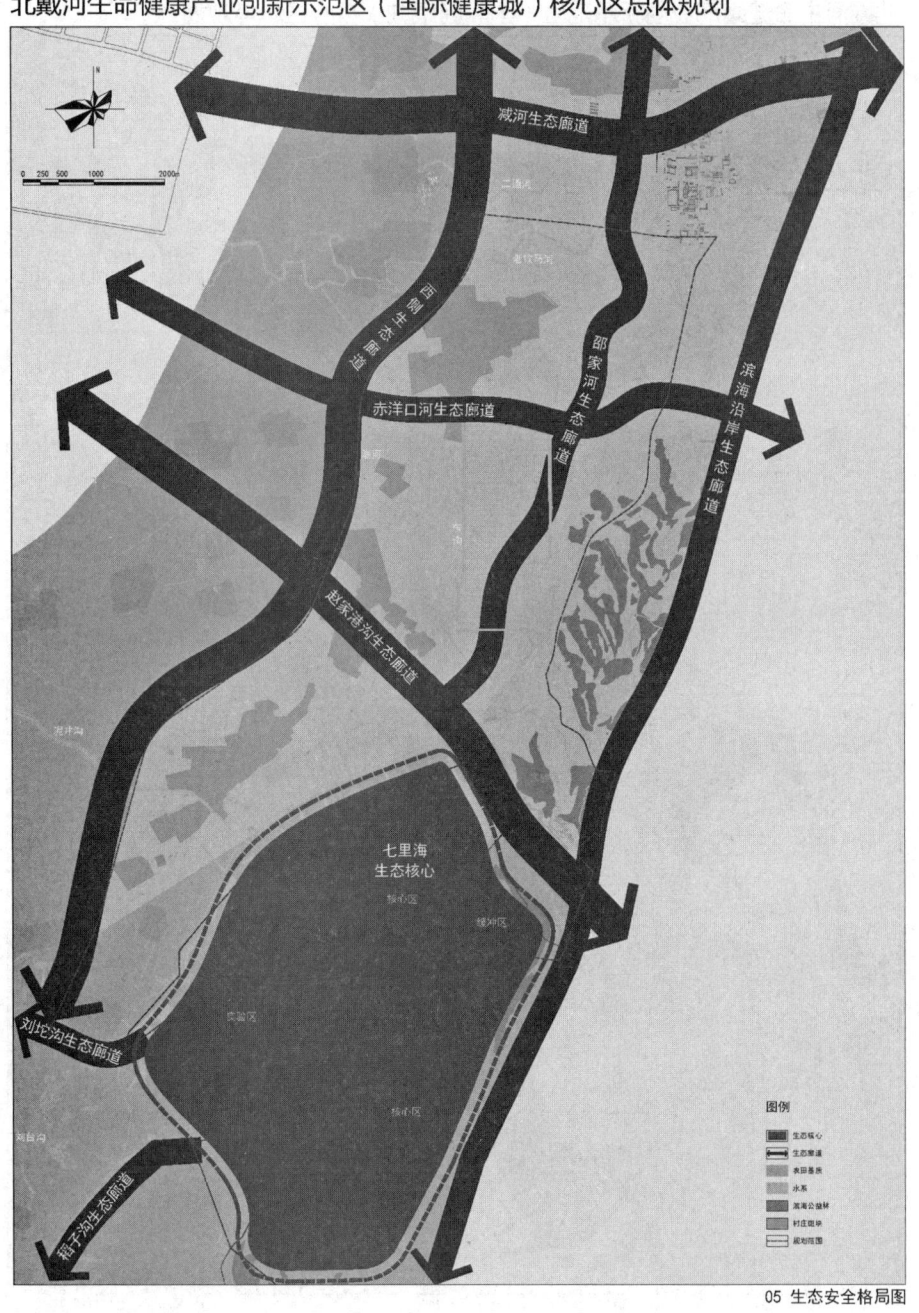

05 生态安全格局图

06 空间结构与布局规划图

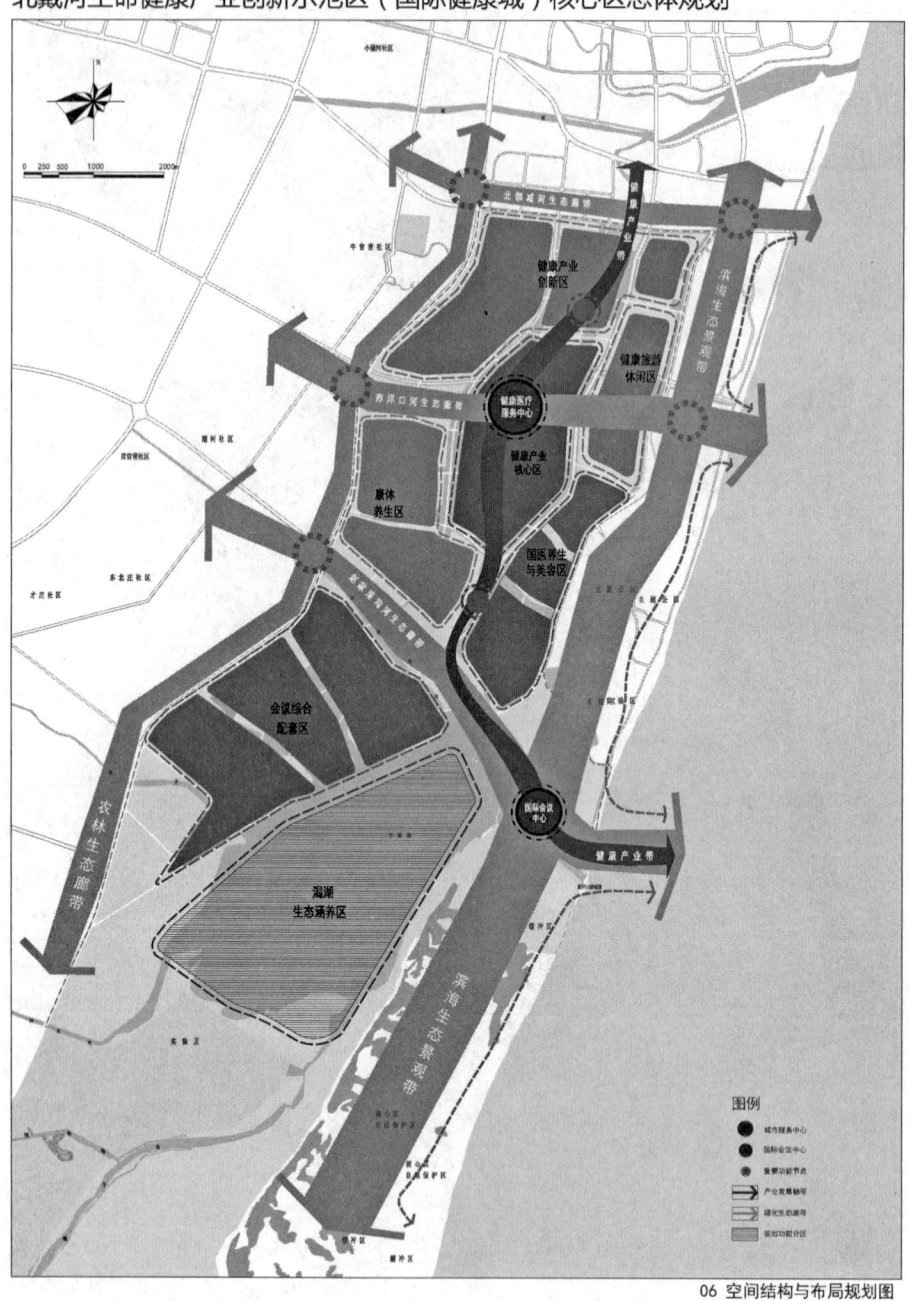

北戴河生命健康产业创新示范区（国际健康城）核心区总体规划

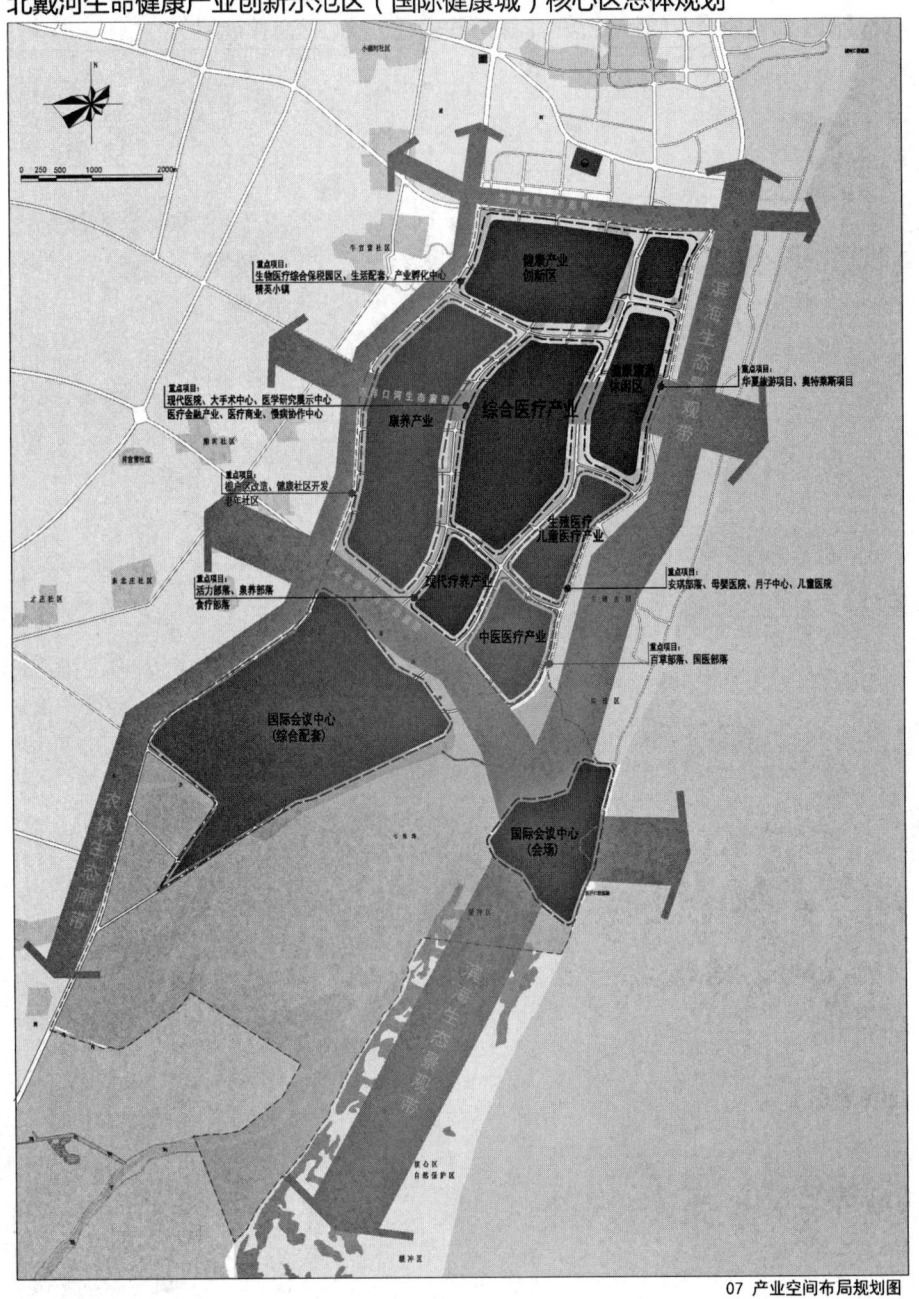

07 产业空间布局规划图

北戴河生命健康产业创新示范区（国际健康城）核心区总体规划

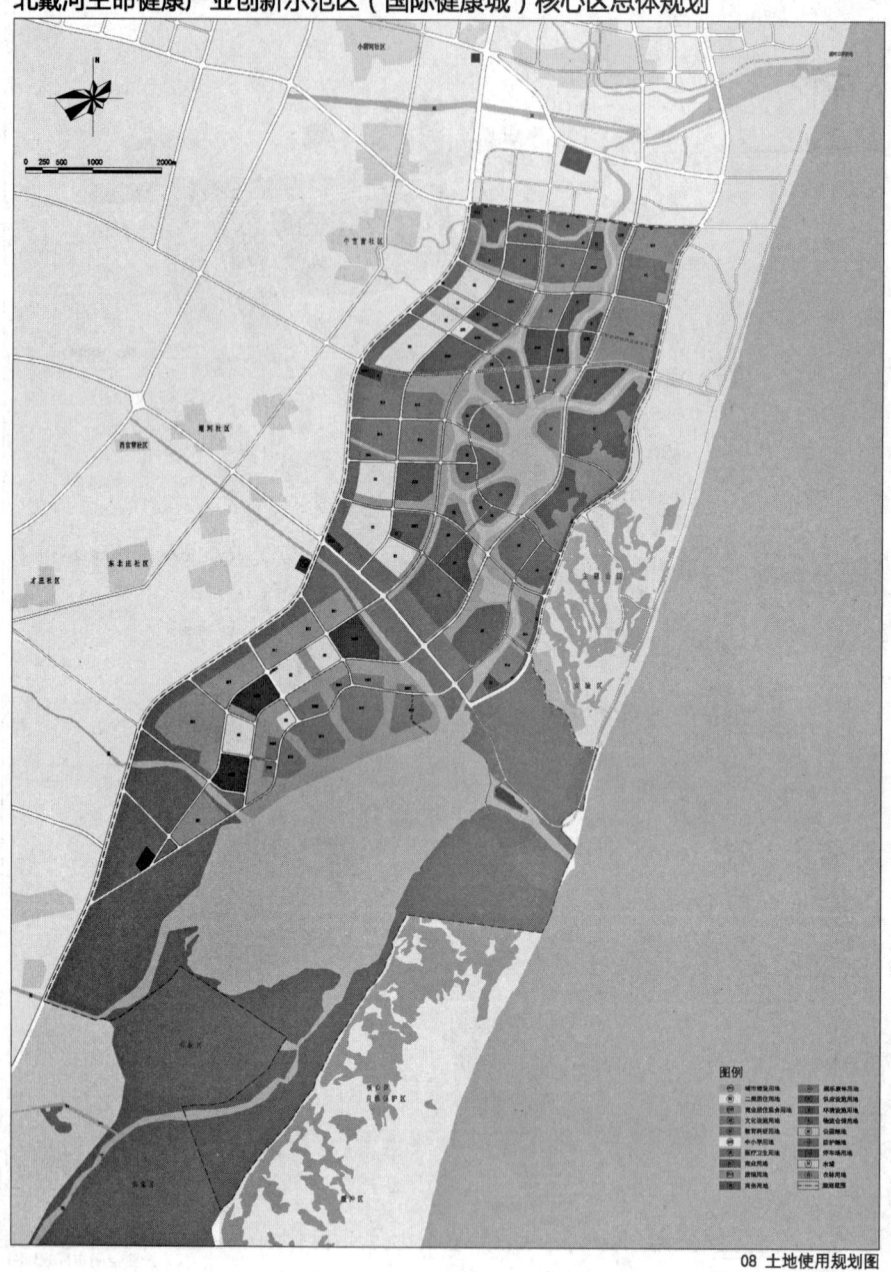

08 土地使用规划图

北戴河生命健康产业创新示范区（国际健康城）核心区总体规划

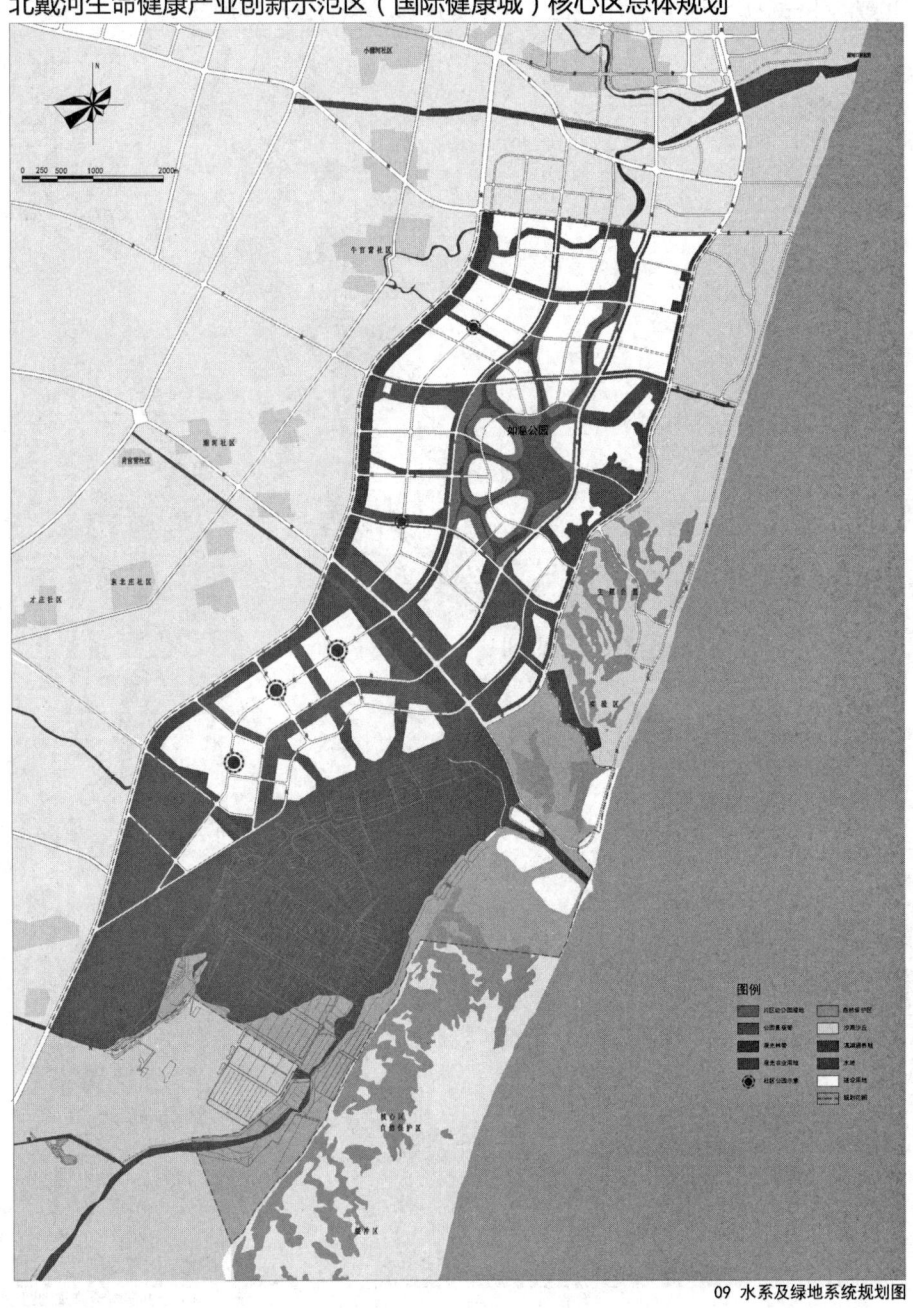

09 水系及绿地系统规划图

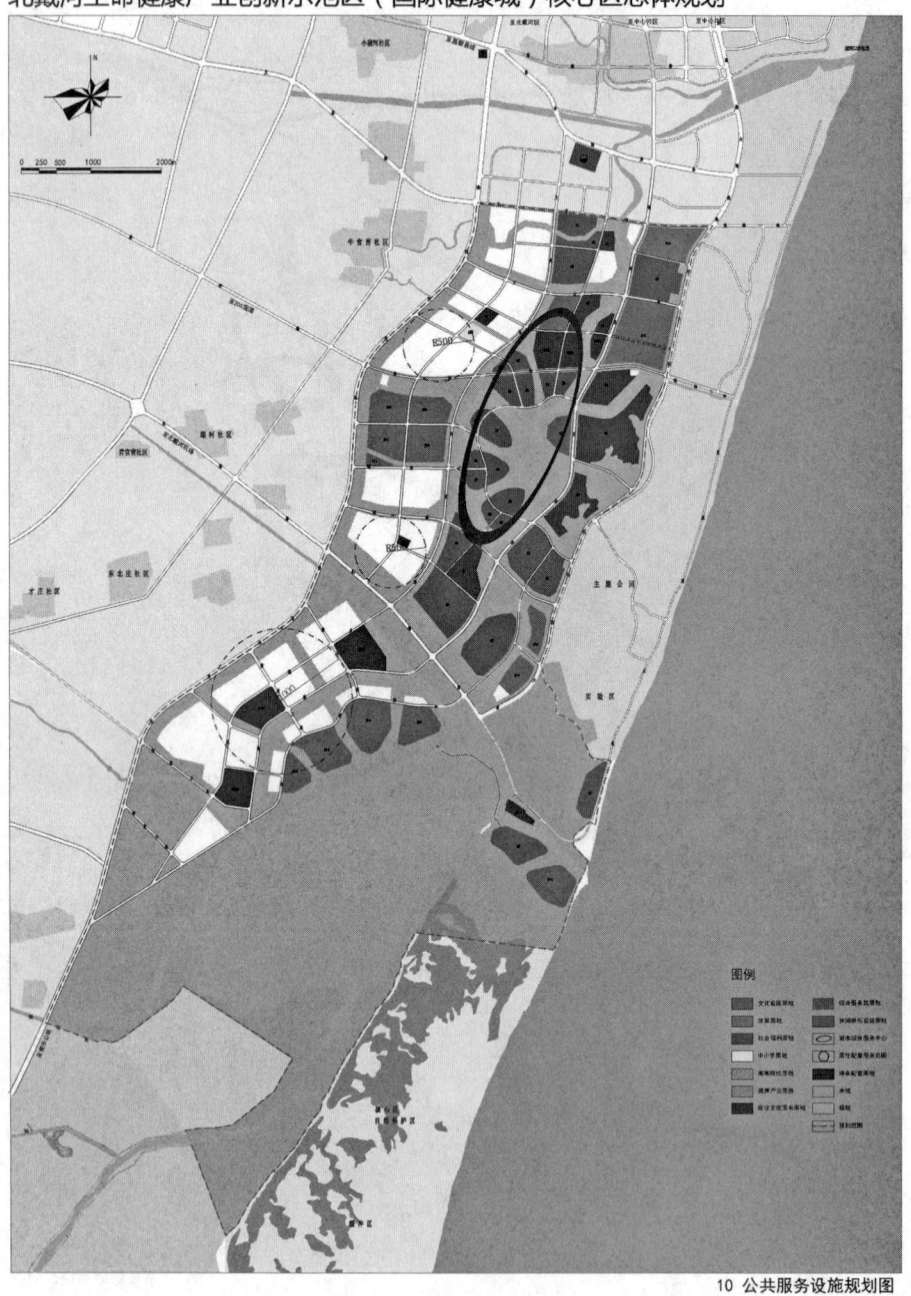

北戴河生命健康产业创新示范区（国际健康城）核心区总体规划

10 公共服务设施规划图

北戴河生命健康产业创新示范区（国际健康城）核心区总体规划

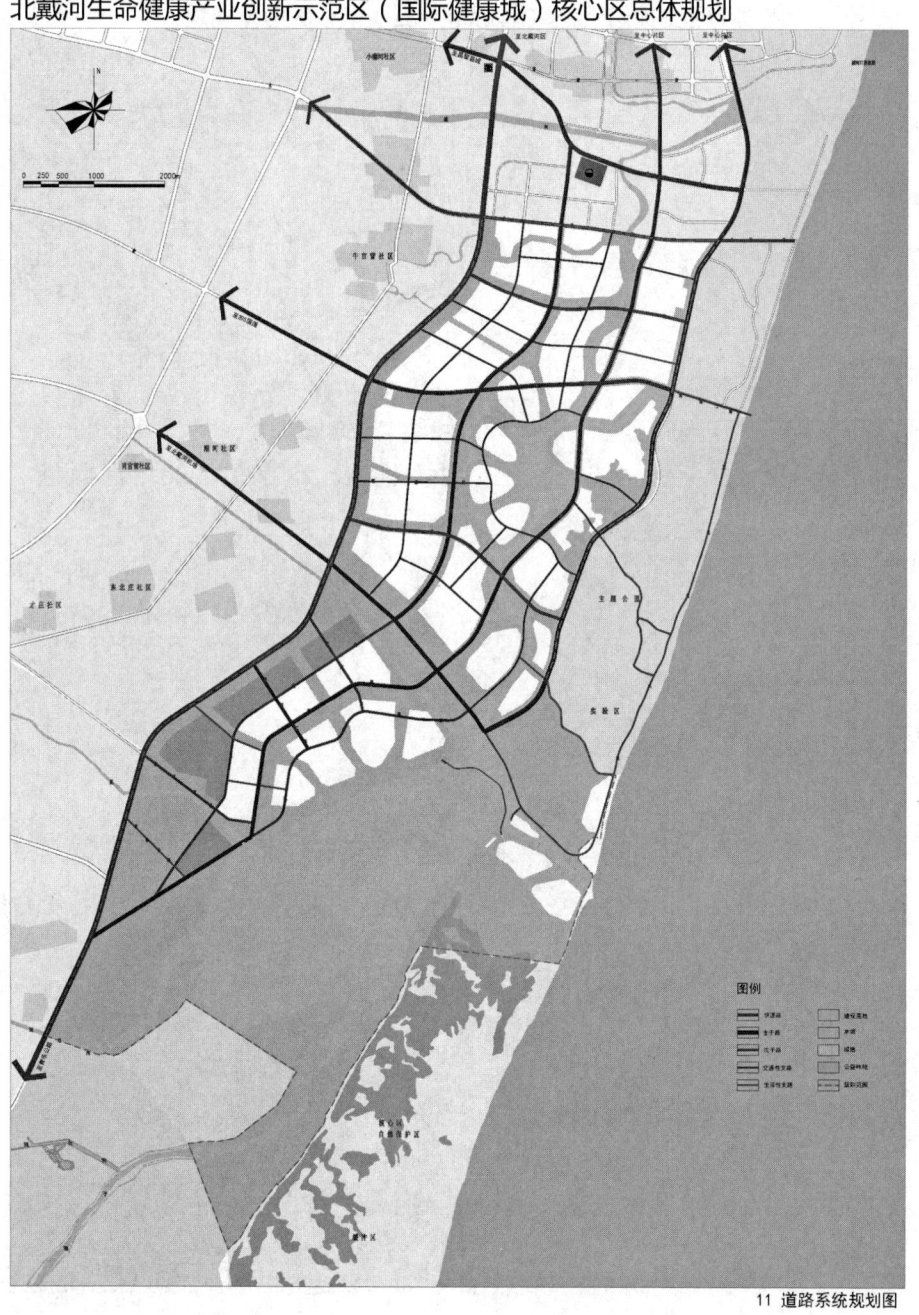

11 道路系统规划图

附录

215

12 给水工程规划图

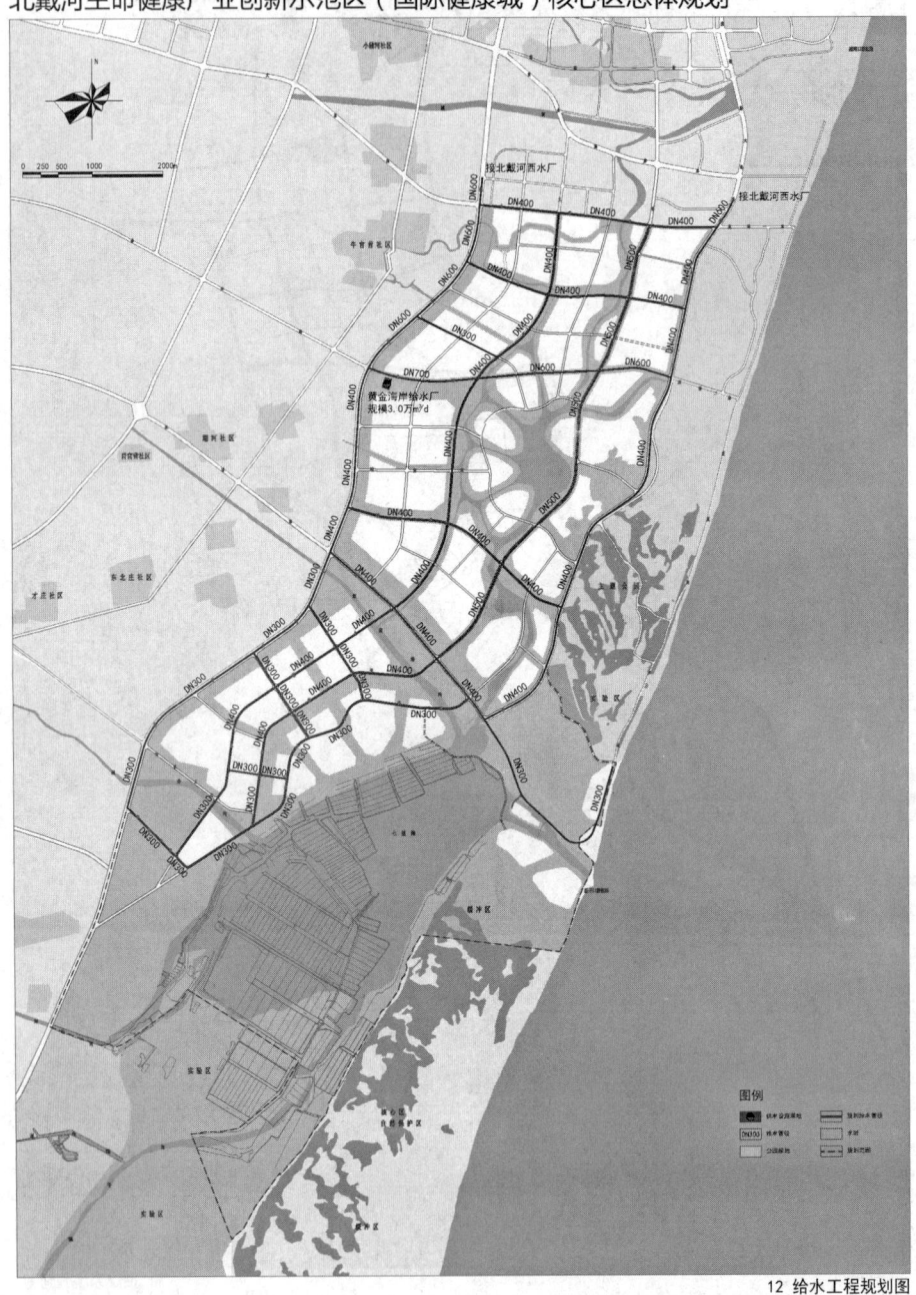

北戴河生命健康产业创新示范区（国际健康城）核心区总体规划

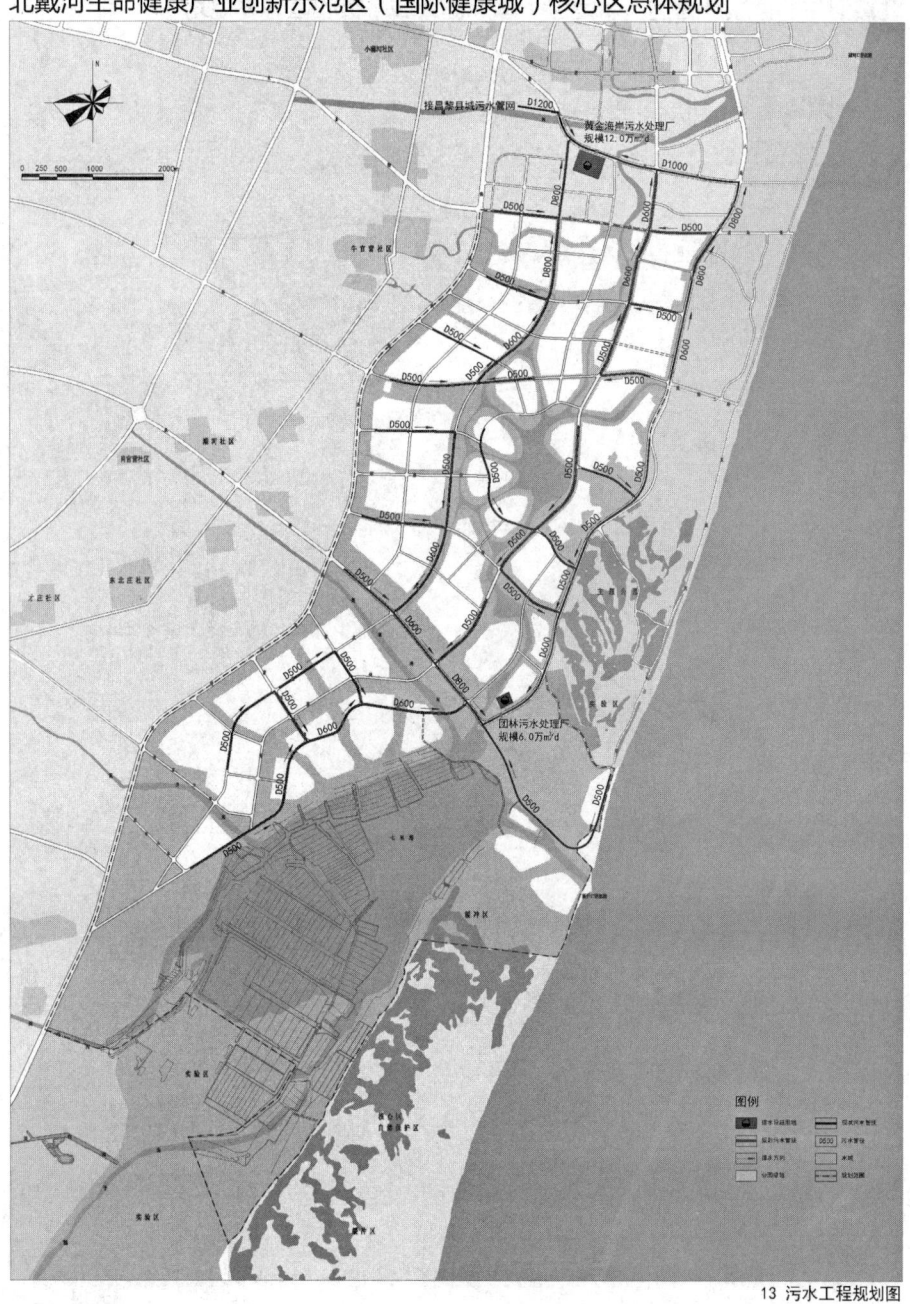

13 污水工程规划图

北戴河生命健康产业创新示范区（国际健康城）核心区总体规划

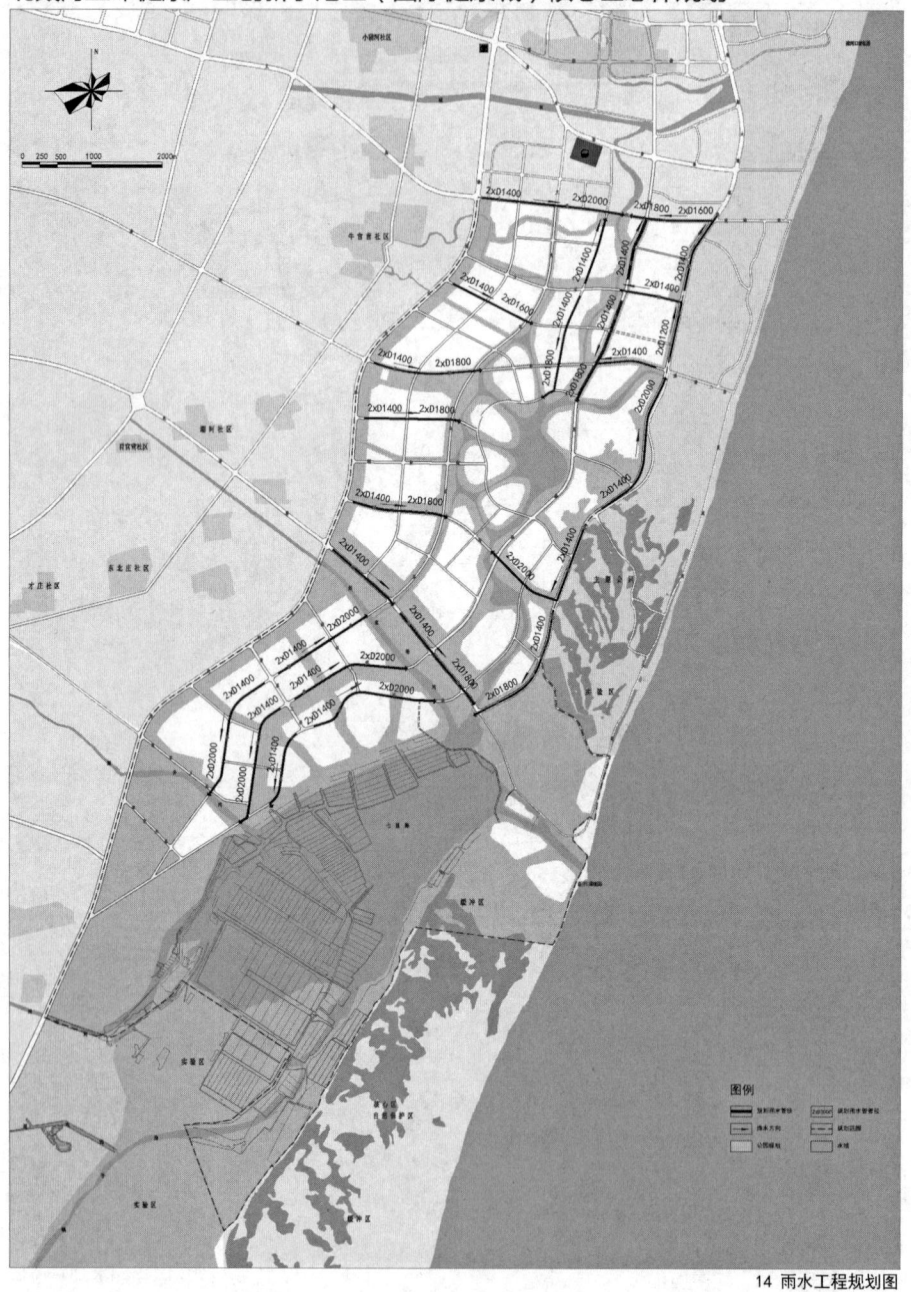

14 雨水工程规划图

北戴河生命健康产业创新示范区（国际健康城）核心区总体规划

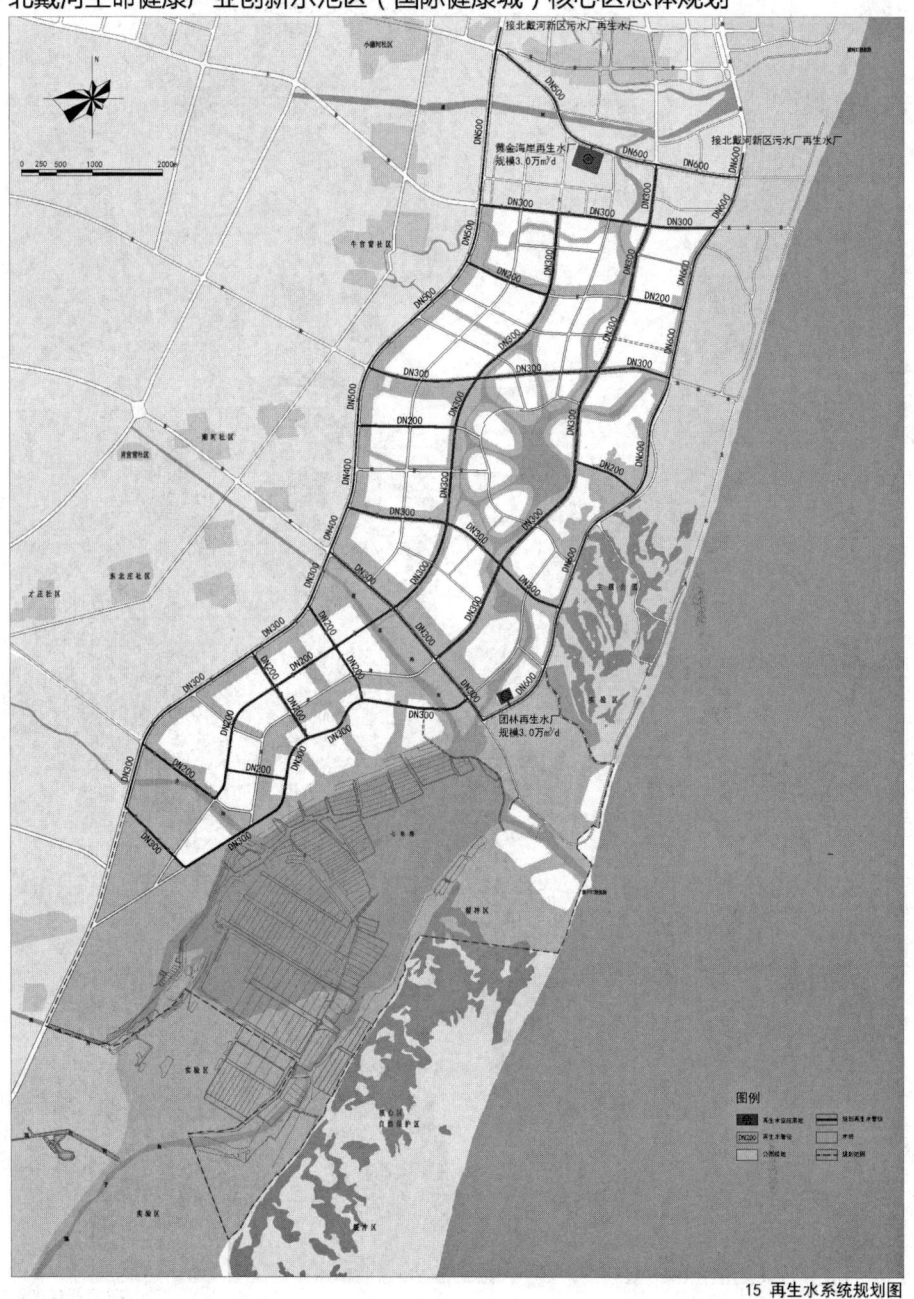

15 再生水系统规划图

16 电力工程规划图

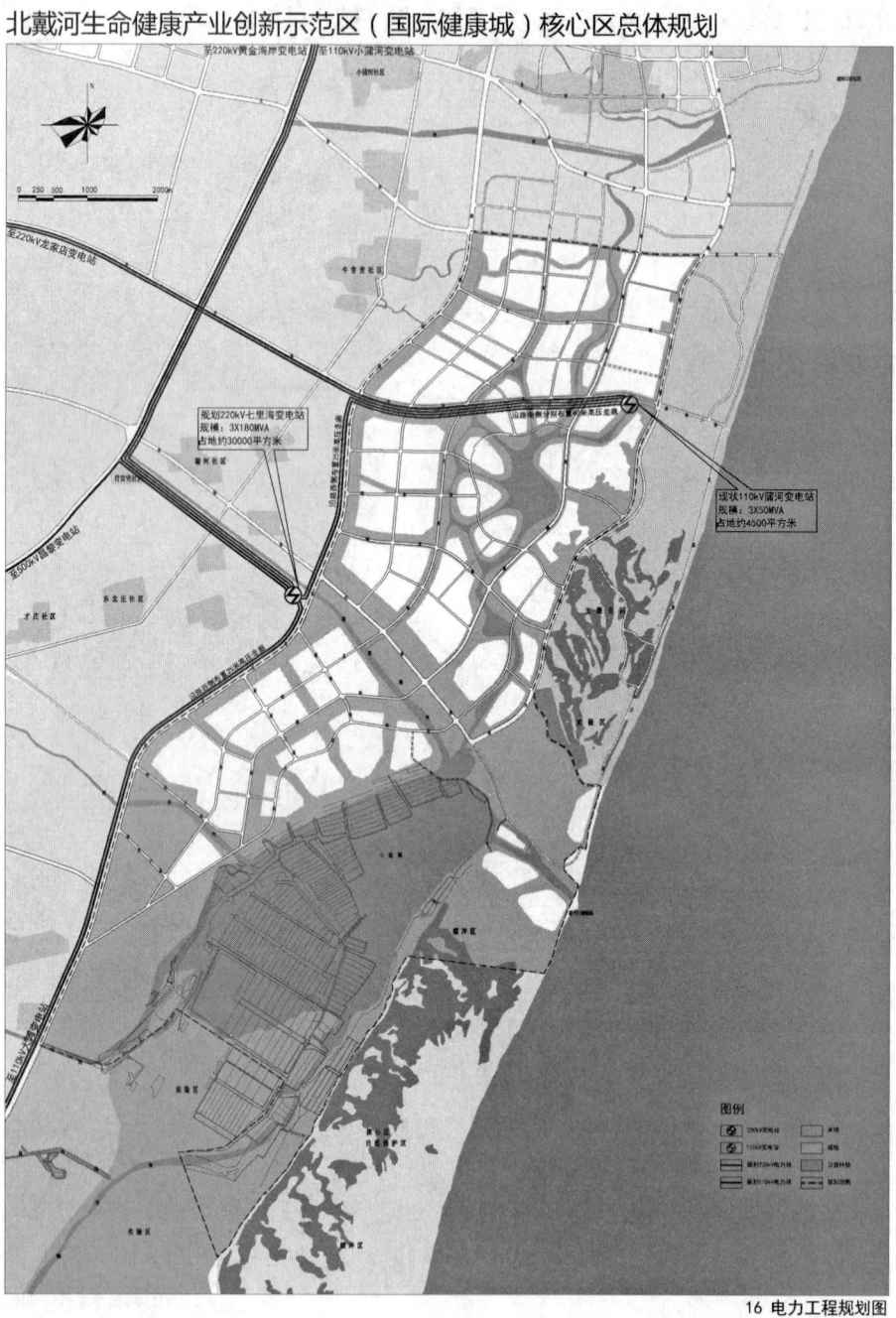

北戴河生命健康产业创新示范区（国际健康城）核心区总体规划

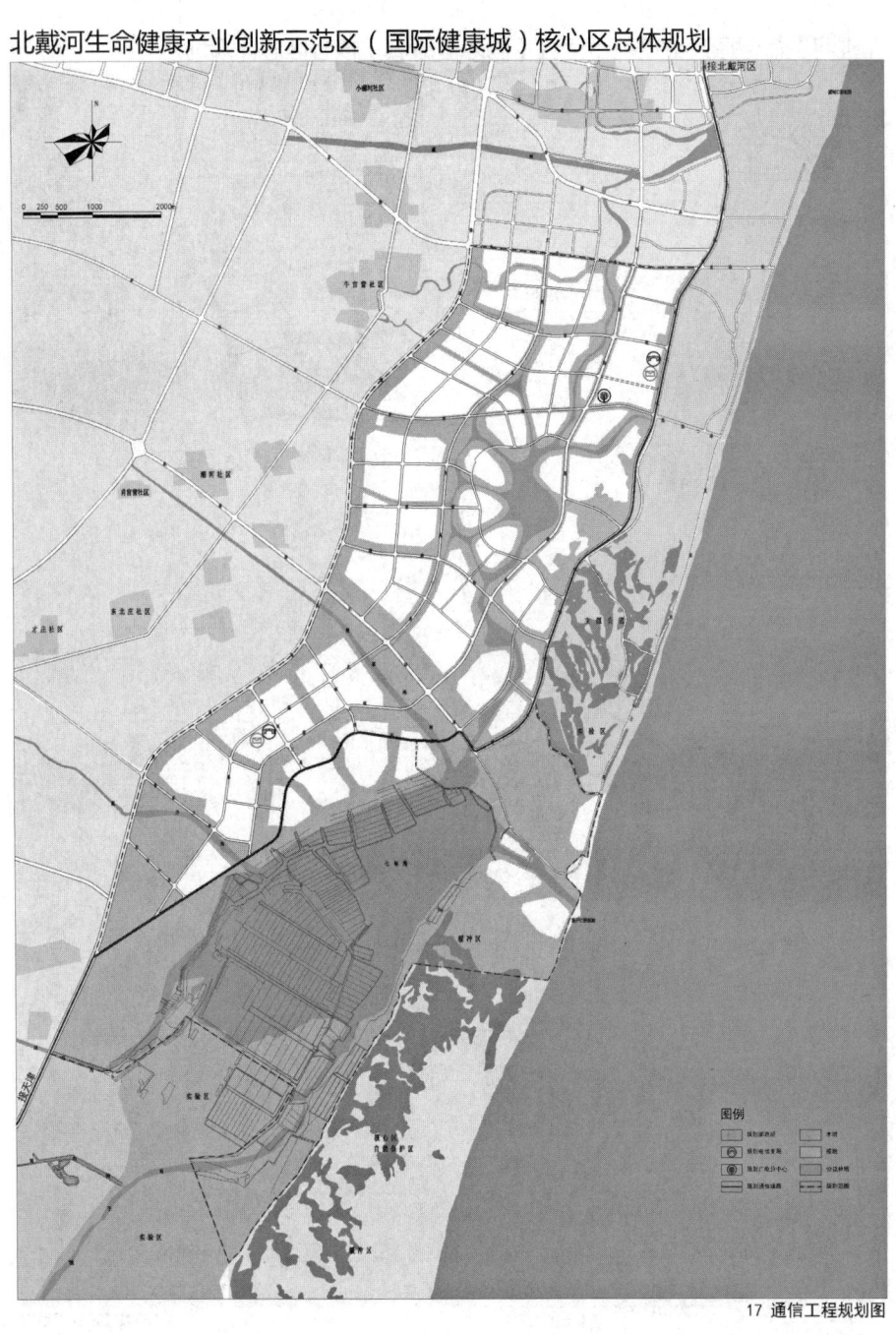

17 通信工程规划图

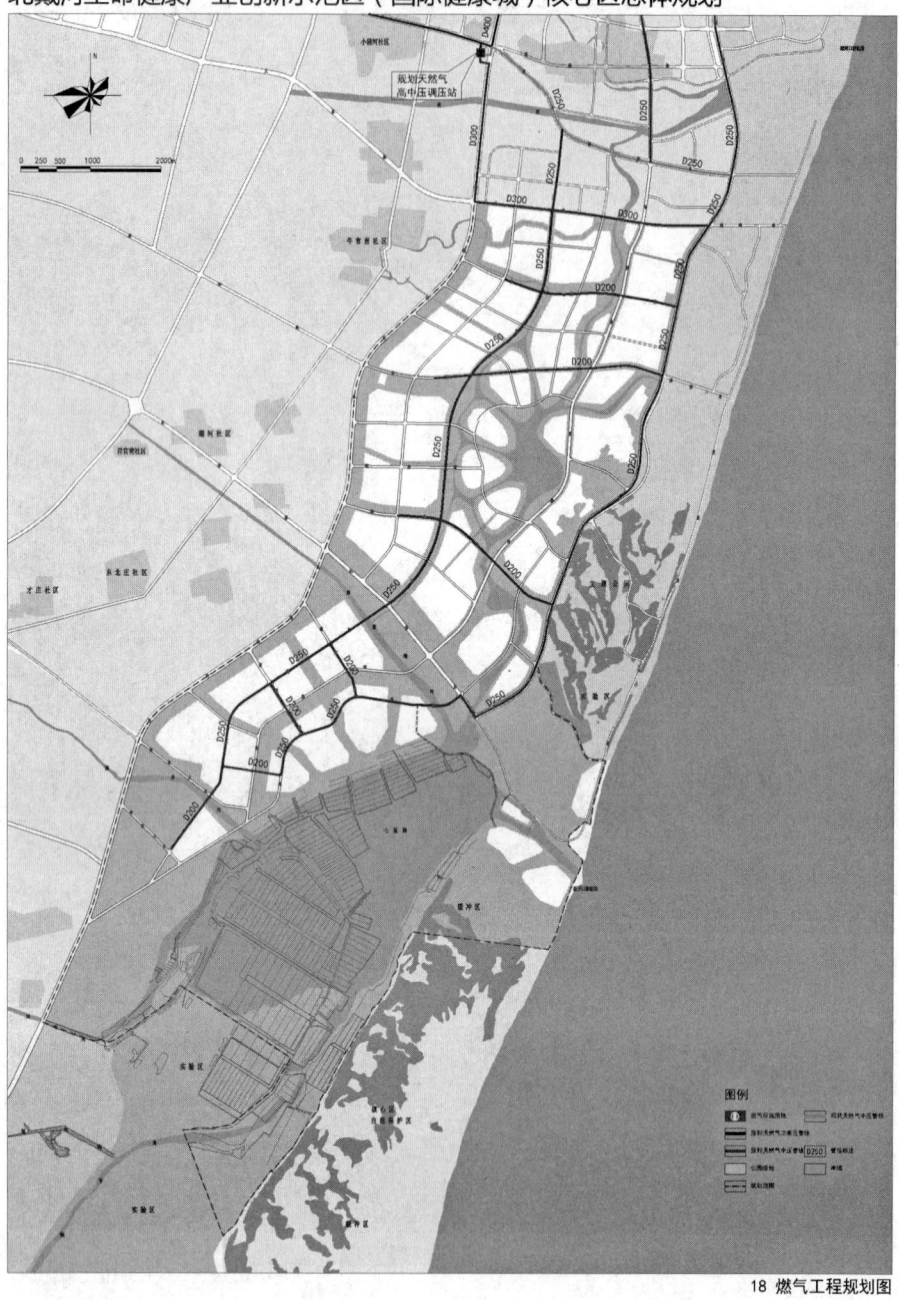

北戴河生命健康产业创新示范区（国际健康城）核心区总体规划

18 燃气工程规划图

北戴河生命健康产业创新示范区（国际健康城）核心区总体规划

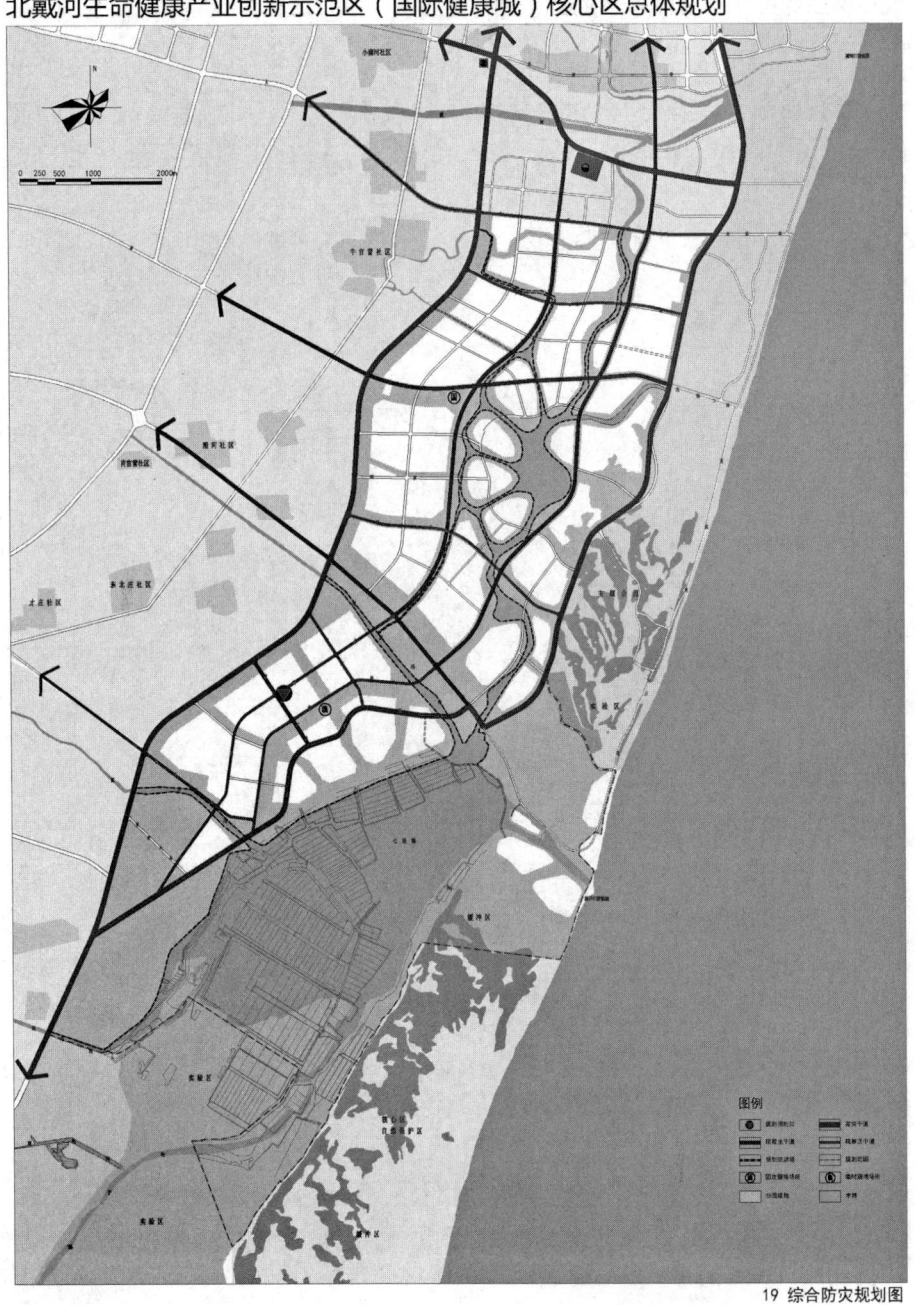

19 综合防灾规划图

附录

223

北戴河生命健康产业创新示范区（国际健康城）核心区总体规划

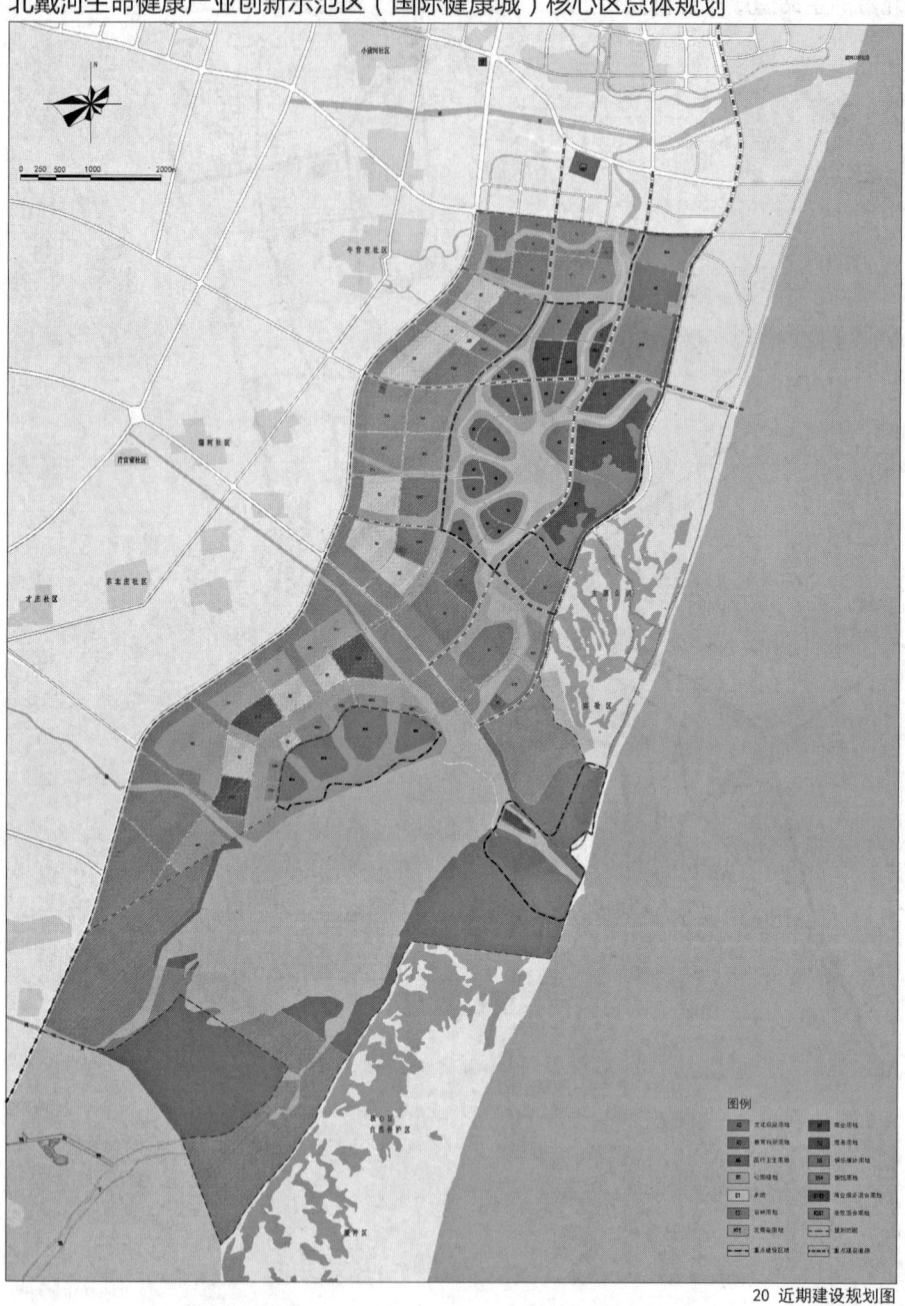

20 近期建设规划图

参考文献

[1] Caroline Oliver.Retirement Migration: Paradoxes of Ageing. NewYork: Routledge, 2008.

[2] Ian Patterson.Growing older: tourism and leisure behavior of older adults[M]. Oxfordshire: CABI, 2006.

[3] Warnes A M, Williams A.Older migrants in Europe:A new focus for migration studies,Journal of Ethnic and Migration Studies,Vol.8,2006.

[4] Krout John, Phyllis Moen,Heidi Holmes,Jean Oggins,Nicole Bowen.Reasons for Relocation to a Continuing Care Retirement Community, Journal of Applied Gerontology, Vol.21,2002.

[5] Yin Fan.The Carrying Capacity of Land Resources in the Region Based on Scientific Urbanization Ddvelopment [J].Earth Science and Engineering,2016（12）.

[6] 魏华林，金坚强. 养老大趋势：中国养老产业发展的未来 [M]. 中信出版社 ,2014.

[7] 王延中. 中国老年保障体系研究 [M]. 经济管理出版社 , 2014.

[8] 陈叔红. 养老服务与产业发展 [M]. 长沙：湖南人民出版社 , 2007.

[9] 魏华林，金坚强. 养老大趋势 [M]. 北京：中信出版社 , 2014.

[10] 麻凤利. 中国老龄产业发展的机遇与挑战 [M]. 北京：中国社会出版社 , 2010.

[11] 田雪原. 中国老年人口（经济）[M]. 北京：社会科学文献出版社 , 2007.

[12] 邓胜国. 老龄产品的属性与老龄产业的发展 [M]. 北京：华夏出版社 , 2001.

[13] 刘珍益. 我国养老服务的发展和产业化 [D]. 杭州：浙江财经学院 , 2012.

[14] 徐盟. 我国养老服务产业发展对策研究 [D]. 北京：首都师范大学 , 2014.

[15] 杨宏. 马克思主义消费理论视野下我国老龄消费市场开发研究 [D]. 大连：大连海事大学 , 2011.

[16] 谢建华. 中国老龄产业发展的理论与政策问题研究 [D]. 北京：中国社会科学院研究生院 , 2003.

[17] 张路. 中国机构养老服务业发展路径探析[D]. 南京：南京大学，2014.

[18] 于新循. 论我国养老服务业之市场化运行模式及其规范[J]. 四川师范大学学报，2010（01）.

[19] 张俊浦. 论老龄产业发展的机遇与挑战[J]. 中共山西省直机关党校校报，2013（05）.

[20] 徐正库. 中国特色养老产业初探[J]. 浙江经济，2012（14）.

[21] 梁义柱. 养老产业化的发展路径选择：从物质养老到精神养老[J]. 东岳论丛，2013（03）.

[22] 尹凡，刘明[J]. 京津冀区域城镇化推进政策着力点分析——基于基础设施承载力和公共服务承载力的对比[J]. 城市发展研究，2017（11）.

[23] 刘明，高林[J]. 基于城镇化科学发展的京津冀区域土地资源承载力研究[J]. 城市发展研究，2015（04）.

[24] 张中华. 中国特色养老之路的思考与实践[M]. 天津：天津人民出版社，2012.

[25] 姚磊，马骁. 生态养老产业园空间组织模式研究[J]. 山西建筑，2017，43（29）:32-33.

[26] 高菁. "互联网+养老"产业发展现存问题和对策[J]. 社会福利（理论版），2017（3）:18-20.

[27] 郑超，伍欣，王恩艳. 2018全国两会话"养老"[J]. 中国社会工作，2018（8）.

结　语

在养老行业这个领域当中，京津冀养老产业协同发展属于新课题，值得在这一领域投入极大的研究力度。在 2015 年底，京津冀的民政部门联合签署《京津冀民政事业协同发展合作框架协议》，而这一协议也对京津冀跨区养老模式构建起到了一定的推进作用，激励养老服务产业从北京外移，与河北省出台的《规划》仅有半年的时间相隔。而在 2016 年，河北省又进一步印发《河北省"大健康、新医疗"产业发展规划（2016—2020 年）》。据估计，在之后的五年时间中，河北省将会集中力度在环京津建设养老产业圈，构建绿色生态医疗健康集老年养护的重要基地，建立系统完善的健康服务产业群，并将其作为河北省的战略支柱产业。

除了政府政策支持，针对有着极大发展潜能的市场而言，资本拥有最快速的反应能力。事实上，在政府部门提出京津冀跨区域异地养老，这样的概念和设想之后，在整个行业当中就产生了极大的影响力，也发酵出大量的发展方向，各方资本开始走出北京，瞄准了京津冀的整个养老市场。

异地养老是养老服务与旅游休闲深度融合形成的产物，通过对大量发达国家在这一领域获得的经验进行分析，能够得到的重要结论就是，异地养老能够明显提升老年群体的生活质量水平，促进老龄化问题的解决。因此，在建设承接京津冀地区的异地养老产业园区时，其中要鼓励示范性养老社区建设，具体可以对美国的 CCRC 模式进行有效借鉴与吸收，将关注点放在为老年群体提供集合介助、介护与自理为一体的居住设施服务体系，让老年群体能够在熟悉环境当中居住养老，得到符合他们个性化和差异化需要的照顾与服务。另外，该模式注重考虑老年人的多维度需要，还整合了中国传统观念即"四世同堂、合家团聚"，注重为老年群体提供优质以及精细化服务。所以，我们也非常相信这样的模式会成为未来社区建设的必然趋势。对于当前已经建设完成的小区，可以结合需求增加拥有多样化功能的小型养老中心，使原有社区当中的老年群体在不必离开长时间居住环境的条件之下，得到智能化养老服务。另外，可以在环京津领域试点推动持有型养老社区建设，使京津地区拥有高收入水平的老年人能够运用多元方式在此处进行长期和短期的入住。

  毋庸置疑，河北省是养老大省，在养老业的发展进程当中，面临着财政支出多、运营成本高、教育水平较低等诸多问题，特别是在公办养老机构建设方面难以到达理想水平，无法促进社会养老机构的顺利有序运营。而在京津冀协同发展建设的大环境之下，怎样发挥区位方面的优势，强化财政资金在引导带动方面的积极效用，增强绩效，会成为促进河北养老机构创新改革的强大助力以及动力源泉。